ggplot 2 科技绘图

基于R语言的数据可视化

芯 智　赵志国　编著

清华大学出版社
北京

内 容 简 介

本书详细讲解R语言中的ggplot2绘图包在科研图表制作中的使用方法与技巧。全书共11章。第1、2章讲解R语言的基础知识和数据基本操作，为读者奠定坚实的基础；第3~9章则专注于ggplot2包的详细讲解，内容包括ggplot2绘图系统、注释与页面布局、创建基本图表、创建统计图表、添加几何元素到图表、统计变换绘图，以及标度函数的应用；第10、11章对多个拓展包进行详细介绍，尤其是ggpubr包，帮助读者在科研图表制作和数据展示方面得到进一步提升。

本书结构合理，叙述详细，示例丰富，既可以作为从事数据分析处理的科研工程技术人员的自学用书，也可以作为大中专院校相关专业的教学参考书。

图书在版编目（CIP）数据

ggplot2科技绘图 ：基于R语言的数据可视化 / 芯智，赵志国编著. -- 北京 ：清华大学出版社，2024. 10.
ISBN 978-7-302-67487-0

Ⅰ．C819

中国国家版本馆CIP数据核字第2024BV7641号

责任编辑：王金柱　秦山玉
封面设计：王　翔
责任校对：闫秀华
责任印制：丛怀宇
出版发行：清华大学出版社
　　　　　网　　　址：https://www.tup.com.cn，https://www.wqxuetang.com
　　　　　地　　　址：北京清华大学学研大厦A座　　　　　邮　　编：100084
　　　　　社 总 机：010-83470000　　　　　　　　　　　邮　　购：010-62786544
　　　　　投稿与读者服务：010-62776969，c-service@tup.tsinghua.edu.cn
　　　　　质量反馈：010-62772015，zhiliang@tup.tsinghua.edu.cn
印 装 者：三河市铭诚印务有限公司
经　　销：全国新华书店
开　　本：185mm×235mm　　　　　印　　张：23　　　　　字　　数：552千字
版　　次：2024年11月第1版　　　　　　　　　　　　　　印　　次：2024年11月第1次印刷
定　　价：149.00元

产品编号：109505-01

前　言

欢迎阅读《ggplot2 科技绘图：基于 R 语言的数据可视化》！本书的目标是帮助读者掌握数据可视化的艺术，并深入了解如何利用 R 语言中的 ggplot2 包创建引人入胜的科技图表，展示数据的魅力。数据可视化是数据科学和数据分析的重要组成部分，它允许我们将复杂的数据变得更加容易理解和有意义。

ggplot2 是 R 语言中的一个强大且使用广泛的数据可视化包，由 Hadley Wickham 开发。它基于语法图形学（Grammar of Graphics）的理论，提供了一种系统化的方式来创建复杂而优美的图表。ggplot2 通过将数据、图层和美学映射相结合，使用户能够轻松地生成高质量的统计图形。其灵活的设计允许用户自由地添加、修改和组合图层，从而精确地控制图表的各个方面。无论是初学者还是高级数据分析师，ggplot2 都能满足他们的需求，帮助他们从数据中提取有价值的信息，并以可视和美观的方式展示出来。

本书会引导读者逐步学习如何使用 R 语言中的 ggplot2 可视化包来实现令人印象深刻的数据可视化。全书共 11 章，各章安排如下：

第 1 章　　R 语言基础　　　　　　　　第 2 章　　数据基本操作

第 3 章　　ggplot2 绘图系统　　　　　　第 4 章　　注释与页面布局

第 5 章　　创建基本图表　　　　　　　第 6 章　　创建统计图表

第 7 章　　添加几何元素到图表　　　　第 8 章　　统计变换绘图

第 9 章　　标度　　　　　　　　　　　第 10 章　　拓展包 ggpubr

第 11 章　　其他拓展包

　　本书在数据可视化应用部分提供了众多的绘图示例。这些示例不仅为读者提供了丰富的绘图技巧，也充分展现了 ggplot2 绘图包的强大功能。读者可以在这些示例的基础上进行进一步的美化和练习操作。

　　本书在编写过程参考了 ggplot2 包的系列帮助文档，数据部分采用了 ggplot2 包自带的数据。读者在学习过程中如果需要本书的原始数据，请关注"算法仿真"公众号，并发送关键词 109505 获取数据下载链接。在"算法仿真"公众号中会不定期提供综合应用示例，帮助读者进一步提高制图水平。

　　R 语言的 ggplot2 包及拓展包本身是一个庞大的资源库与知识库，本书所讲难窥其全貌。虽然编者在编写过程中力求叙述准确、完善，但由于水平有限，书中疏漏之处在所难免，希望读者能够及时指出，共同促进本书质量的提高。

　　本书提供配套资源文件，需要读者用微信扫描下面的二维码下载，如果下载有问题，可发送邮件至 booksaga@126.com，邮件主题为"ggplot2 科技绘图：基于 R 语言的数据可视化"。

　　最后，感谢读者选择了本书，希望读者在阅读过程中能够获得乐趣，并能从中受益。

编 者

2024 年 6 月

目　录

第1章

R 语言基础

R 语言作为一种功能强大的开源编程语言和环境，已经成为数据分析、统计建模和可视化等领域的重要工具。它的灵活性、可扩展性和丰富的功能使得越来越多的数据科学家、统计学家和研究人员选择使用 R 语言来处理和分析数据。本章旨在帮助读者快速掌握 R 语言的基本概念和技巧。

1.1 R 语言概述

R 语言是一种用于统计分析和绘图的语言和操作环境。作为 GNU 系统的一部分，R 语言是自由、免费、开源的软件，是一个用于统计计算和制图的优秀工具。

1.1.1 R 语言的诞生

R 语言起源于 20 世纪 80 年代，作为 S 语言的一个分支而诞生。R 可以被视为 S 语言的一个实现，并在统计领域得到广泛应用。S 语言最初由 AT&T 贝尔实验室开发，是一种用于数据探索、统计分析和图形制作的解释型语言。S 语言最初的商业实现版本是 S-PLUS。

S-PLUS 是一个基于 S 语言的商业软件，由 MathSoft 公司的统计科学部进行进一步开发。随后，在新西兰奥克兰大学，由 Robert Gentleman 和 Ross Ihaka 以及其他志愿者共同开发了 R 系统。

R 语言可以看作是 AT&T 贝尔实验室的 Rick Becker、John Chambers 和 Allan Wilks 所开发的 S 语言的一个实现版本。因此，R 和 S 在程序语法上几乎完全相同，尽管在函数方面可能存在一些细微的差异。这些差异使得程序能够在两种语言之间轻松移植，而且许多 S 语言的程序只需稍作修改即可在 R 语言中使用。

1.1.2 R 语言的特点

R 语言在统计分析、数据科学和数据可视化领域具有广泛的应用，该语言具有以下特点：

（1）开源和免费：R 语言是开源软件，任何人都可以免费使用和修改。这促进了社区的协作和共享，使得 R 语言拥有丰富的包和资源。

（2）强大的统计分析功能：R 语言内置了丰富的统计分析功能，从基础统计到复杂的模型，都有相应的函数和包提供支持。

（3）灵活的图形功能：R 语言提供了强大的数据可视化功能，通过基础绘图函数和扩展包（如 ggplot2），用户可以创建各种高质量的图形和图表。

（4）丰富的扩展包：CRAN 上有数以千计的扩展包，这些包涵盖了数据处理、机器学习、生物信息学、金融分析等各个领域。

（5）良好的社区支持：R 语言拥有一个活跃的用户和开发者社区，提供了大量的在线资源、教程和支持。

（6）与其他语言的集成：R 语言可以与其他编程语言（如 C、C++、Java、Python 等）集成，灵活性高。

（7）数据处理和清洗：R 语言提供了强大的数据处理和清洗功能，特别是通过 tidyverse 系列包（如 dplyr、tidyr），可以高效地进行数据操作。

1.1.3 R 语言绘图系统

在用 R 语言绘图时，首先会使用由 grDevices 包提供的一系列基本绘图函数，如颜色、字体和图形输出格式等。在 grDevices 包的基础上有多种绘图选择。

一般来说，R 语言有传统绘图系统和网格绘图系统两种主要的绘图系统。这两种绘图系统相互独立，以不同的方式进行绘图。这两种绘图系统分别对应 R 语言核心包中的 graphics 包和 grid 包。

- graphics 包是 R 语言的内置绘图包，每次启动 R 语言都会自动加载。它可以生成多种类型的图表，并且提供了许多美化图形细节的函数。
- grid 包则提供了一系列不同的绘图函数。因为 grid 包并没有提供一套完整的绘图函数，不能直接用于绘图，所以在 grid 包的基础之上又发展出了 lattice 和 ggplot2 这两个应用广泛的程序包。其中，lattice 包由 D.Sarkar 根据 Cleveland 的格子图发展而来，ggplot2 包由 H.Wickham 根据 L.Wilkson 的图形语法发展而来。

上述两个绘图系统还衍生出了许多其他的绘图工具。例如，搭载于传统绘图系统之上的 maps、diagram、plotrix、gplots 和 poxmap 扩展包等，以及搭载于网格绘图系统之上的 vcd 和 grImport 扩展包等。另外，还有一些扩展包提供了 R 语言与第三方绘图系统的接口。

1.1.4　图形语法

一张统计图形是从数据（data）到几何对象（geometric object，缩写为 geom）的图形属性（aesthetic attributes，缩写为 aes）的一个映射（mapping）。图形中还可能额外包含数据的统计变换（statistical transformation，缩写为 stats），最终绘制在某个特定的坐标系（coordinate system，缩写为 coord）中，并通过分面（facet）来生成数据不同子集的图形。也就是说，一张统计图形是由以下独立的图形部件组成的。

（1）数据：图形最基础的部分就是想要可视化的数据，以及一系列将数据中的变量对应到图形属性的映射。

（2）图层（layer）：由几何元素和统计变换组成。

（3）几何对象：在图形中实际看到的图形元素，如点、线、多边形等。

（4）统计变换：对数据进行的某种汇总，如分组计数、线性回归等。统计变换为可选部分，但很有用。

（5）标度（scale）：将数据的取值映射到图形空间，如用颜色、大小或形状来表示不同的取值。展现标度的常用方式为绘制图例和坐标轴，它们实际上是从图形到数据的一个映射，从图形中可以读取原始数据。

（6）坐标系：描述数据如何映射到图形所在的平面，同时提供读图所需的坐标轴和网格线。通常使用笛卡儿坐标系，也可以变换为极坐标和地图投影等其他类型。

（7）分面：将绘图窗口划分为若干个子窗口，描述如何将数据分解为不同子集，以及如何对子集作图并联合进行展示。分面也称为条件作图或网格作图。

（8）主题（theme）：主题控制着各点的精细显示，如字体、背景、颜色、网格线等。虽然 ggplot2 的默认设置基本满足需求，但有时会进行调整以绘制自己想要的图形。

1.2 搭建 R 语言环境

R 语言可以在 CRAN（Comprehensive R Archive Network）网站上免费下载。CRAN 是一个网络集合体，包含发布版本、资源包、文档和源代码。它由遍布全球的几十个镜像站点组成，这点站点提供下载安装程序和相应版本的资源包。镜像站点一般 1~2 天更新一次。

1.2.1 安装程序的下载

CRAN 针对 Windows、Mac OS 和 Linux 等系统平台有编译好的相应二进制安装包（package），读者根据自己的系统平台选择对应安装包下载安装即可。下面以 Windows 平台为例，介绍 R 语言的下载与安装步骤。

步骤01 在 IE 浏览器中输入网址 https://www.r-project.org/，按 Enter 键后进入 R 语言官网，如图 1-1 所示。

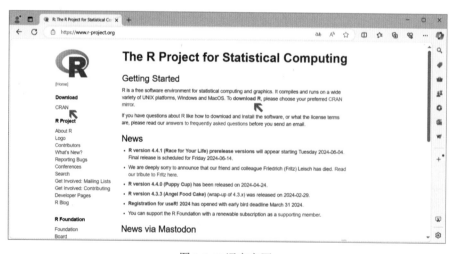

图 1-1 R 语言官网

步骤 02　在主页中单击左侧 Download 下的 CRAN，或者单击右侧的 download R 超链接，进入 CRAN Mirrors 页面。镜像是按照国家或地区进行分组的，在页面左侧找到 China，单击其中的一个镜像（推荐选用清华大学镜像），如图 1-2 所示。

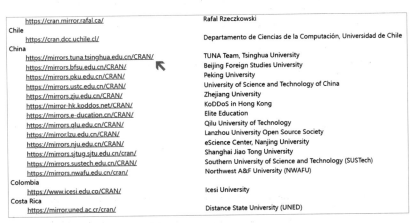

图 1-2　选择镜像站点

步骤 03　在出现的界面中根据自己的操作系统选择对应的版本，本书为 Windows 平台，因此单击 Download R for Windows 链接，如图 1-3 所示。

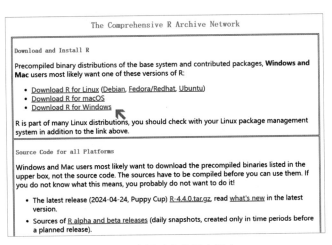

图 1-3　选择对应的平台版本

步骤 04　在弹出的页面中单击 base 或 install R for the first time 链接，如图 1-4 所示。继续在弹出的页面中单击 Download R-4.4.0 for Windows 链接，如图 1-5 所示，即可将安装文件下载到本地计算机。

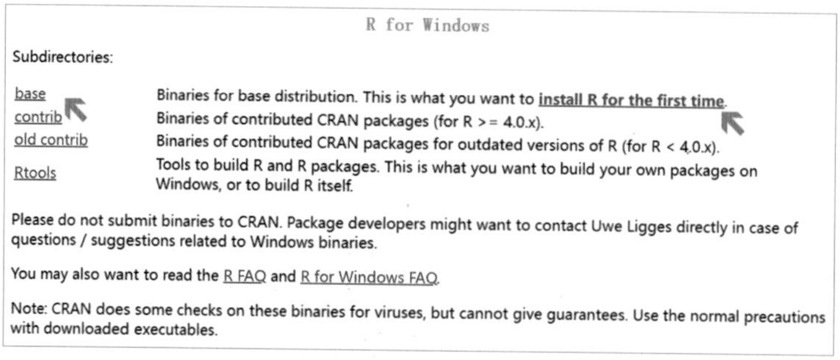

图 1-4 选择下载版本

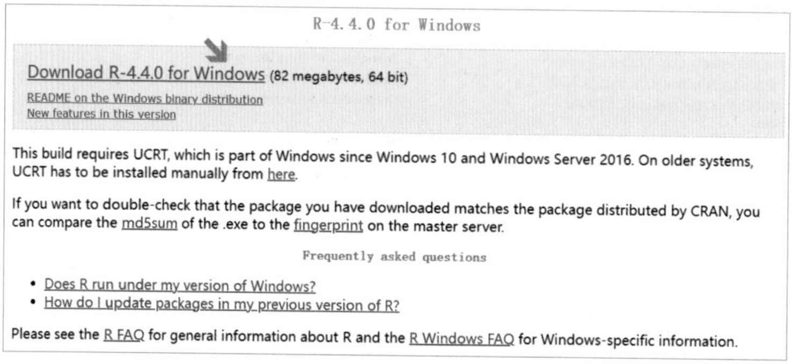

图 1-5 下载链接

1.2.2 R 语言的安装与启动

安装与启动 R 语言的步骤如下：

步骤01 在刚下载完成的安装包 📥 **R-4.4.0-win** 上双击；或者右击安装包，在弹出的快捷菜单中执行"以管理员身份运行"命令。

步骤02 在弹出的"选择语言"对话框中选择"中文（简体）"，单击"确定"按钮进入安装设置过程，依次单击"下一步"按钮即可，无须额外设置。

步骤03 安装完成后，会在桌面上出现快捷启动图标 **R**，双击该图标即可启动 R 语言。首次启动后的 RGui 界面如图 1-6 所示。能够正常启动就说明安装成功。

> **说明** 在 Windows 平台中安装 R 语言时，除了安装必要的核心文件之外，还会安装一个叫作 Rgui.exe 的可执行文件，该程序文件位于 C:\Program Files\R\R-4.4.0\bin\x64（默认安装）下。双击该文件，即可进入 R 语言自带的 GUI 界面，即 R 语言主界面。

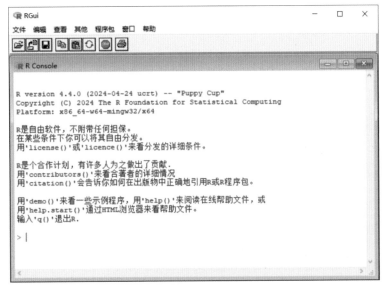

图 1-6　R 语言主界面（RGui 界面）

　　RGui 界面的上方为主菜单栏和快捷工具按钮。下方为 R 语言运行的控制台（R Console），R 语言运行的输入和输出均在此操作。

　　R 语言的所有分析和绘图均由 R 命令实现，使用时在提示符"＞"后输入命令，每次可以输入一条命令，也可以连续输入多条命令，各命令之间用分号（;）隔开。命令输入完成后，按 Enter 键，R 就会运行该命令并输出相应的结果。

　　【例 1-1】在控制台进行命令的输入。

　　在控制台中输入以下代码，并显示输出结果。

```
> 3+9                        # 在提示符后输入命令，按 Enter 键
[1] 12                       # 显示的输出结果，[1] 表示输出结果的第一行
```

　　如果要输入的数据超过一行，可以在适当的地方按 Enter 键，并在下一行继续输入，R 会在断行的地方用"+"表示连接。例如，计算 3+8+34+98+34+45+56+45-33-21 的值，分 3 行输入，控制台上的显示为：

```
> 3+8+34+98+               # 此处最后的 "+" 表示为输入完成，后续还有输入，类似续行符
+ 34+45+56+45-             # 此处最前的 "+" 表示接上一行输入
+ 33-21
[1] 267
>
```

1.2.3 辅助工具 Rstudio

R 语言自带的 RGui 操作界面相对简单，伴随着 R 语言的广泛应用，众多的 R 语言辅助工具应运而生。其中最具代表性的为 Rstudio 公司的 RStudio 套件及微软的 Visual Studio R 套件。下面介绍 RStudio 套件的安装。

1. Rstudio 的下载与安装

下载与安装 Rstudio 的步骤如下：

步骤01 在 IE 浏览器中输入网址 https://posit.co，按 Enter 键后进入 RStudio 官网。在页面右上方找到并单击 DOWNLOAD RSTUDIO 按钮，下载软件。

> **说明** 编者当前使用的版本为 RStudio-2024.04.1-748。

步骤02 在刚下载完成的安装包 🟦 **RStudio-2024.04.1-748** 上双击；或者右击该安装包，在弹出的快捷菜单中执行"以管理员身份运行"命令。

步骤03 在弹出的"Rstudio 安装"对话框中单击"下一步"按钮，进入安装设置过程，随后依次单击"下一步"按钮即可，无须额外设置。

步骤04 安装完成后，会在 Windows 系统的"开始"菜单栏中出现 RStudio 快捷启动图标 🟦 **rstudio**，单击该图标即可启动 RStudio。首次启动后的 RStudio 界面如图 1-7 所示。能够正常启动就说明安装成功。

图 1-7 RStudio 主界面

2．Rstudio 主界面介绍

执行菜单栏中的 File → New File → R Script 命令，或单击主界面左上角的  ▼（新建）按钮，在弹出的菜单中执行 R Script 命令，在窗口的左上方即可出现脚本编辑区，如图 1-8 所示。

图 1-8　打开脚本窗口的主界面

默认打开的操作界面最上方区域为 Rstudio 的菜单栏和快捷工具栏，该区域主要有 File（文件）、Edit（编辑）、Tools（工具）、帮助（Help）等菜单，在保存文件、发布程序及结果、安装包时使用。

下方工作区被划分为 4 个子区域。

（1）左上方为代码编写区（代码编辑器），可以编写 R 脚本、Rmd 文档、R Notebook 等不同类型的文件，并且可以进行程序运行和调试等操作。该区上方还有文件保存、查找、运行等快捷方式。例如编辑程序脚本完成后，单击 Run 按钮即可运行该脚本。

（2）左下方为运行结果输出区域（控制台），该区域既可以输入并执行命令，查看命令行的运行结果，也可以输出程序脚本的运行结果。这里包含所有运行过的命令，方便对历史记录进行检查。

（3）右上方为当前工作空间相关信息显示区域，可显示当前工作环境加载的 R 语言程序包、R 语言对象（列表、因子、数据框、矩阵、向量等），也可查看 R 语言运行的历史等信息。

（4）右下方为当前用户工作目录和 R 语言程序包的相关信息显示区域，包括环境、文件、绘图、包、帮助、查看等选项卡窗口，可以查看当前工作目录下的文件、已安装的 R 语言程序包。例如，单击 Packages 选项卡下的 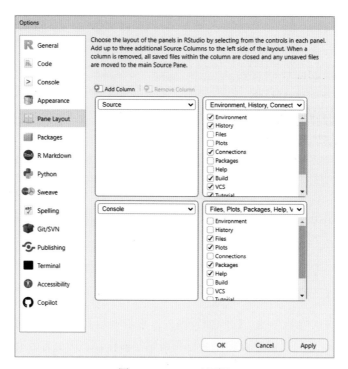 Install 和 Update 按钮，可分别安装和更新 R 语言包。在该区域还可以查看当前绘图和输出、查找 R 函数等。

3. 主界面设置

RStudio 支持自定义界面布局，执行菜单栏中的 Tools → Global Options 命令，在弹出的 Options 对话框中选择 Pane Layout 选项，即可根据自己的喜好进行界面窗口的设置，如图 1-9 所示。

图 1-9　Options 对话框

另外，在 Appearance 选项组下可以进行界面字体等的设计；在 Packages 选项组下可以进行镜像地址的设置，在国内可以设置为 China (Beijing 1)，以提高下载速度。

1.2.4　包的安装与加载

R 语言中的包是指包含 R 数据集、函数等信息的集合。大部分统计分析和绘图都可以使用已有的 R 包来实现。R 语言还拥有功能强大的第三方包，如 ggplot2 等。第三方包需要先下载安装，然后方可使用。

一个 R 包中可能包含多个函数，能进行多种分析和绘图，而对于同一问题的分析和绘图，也可以使用不同的包来实现，通常是根据个人的需要和偏好来选择所需要的包。

1. 查看已安装的包

安装 R 时，默认自带了一系列包，如 base、datasets、graphics、stats、utils、grDevices、methods 等。这些包提供了种类繁多的默认函数和数据集，分析时无须加载即可直接使用包中的函数。其他包则需要事先安装并加载，然后才能使用。

要查看 R 中已经安装的包，可以使用 library() 或 .packages(all.available=TRUE) 函数。

【例 1-2】查看已安装的包。

在控制台中输入以下代码，并显示输出结果。

```
> library()                        # 在新窗口列出包的名称
> .packages(all.available=TRUE)    # 在命令窗口列出包的名称
 [1] "base"        "boot"        "class"       "cluster"     "codetools"
 [6] "compiler"    "datasets"    "foreign"     "graphics"    "grDevices"
[11] "grid"        "KernSmooth"  "lattice"     "MASS"        "Matrix"
[16] "methods"     "mgcv"        "nlme"        "nnet"        "parallel"
[21] "rpart"       "spatial"     "splines"     "stats"       "stats4"
[26] "survival"    "tcltk"       "tools"       "translations" "utils"
```

使用 help() 函数可以在 R 官网上查阅包的功能简介，其语法格式为：

```
help(package=p_name)               # p_name 为包的名称
```

2. 使用函数安装包

通常 R 包都来自 CRAN，在使用 R 时，可根据需要随时在线安装所需的包，选择相应的镜像站点即可自动完成包的下载和安装。读者可以一次性下载和安装多个包，下载时将多个带引号的包名称用逗号隔开即可。下载和安装包的语法格式如下：

```
install.packages("p_name")                          # 包的名称必须使用双引号引起来
install.packages("p_name1","p_name2",...,"p_namen")  # 一次安装多个包
```

【例 1-3】安装 ggplot2 和 ggraph 两个包。

在控制台中输入以下代码：

```
> install.packages("ggplot2")            # 安装 ggplot2 包，安装一次即可
> install.packages(c("ggplot2","ggraph"))  # 同时安装 ggplot2、ggraph 两个包
```

3. 使用 RStudio 安装包

执行菜单栏中的 Tools → Install Packages 命令，在弹出的 Install Packages 对话框中输入想要安装的包，然后单击 Install 按钮，系统将会自动安装指定的包和相关依赖包，如图 1-10 所示。

当需要一次性下载安装多个包时，需要在下载第三方包的界面框内输入多个包名称，并以逗号或空格隔开。

> 说明 读者也可以在主窗口右下方选择 Packages 选项卡，然后单击 Install 按钮安装所需的包。

如果包不能自动安装，可以手动从网上搜索，并下载 .zip 或 .tar.gz 文件到本地，再手动安装（不建议）。执行菜单栏中的 Tools → Install Packages 命令，在弹出的 Install Packages 对话框中修改 Install from 为 Package Archive File，然后浏览安装，如图 1-11 所示。

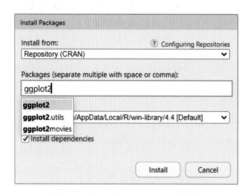

图 1-10 Install Packages 对话框

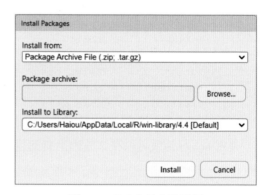

图 1-11 手动安装参数设置

4. 通过 GitHub 安装包

有些 R 包只存放在 GitHub，也有很多 CRANR 包的最新开发版也位于 GitHub，读者可以先安装 devtools 或 remotes 包，再通过 install_github() 函数安装 GitHub 来源的包。

```
devtools::install_github("tidyverse/dplyr")        # 或
remotes::install_github("tidyverse/dplyr")
```

> 说明 函数中 "::" 前面的是包名，这是不单独加载包而使用包中函数的用法。tidyuerse 是 GitHub 用户名，dplyr 为该用户中名为 dplyr 的 repository（仓库），即包名。另外，通过 "包名 ::" 前缀可以访问包中的内部函数。

注意　不是所有的仓库都是 R 包，识别 R 包的标志是是否含有 DESCRIPTION 文件。

读者也可以将整个包文件夹从网页下载下来，并解压缩到当前路径（或完整路径），再从本地安装，语法格式为：

```
install.packages("dplyr-master",repos=NULL,type="source")
```

在生物信息领域有专门的包，可以从 bioconductor 网站获取，安装时首先安装 BiocManager 包，再通过 install() 函数安装 bioconductor 来源的包，语法格式为：

```
BiocManager::install("p_name")
```

5. 更新包

当需要从 CRAN 或其他指定的仓库下载和安装包的最新版时，可以使用 update.packages() 函数。其语法格式为：

```
update.packages("p_name")          # 更新名为 p_name 的包
update.packages()                  # 更新所有包
```

6. 加载第三方包

在完成安装后，要使用该包时，需要使用 library() 函数或 requir() 函数将其加载到 R 中。其语法格式为：

```
library(package_name)     # 加载指定的包，如果包不存在，会报错并停止执行代码
require(package_name)     # 加载指定的包，当包不存在时不报错，而返回一个逻辑值
```

注意　在加载第三方包时，每次只能加载一个包，如需加载多个包，必须多次调用 library() 或 require() 函数。

【例 1-4】将 ggplot2 和 ggraph 两个包加载到 R 中。

在控制台中输入以下代码：

```
> library(ggplot2)        # 加载安装 ggplot2 包
> library(ggraph)         # 加载安装 ggraph 包
```

7. 卸除包与卸载包

这里，卸载包表示卸载已安装到 R 中的包；卸除包表示卸除已经加载到内存的包，卸除不是卸载，只是存储释放。

当希望卸载已安装的包时，可以采用 remove.packages() 函数，其语法格式为：

```
remove.packages("package_name",lib=file.path("package path"))
```

例如，卸载 ggplot2 包的语句为：

```
remove.packages("ggplot2")
```

当希望卸除加载的包时，可以采用 detach() 函数，其语法格式为：

```
detach("package_name")
```

例如，卸除 ggplot2 包的语句为：

```
detach("package:ggplot2")
```

1.3 对象与变量

如果要对输入的数据做多种分析，如计算标准差、绘制柱状图等，每次分析都要输入数据就会非常麻烦。这时，可以将多个数据组合成一个数据集，然后对数据集赋予一个名字，这就是所谓的 R 对象（object）。

1.3.1 对象

R 语言中的所有事物都是可以称作对象，如向量、列表、函数、环境等。R 语言的所有代码都是基于对象的操作，对计算机内存的访问同样是通过对象实现的。

【例 1-5】R 语言对象应用示例。

在控制台中输入以下代码：

```
> c("海鸥","麻雀","鸽子","海燕")              # 包含 4 个元素的字符型向量
[1] "海鸥" "麻雀" "鸽子" "海燕"
> c(5)                          # 只有 1 个元素的数值型向量，或者直接输入数字 5
[1] 5

> list(c("海鸥","麻雀","鸽子"),c(5),"I'm Chinese.")  # 包含 3 个元素的列表
[[1]]
[1] "海鸥" "麻雀" "鸽子"

[[2]]
[1] 5

[[3]]
```

```
[1] "I'm Chinese."

> function(x,y)                                          # 函数
+ {
+   (x^2+y)
+ }
function(x,y)
{
    (x^2+y)
}
> new.env()                                              # 环境
<environment: 0x00000172e87ccc70>
```

上述代码中，c() 是一个 R 函数，表示将其中的数据合并成一个向量。

> 注意　在本书中，提示符"＞"表示其后需要输入，提示符"＋"表示其后输入为上一行的延续，符号"＃"表示注释，无须输入。

1.3.2　变量

R 对象可以是一个数据集、模型、图形等，在分析前需要给对象赋值。R 的标准赋值符号为"<-"，也可以使用"="进行赋值，推荐使用"<-"。

R 对象实际上就是给对象取的一个名字（如 x），然后对它赋值（可以是数值、向量、矩阵或数据框等）。赋值后的对象称为变量，它是调用对象的重要手段。

【例 1-6】赋值方法示例。

在控制台中输入以下代码，并显示输出结果。

```
> x1 <- 6                                                # 将数值赋给 x
> x1
[1] 6
> x2 <- c("海鸥 "," 麻雀 "," 鸽子 "," 海燕 ")              # 将字符型向量赋给 x
> x2
[1] "海鸥 " " 麻雀 " " 鸽子 " " 海燕 "
> y1 <- y2 <- y3 <- 6                                    # 同时将一个值赋给多个变量
> y1
[1] 6
> y2
[1] 6
> y3
[1] 6
```

说明 变量名与变量值可以前后互换，同时赋值符号 "<-" 需要变为 "->"，不推荐使用。继续在控制台中输入以下代码，并显示输出结果。

```
> 6 -> x4                                    # 将数值赋给 x
> x4
[1] 6
> z <- c(68,61,82,66,72,44,66,57)           # 将数值向量赋给 z
> mean(z)                                    # 计算平均数
[1] 64.5
> sum(z)                                     # 求和
[1] 516
```

变量名称是以字母或点号（.）开头，并以数字、字母及下画线（_）的任意组合组成的名称。在 R 语言中，变量的命名有以下规则：

（1）变量名的首字符只能使用字母或点号，变量名的次字符及之后的字符只能包含数字、字母或下画线。

（2）变量名区分大小写，如 name 和 Name 代表两个不同的变量对象。

（3）变量的命名建议与其含义相近，如用 Gender 表示性别变量，而不用 ga、x 等。

（4）系统的保留字（如 if、for 等）不能作为变量名。

1.4 数据结构

在 R 中分析数据或创建图形时，首先要提供参与分析或绘图的数据集（data set）。R 可以处理的数据集类型包括向量（vector）、矩阵（matrix）、数组（array）、数据框（data frame）、因子（factor）、列表（list）等，这些数据集的数据结构如图 1-12 所示。

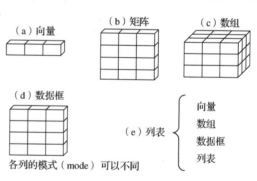

图 1-12 数据集类型

1.4.1 数据类型

在 R 语言中，常见的数据类型包括数值型（numeric）、字符型（character）、逻辑型（logical）、复数型（complex）或日期时间型（Data）等，其中数值型又分为整数型（integer）和双精度型（double）两种。数据类型的识别、判断以及类型之间的转换是数据分析中必不可少的内容。

统计分析或运算过程中，可能需要对向量中的数据类型进行识别和判断。R 语言中使用 class() 函数来识别数据类型；使用 is.*() 函数来判断是否为某个指定的数据类型；使用 as.*() 函数进行数据类型的转换。其中 * 为数据类型的英文表示。

另外，R 语言中还包含有几种常见的特殊值，如表 1-1 所示。

表1-1 特殊的数据类型

符 号	含 义	判断函数	符 号	含 义	判断函数
NA	缺失值	is.na()	NaN	不确定值	is.nan()
NULL	空值	is.null()	Inf	无限值	is.inf()

【例 1-7】数据类型应用示例。

在控制台中输入以下代码，并显示输出结果。

```
> Name <- c('Jeff','Tom','Mary')
> class(Name)                              # 使用 class() 函数识别数据类型
[1] "character"
> Birthday <- c('1985-6-18','1992-4-11','1986-12-8')
> class(Birthday)                          # 数据类型识别
[1] "character"
> Income <- c(16000,8500,12500)
> class(Income)                            # 数据类型识别
[1] "numeric"

> is.character(x=Name)
[1] TRUE
> is.integer(x=c(160,85,125))
[1] FALSE
> is.numeric(x=c(160,85,125))
[1] TRUE
> is.Date(x=Birthday)
[1] FALSE

> install.packages("lubridate")           # 安装第三方包：用于日期时间型数据的处理
> library(lubridate)                       # 加载包
> Score <- as.integer(x=c(160,85,125))     # 类型强制转换
> Score                                    # 返回向量中的元素
[1] 160  85 125
> class(Score)                             # 类型识别
[1] "integer"
```

```
> Birthday <- as.Date(Birthday)                    # 类型强制转换
> Birthday
[1] "1985-06-18" "1992-04-11" "1986-12-08"
> class(Birthday)                                  # 类型识别
[1] "Date"
```

最常用的日期型数据类型是 Date（仅存储日期）和 POSIXct（同时存储日期与时间）。在处理日期型数据时，经常需要使用 as.Date() 函数将读入的数据从数值型转换成日期型，有时还需要进一步提取日期型数据的年、月、周等数据信息。

使用 as.numeric() 函数或 as.integer() 函数可以将日期型数据转换成数值型。使用 strftime(x,format="") 函数可以定义日期型数据的格式，如 strftime(a,'%Y') 表示只显示年份。

【例 1-8】日期型数据应用示例。

在控制台中输入以下代码，并显示输出结果。

```
> a <- as.Date("2024-06-06")
> class(a)                                         # 输出 a 的数据类型
[1] "function"
> b <- as.POSIXct("2024-06-06 16:26")
> class(b)                                         # 输出 b 的数据类型
[1] "POSIXct" "POSIXt"
> a_Year <- as.integer(strftime(a,'%Y'))
> a_Year                                           # 输出年份
[1] 2024
a_month <- as.integer(strftime(a,'%m'))
> a_month                                          # 输出月份
[1] 6
a_week<- as.integer(strftime(a,'%W'))
> a_week                                           # 输出周数
[1] 23
```

1.4.2　向量

向量是 R 语言中重要的数据结构，可以是数值数据、字符数据或逻辑值。很多情况下都会涉及向量的处理和运算。向量的创建可以通过手动输入、序列生成、重复生成和目标抽取（向量索引）等方法实现。

1.　手动输入法

R 语言允许用户通过手动方式将数据存储到向量中，例如将姓名存储到变量为 Name 的向量中，或将性别存储到变量为 Gender 的向量中。手动构建向量通过 c() 函数实现。

【例 1-9】手动输入向量示例。将 3 个客户的姓名、性别、出生日期和收入保存到各自的变量中。

在控制台中输入以下代码，并显示输出结果。

```
> Name <- c('Jeff','Tom','Mary')
> Gender <- c('男','男','女')
> Birthday <- c('1985-6-18','1992-4-11','1986-12-8')
> Income <- c(16000,8500,12500)
```

对于字符型的值或日期时间型的值，必须用引号引起来（如前 3 个变量），而数值型的值则不需要。

2．序列生成法

利用符号 ":" 或函数 seq() 生成具有规律的数值型数据，这就是序列生成法。其中，英文状态下的冒号用于生成步长为 1 或 −1 的连续数据；seq() 函数用于生成指定步长或长度的等差数列。seq() 函数的语法格式为：

```
seq(from,to)                  # 不含 by、length 参数的 seq 函数
seq(from,to,by)               # 含 by 参数的 seq 函数
seq(from,to,length)           # 含 length 参数的 seq 函数
seq(from,by,length)           # 含 by、length 参数的 seq 函数
```

其中，from 指定等差数列的初始值；to 指定等差数列的结束值；by 指定等差数列的公差；length 表示在未知公差的情况下，通过它来设定等差数列的元素个数。

【例 1-10】序列生成法输入向量示例。

在控制台中输入以下代码，并显示输出结果。

```
> X1 <- 1:8; X2 <- 1:-8
> X1
[1] 1 2 3 4 5 6 7 8
> X2
[1]  1  0 -1 -2 -3 -4 -5 -6 -7 -8
> X3 <- seq(from=1,to=8)           # 创建从 1 到 8，默认步长为 1 的序列
> X3
[1] 1 2 3 4 5 6 7 8
> X4 <- seq(from=1,to=8,by=2)      # 创建从 1 到 8，步长为 2 的序列
> X4
[1] 1 3 5 7
> X5 <- seq(from=1,to=8,length=2)  # 创建从 1 到 8，长度为 2 的序列
[1] 1 8
```

```
> X6 <- seq(from=1,by=8,length=2)      # 创建起点为 1，步长为 8，长度为 2 的序列
[1] 1 9
```

3. 重复生成法

重复生成法是利用 rep() 函数将某个对象进行指定次数的重复，进而减少人工输入的一种方法。rep() 函数的语法格式为：

```
rep(x,times)
rep(x,each)
```

其中，x 指定需要循环的对象；times 指定 x 的循环次数（x 的整体在循环）；each 指定 x 中元素的循环次数（依次将 x 的元素进行循环）。

【例 1-11】通过重复生成法录入公司 2020 — 2022 年各季度的销售额。

在控制台中输入以下代码，并显示输出结果。

```
> Year <- rep(x=2020:2022,each=4)        # 生成 2020 — 2022 年的年份信息
> Quarter <- rep(x=1:4,times=3)          # 生成第 1~4 季度的季度信息
> Sales <- c(9.6,8.2,11.1,12.9,13.4,16.2,20.6,31.8,30.6,35.4,39.6,29.5)
                                         # 手动输入销售额信息
> DF <- data.frame(Year,Quarter,Sales)   # 将 3 个变量组装为数据框对象
> View(DF)                               # 预览数据
```

创建的数据框对象如图 1-13 所示，读者应观察 Year 和 Quarter 这两个向量创建的差异。

4. 目标抽取法（向量索引）

在介绍目标抽取前先介绍一下向量索引。向量中的元素是按照顺序排列的，通过索引的方法可以将向量中的元素提取出来。在 R 语言中，索引使用方括号（[]）表示，包括位置索引与 bool 索引两种方法。

	Year	Quarter	Sales
1	2020	1	9.6
2	2020	2	8.2
3	2020	3	11.1
4	2020	4	12.9
5	2021	1	13.4
6	2021	2	16.2
7	2021	3	20.6
8	2021	4	31.8
9	2022	1	30.6
10	2022	2	35.4
11	2022	3	39.6
12	2022	4	29.5

图 1-13 创建的数据框对象

- 位置索引是指在方括号内标明目标元素的下标，如向量第 5 个元素可以写为 "[5]"，当取出向量中的多个元素时，则需将整数型的下标值写成向量的形式，如向量的第 2、4、6 个元素可以写为 "[c(2,4,6)]"。

- bool 索引是指方括号（[]）内的值不是整数型下标，而是 TRUE 或 FALSE 值，索引时取出 TRUE 所对应的值。bool 索引经常会与比较运算符（>、>=、<、<=、==、!=）配合使用。相比于位置索引，bool 索引使用得更加频繁。

回到目标抽取法，它是指从已知向量中提取子集（由该向量的部分元素组成新的向量），或从矩阵中抽取一行或一列，或从数据框中抽取一列，进而可以得到数值型、字符型或日期时间型的向量。

其中矩阵或数据框的操作将在后文介绍。向量子集的提取通过方括号来实现，具体方式如下：

（1）通过在方括号中指定正整数来返回由向量指定位置的元素组成的子向量（R 语言中向量的元素起始位置为 1）。

（2）通过在方括号中指定逻辑值向量来返回由向量中对应的逻辑值为 TRUE 的元素组成的子向量。

（3）通过在方括号中指定负整数来返回由向量中除去指定位置的元素组成的子向量。方括号内不能同时包含正整数和负整数。

（4）如果向量已经命名，则可以通过在方括号中指定元素的名称来返回相应的子向量。

【例 1-12】向量子集的提取示例。

在控制台中输入以下代码，并显示输出结果。

```
> X <- 1:12
> names(X)<- c('A','B','C','D','E','F','G','H','I','J','K','L')
> X
 A  B  C  D  E  F  G  H  I  J  K  L
 1  2  3  4  5  6  7  8  9 10 11 12
> X[5:8]                              # 通过正整数提取向量子集
E F G H
5 6 7 8
> X[c(6,6,8)]                         # 通过正整数提取向量子集
F F H
6 6 8
> X[-c(6,8)]                          # 通过负整数提取不包含相应元素的向量子集
 A  B  C  D  E  G  I  J  K  L
 1  2  3  4  5  7  9 10 11 12
> Y <- c(rep(TRUE,3),rep(FALSE,2))    # 创建逻辑向量
> Y
[1]  TRUE  TRUE  TRUE FALSE FALSE
> X[Y]                                # 通过逻辑向量提取向量子集
 A  B  C  F  G  H  K  L
 1  2  3  6  7  8 11 12
```

1.4.3 矩阵与数组

前面介绍的向量实际上就是一个一维数组。而矩阵是一个二维数组，其中的每个元素都是相同的数据类型。

1．创建矩阵和数组

在 R 语言中，用 matrix() 函数可以创建矩阵，其语法格式为：

```
matrix(data=NA,nrow=1,ncol=1,byrow=FALSE,dimnames=NULL)
```

其中，data 指定一个用于构造矩阵的向量；nrow 指定矩阵的行数（默认为 1）；ncol 指定矩阵的列数（默认为 1）；byrow 为布尔型的参数，指定矩阵构造过程中元素是按列填充（byrow=FALSE）还是按行填充（byrow=TRUE）；dimnames 用于设置矩阵的行和列的名称，需将行、列名称以列表的形式传递给该参数。

数组与矩阵类似，但数组的维数可以大于 2。在 R 语言中，使用 array() 函数可以创建数组，其语法格式为：

```
array(data=NA,dim=length(data),dimnames=NULL)
```

其中，data 是一个包含数组中数据的向量；dim 指定每个维度的最大长度；dimnames 是各维度名称标签的一个列表。

另外，在 R 语言中通过 as.matrix() 函数可以将数据框强制转换为矩阵，其语法格式为：

```
as.matrix(x,rownames.force=NA)
```

其中，x 是指要强制转换为矩阵的数据框；rownames.force 是一个布尔型参数，如果设置为 TRUE，则强制将数据框的列名称作为矩阵的行名称；如果设置为 FALSE 或 NA（默认值），则矩阵的列名称将与数据框的变量名称保持一致。

使用 t() 函数可以实现矩阵的转置，其语法格式为：

```
t(mat)                          # 将矩阵 mat 转置
```

【例 1-13】创建矩阵与数组示例。

在控制台中输入以下代码，并显示输出结果。

```
> X <- matrix(5:16,nrow=3,ncol=4)
> X
     [,1] [,2] [,3] [,4]
[1,]    5    8   11   14
```

```
[2,]      6     9    12    15
[3,]      7    10    13    16
> XX <- t(X)                                    # 矩阵转置
> XX
      [,1] [,2] [,3]
[1,]     5     6     7
[2,]     8     9    10
[3,]    11    12    13
[4,]    14    15    16
> Y <- array(letters[1:16],dim=c(2,4,2))
> Y
,,1
      [,1] [,2] [,3] [,4]
[1,]  "a"  "c"  "e"  "g"
[2,]  "b"  "d"  "f"  "h"
,,2
      [,1] [,2] [,3] [,4]
[1,]  "i"  "k"  "m"  "o"
[2,]  "j"  "l"  "n"  "p"
```

2．提取子集（矩阵索引）

矩阵子集的抽取（索引）与向量子集的抽取（索引）相似，所不同的是向量子集是基于一维数据的提取，而矩阵子集是基于二维数据的提取。

矩阵子集的提取方法为"[row_index,col_index]"，其中 row_inde 控制矩阵提取的行，col_index 控制矩阵提取的列。

【例 1-14】矩阵子集的提取示例。

在控制台中输入以下代码，并显示输出结果。

```
> Mat <- matrix(1:24,ncol=6)                    # 创建 4×6 的矩阵
> Mat
      [,1] [,2] [,3] [,4] [,5] [,6]
[1,]     1     5     9    13    17    21
[2,]     2     6    10    14    18    22
[3,]     3     7    11    15    19    23
[4,]     4     8    12    16    20    24
> Mat[3,]                                        # 取出第 3 行的数据
[1]  3  7 11 15 19 23
> Mat[,2]                                        # 取出第 5 列的数据
[1] 5 6 7 8
> Mat[,5]
[1] 17 18 19 20
```

```
> Mat[3,4]                                          # 取出第 3 行第 4 列的数据
[1] 15
> Mat[2:3,2:5]                                      # 取出 2~3 行，2~5 列的数据
     [,1] [,2] [,3] [,4]
[1,]    6   10   14   18
[2,]    7   11   15   19
> Mat[1:dim(Mat)[1]%%2==1,1:dim(Mat)[2]%%2==0]      # 取出奇数行偶数列的数据
     [,1] [,2] [,3]
[1,]    5   13   21
[2,]    7   15   23
```

> **提示** 取出矩阵中的单行或单列时，对应的 col_index 或 row_index 不需要设置。其中 dim() 函数以向量形式返回矩阵的行数和列数，例如 dim(Mat)[1] 表示仅返回矩阵 Mat 的行数。

1.4.4 数据框

数据框即数据表，表中不同的字段可以是不同的数据类型，因此构成数据框的各字段可以是不同数据类型的向量。而向量和矩阵中的元素不允许同时出现多种数据类型。

构造数据框可以利用 data.frame() 函数手动创建，或者利用 as.data.frame() 函数将矩阵或列表强制转换为数据框，也可以通过读取外部数据形成数据框。

函数 data.frame() 的语法格式为：

```
data.frame(...,row.names=NULL,check.rows=FALSE,check.names=TRUE,
        fix.empty.names=TRUE,stringsAsFactors=default.stringsAsFactors())
```

部分参数的含义如表 1-2 所示。

表1-2 部分参数的含义

参　　数	含　　义
...	指定多个用于构造数据框的长度相等的向量
row.names	指定数据框的行名称（默认为1~n的整数）
check.rows	bool型参数，确认是否检查行名称row.names与数据框的行数一致（默认为FALSE）
check.names	bool型参数，确认是否检查数据框列名称的合理性和重复性（默认为TRUE）
fix.empty.names	bool型参数，当数据框没有列名称时，确认是否将其修正为V1、V2……（默认为TRUE）
stringsAsFactors	bool型参数，确认是否将字符串向量强制转换为因子型向量（默认为TRUE）

函数 as.data.frame() 的语法格式为：

```
as.data.frame(x,row.names=NULL)
```

其中，x 为待转换为数据框的对象，可以是列表或矩阵。

【例 1-15】数据框创建示例——手动构造学生信息的向量。

在控制台中输入以下代码，并显示输出结果。

```
> ID <- 1:6
> Name <- c('Jeff','Tom','Mary','Mike','Mike','Kris')
> Gender <- c('Male','Male','Female','Male','Male','Female')
> Birthday <- c('1995-6-18','1995-4-11','1996-2-8',
                '1995-8-11','1996-1-23','1995-12-19')
> Height <- c(177,182,168,179,173,165)
> Weight <- c(65.3,74.2,57.8,70.4,68.9,55.4)
> Stu_info <- data.frame(ID,Name,Birthday,Gender,Height,Weight)
                                          # 将向量组合为数据框
> View(Stu_info)                          # 数据预览
```

创建的数据框对象如图 1-14 所示。通过 data.frame() 函数方便地将 6 个向量组合为一张数据表，并且表中的字段包含字符型、数值型和日期型。

	ID	Name	Birthday	Gender	Height	Weight
1	1	Jeff	1995-6-18	Male	177	65.3
2	2	Tom	1995-4-11	Male	182	74.2
3	3	Mary	1996-2-8	Female	168	57.8
4	4	Mike	1995-8-11	Male	179	70.4
5	5	Mike	1996-1-23	Male	173	68.9
6	6	Kris	1995-12-19	Female	165	55.4

图 1-14　创建的数据框对象

注意 组合为数据框的向量元素个数必须相等，否则会返回错误信息。

当数据框中的行和列较多时，使用 head() 函数可以只显示数据框的前几行，使用 tail() 函数可以只显示数据框的后几行。继续在控制台中输入以下代码，并显示输出结果。

```
> head(Stu_info,2)          # 只显示数据的前 2 行，不指定值时，默认显示前 6 行
  ID Name  Birthday Gender Height Weight
1  1 Jeff 1995-6-18   Male    177   65.3
2  2  Tom 1995-4-11   Male    182   74.2
> tail(Stu_info,2)          # 只显示数据的后 2 行，不指定值时，默认显示后 6 行
```

```
  ID Name    Birthday Gender Height Weight
5  5 Mike  1996-1-23   Male    173   68.9
6  6 Kris 1995-12-19 Female    165   55.4
```

当数据量比较大时，使用 str() 函数可以只查看数据的结构。例如，查看数据框 Stu_info 的数据结构，可继续在控制台中输入以下代码，并显示输出结果。

```
> str(Stu_info)                    # 查看 Stu_info 的数据结构
'data.frame':    6 obs. of  6 variables:
 $ ID       : int  1 2 3 4 5 6
 $ Name     : chr  "Jeff" "Tom" "Mary" "Mike" ...
 $ Birthday : chr  "1995-6-18" "1995-4-11" "1996-2-8" "1995-8-11" ...
 $ Gender   : chr  "Male" "Male" "Female" "Male" ...
 $ Height   : num  177 182 168 179 173 165
 $ Weight   : num  65.3 74.2 57.8 70.4 68.9 55.4
```

结果显示，Stu_info 是一个数据框，共有 6 个变量，每个变量又有 6 个观测值。

另外，还有其他函数可用于查看数据框的类型、行数、列数等信息。在控制台中输入以下代码，并显示输出结果。

```
> class(Stu_info)              # 使用 class() 函数可以查看数据框的类型
[1] "data.frame"
> nrow(Stu_info)               # 查看数据框的行数
[1] 6
> ncol(Stu_info)               # 查看数据框的列数
[1] 6
> dim(Stu_info)                # 查看数据框的行数和列数
[1] 6 6
```

当需要对数据框中的特定变量进行分析或绘图时，使用 "$" 符号指定要分析的变量。继续在控制台中输入以下代码，并显示输出结果。

```
> Stu_info$Height              # 指定身高 Height（列）
[1] 177 182 168 179 173 165
> Stu_info[,5]                 # 同上
> Stu_info[,5 : 6]             # 通过下标指定身高 Height 及体重 Weight
  Height Weight
1    177   65.3
2    182   74.2
3    168   57.8
4    179   70.4
5    173   68.9
6    165   55.4
> Stu_info[,c(5,6)]            # 同上
```

```
> Stu_info[5,]                        # 指定第 5 行的数据
  ID Name  Birthday Gender Height Weight
5  5 Mike 1996-1-23   Male    173   68.9
> Stu_info[c(2,4),]                   # 指定第 2 行、第 4 行的数据
  ID Name  Birthday Gender Height Weight
2  2  Tom 1995-4-11   Male    182   74.2
4  4 Mike 1995-8-11   Male    179   70.4
```

使用 rbind() 函数可以将不同的数据框按行合并，使用 cbind() 函数可以将不同的数据框按列合并。为保证合并有意义，当按行合并时，数据框中的列变量必须相同；当按列合并时，数据框中的行变量必须相同。

1.4.5　列表

列表用以存储包括常数、向量、矩阵、数据框在内的任意一种数据对象，甚至可以嵌套列表。列表的元素可以是异质的，行数也可以不同。

1．构造列表

列表的构造使用 list() 函数，其语法格式为：

```
list(…)
```

其中，…为常数、向量、矩阵、数据框中的任意一种数据对象。

【例 1-16】创建包含常数、字符型向量、矩阵和数据框 4 个元素的列表。

在控制台中输入以下代码，并显示输出结果。

```
# 创建列表元素的对象
> Constant <- 20
> Vector <- c('本科','本科','硕士','本科','博士')
> Mat <- matrix(data=1:9,ncol=3)
> DF <- data.frame(ID=1:5,Age=c(22,23,26,23,28),
                   Gender=c('女','男','男','女','男'),
                   Income=c(10500,9800,18000,14000,26000))
> List_object <- list(A=Constant,B=Vector,Mat,D=DF)      # 构造列表
> List_object
$A
[1] 20

$B
[1] "本科" "本科" "硕士" "本科" "博士"
```

```
[[3]]
     [,1] [,2] [,3]
[1,]   1    4    7
[2,]   2    5    8
[3,]   3    6    9

$D
  ID Age Gender Income
1  1  22     女  10500
2  2  23     男   9800
3  3  26     男  18000
4  4  23     女  14000
5  5  28     男  26000
```

> **说明** 在构造列表时，第 3 个元素并没有将 Mat 传递给一个新的变量，因此第 3 个元素的输出是以"[[3]]"作为名称。

2. 列表索引

列表的索引有单方括号（[]）、双方括号（[[]]）和美元符号（$）3 种形式，区别在于返回的元素是列表型数据结构还是其本身的数据结构。

其中，单方括号索引方式返回的一定是列表型对象，而非元素的原始结构；双方括号索引或美元符号索引方式返回的一定是元素的原始结构。

【例 1-17】利用上例中创建的列表 List_object 演示列表的索引，检查返回列表中元素的数据结构。

在控制台中输入以下代码，并显示输出结果。

```
> Return_A <- List_object[1]          # 单方括号索引
> class(Return_A)
[1] "list"
> Return_B <- List_object[[2]]        # 双方括号索引
> class(Return_B)
[1] "character"
> Return_C <- List_object[[3]]        # 双方括号索引
> class(Return_C)
[1] "matrix" "array"
> Return_D <- List_object$D           # 美元符号索引
> class(Return_D)
[1] "data.frame"
```

在返回的结果中，第一个元素通过单方括号的索引方式返回列表型对象；第二个元素通过双方括号的索引方式返回字符型的向量；第三个元素通过双方括号的索引方式返回矩阵型对象；第四个元素通过美元符号索引方式返回数据框对象。

> **注意** 在返回原始的数据结构时，若列表元素有名称（如 List_object 中的 A、B 和 D），则可以使用双方括号或美元符号；若列表元素没有名称（如 List_object 中的 [[2]]），则只能使用双方括号的索引方式。

1.4.6　因子

在数据分析中，变量或数据（变量的观测结果）基本可以分为类别变量（categorical variable）与数值变量（metric variable）两大类。

1. 类别变量

类别变量是取值为对象属性或类别以及区间值（interval value）的变量，也称定性变量（qualitative variable）。例如，性别可以分为"男""女"两类，则"性别"就是类别变量；当把成绩（满分 100 分）等级分为 85~100（优）、75~84（良）、60~74（中）及 60 以下（差）时，则"成绩等级"为数值区间，因而也属于类别变量。类别变量的观测值就是类别数据。

类别变量根据取值是否有序可分为无序类别变量和有序类别变量。无序类别变量的各类别间是不可以排序的，而有序类别变量的各类别间是有序的，如，成绩分为"优""良""中""差"就是有序的。取区间值的变量自然是有序类别变量。

2. 数值变量

数值变量是取值为数字的变量，变量的观测结果称为数值数据（metric data）或定量数据（quantitative data）。数值变量根据其取值的不同，可以分为离散变量和连续变量。离散变量是只能取有限个值的变量，其取值可以列举；连续变量是可以在一个或多个区间中取任何值的变量。

类别变量在 R 中称为因子，因子的取值称为水平（level），很多分析或绘图都可以按照因子的水平进行分类处理。使用 factor() 函数可以将向量编码为因子。

【例 1-18】将向量编码为因子。

在控制台中输入以下代码，并显示输出结果。

```
> va <- c("优","良","中","差")          # 创建向量va
> va
```

```
[1] "优" "良" "中" "差"
> fac1 <- factor(va)                              # 将向量 a 编码为因子
> fac1
[1] 优 良 中 差
Levels: 差 良 优 中
> as.numeric(fac1)                                # 将因子 a 转换为数值
数值
[1] 3 2 4 1
```

可以发现，上述因子是无序的。若将有序因子转换为数值，需要将 factor() 函数中的参数设置为 ordered=TRUE（默认 ordered=FALSE）。

继续在控制台中输入以下代码，并显示输出结果。

```
> fac2 <- factor(va,ordered=TRUE,levels=va)       # 将向量 va 编码为有序因子
> fac2
[1] 优 良 中 差
Levels: 优 < 良 < 中 < 差
> as.numeric(fac2)                                # 将因子 a 转换为数值
[1] 1 2 3 4
```

1.5 基本运算

R 语言中的基本运算包括算术运算、逻辑运算、关系运算和赋值运算等。通过这些基本运算，可以让数据分析和统计计算变得更加直观和高效。

1. 算术运算

算术运算包括加、减、乘、除、取余和幂运算。算术运算符如表 1-3 所示。

表1-3 算术运算符

运算符	描述	示例	结果	运算符	描述	示例	结果
+	加	3+2	5	%%	取余数	7 %% 2	1
−	减	5−2	3	%/%	整除	7 %/% 2	3
*	乘	3*2	6	^或**	幂	2^3或2**3	8
/	除	6/2	3				

2. 逻辑运算

逻辑运算包括与、或和非运算。逻辑运算符如表 1-4 所示。

表1-4　逻辑运算符

运 算 符	描 述	示 例	结 果
&	元素级的与运算	TRUE & FALSE	FALSE
		元素级的或运算	TRUE	FALSE	TRUE
!	非运算	!TRUE	FALSE
&&	短路与运算	TRUE && FALSE	FALSE
||	短路或运算	TRUE || FALSE	TRUE

3. 关系运算

关系运算用于比较两个值。关系运算符如表 1-5 所示。

表1-5　关系运算符

运 算 符	描 述	示 例	结 果	运 算 符	描 述	示 例	结 果
==	等于	3==3	TRUE	!=	不等于	3 !=2	TRUE
>	大于	3 > 2	TRUE	>=	大于或等于	3 >=2	TRUE
<	小于	2 < 3	TRUE	<=	小于或等于	2 <=3	TRUE

4. 赋值运算

赋值运算用于将值赋给变量。赋值运算符如表 1-6 所示。

表1-6　赋值运算符

运 算 符	描 述	示 例	结 果
<-	赋值运算	x <-5	x的值为5
=	赋值运算	y=3	y的值为3
->	赋值运算（右）	4-> z	z的值为4
<<-	全局赋值运算	x <<-6	x在全局环境中赋值为6
->>	全局赋值运算	7 ->> y	y在全局环境中赋值为7

【例 1-19】运算符应用示例。

在控制台中输入以下代码：

```
# 算术运算
a <- 5
b <- 2
print(a + b)        # 输出：7
print(a - b)        # 输出：3
print(a * b)        # 输出：10
```

```
print(a / b)                        # 输出: 2.5
print(a %% b)                       # 输出: 1
print(a %/% b)                      # 输出: 2
print(a ^ b)                        # 输出: 25

# 关系运算
print(a==b)                         # 输出: FALSE
print(a !=b)                        # 输出: TRUE
print(a > b)                        # 输出: TRUE
print(a < b)                        # 输出: FALSE
print(a >=b)                        # 输出: TRUE
print(a <=b)                        # 输出: FALSE

# 赋值运算
x <- 10
y=20
30 -> z
print(x)                            # 输出 10
print(y)                            # 输出 20
print(z)                            # 输出 30
x <<- 15
print(x)                            # 输出: 15 ( 全局赋值 )
40 ->> w
print(w)                            # 输出: 40 ( 全局赋值 )
```

1.6 获取帮助信息

R 语言拥有功能强大、种类繁多的第三方包，方便不同的用户选择合适的包解决工作中的实际问题。但这也造成了需要记忆太多的包或函数的问题，甚至函数的具体用法和参数含义也要掌握。当不记得这些函数或包时，就需要通过 R 语言强大的资源支持系统获取对应的帮助信息。

1.6.1 使用内置帮助函数

在 R 语言的学习中，熟练掌握帮助的使用方法至关重要。R 语言自身包含了大量的内置帮助函数，这些函数均可以在离线环境下使用。常用的内置帮助函数如表 1-7 所示。

表1-7 内置帮助函数的功能及用法

函数名称	功　能	示　例
help.start	显示R语言的网页帮助	help.start()

函数名称	功　能	示　例
?	查找某个函数的帮助	?t.test或?"t.test?"t.test ""
help	查找某个函数的帮助	help(t.test)或help("t.test")
??	查找与某个函数有关的关键字	??t.test或??"t.test"
help.search	查找与某个函数有关的关键字	help.search("t.test")
apropos	查找与输入字段相匹配的函数与变量	apropos("t.test")
find	查找与输入字段相匹配的对象（变量或函数）所属的环境或包	find("t.test")
example	运行函数示例（所有函数）	example(t.test)或example(t.test)
demo	运行函数演示（部分函数）	demo(nlm)或demo("nlm")
RSiteSearch	在http://search.r-project.org上检索输入的关键字	RSiteSearch("Hosmer-Lemeshow")
data	列出当前已加载包中所含的所有可用示例数据集	data()
vignette	列出当前已安装包中所有可用的vignette文档	vignette()

R 自带了很多数据集，并附有数据集的分析和绘图示例，可作为学习 R 的练习之用。利用 help() 函数可以了解数据集的信息。

```
help(date_name)                    # 查看数据集 date_name 的详细信息
```

【例 1-20】获取帮助信息示例。

在控制台中输入以下代码，输出结果略。

```
> help(lda,package='MASS')         # 直接查询某个函数的帮助文档
> help.search('geom_bar')          # 从所有的已下载包中搜寻 geom_bar 函数
> RSiteSearch('Neural Network')    # 在线搜索包含关键词的帮助文档
> data(Titanic)                    # 查看泰坦尼克号的数据详细信息
> example(t.test)                  # 运行函数 t.test 的示例
```

1.6.2　获取自带数据集信息

R 语言自带了许多数据集，这些数据集可以通过 datasets 包访问。本书中很多的示例是通过自带数据集演示的。利用 data() 函数可以查看已加载包中的数据集。

```
data()                             # 不带参数时，列出所有已加载包中的数据集
data(package="datasets")           # 查看 datasets 包中的数据集
data(datasetsName)                 # 加载名称为 datasetsName 的数据集
```

另外，利用 str() 函数可以查看数据集的结构，利用 summary() 函数可以查看数据集的统计摘要。

【例 1-21】查看数据集示例。

在控制台中输入以下代码，输出结果略。

```
data()                        # 查看所有已加载包中的数据集
data(package="datasets")      # 查看 datasets 包中的数据集
data(iris)                    # 加载 iris 数据集
head(iris)                    # 查看 iris 数据集的前几行
str(iris)                     # 查看 iris 数据集的结构
summary(iris)                 # 查看 iris 数据集的摘要
```

1.6.3 R 语言相关软件和资料

除内置帮助函数外，R 语言还拥有丰富的外部学习资源。为方便读者学习，下面提供一些 R 语言相关软件和资料的常用网站：

（1）R 语言官方及 RStudio 官方提供了丰富的学习资料。

（2）R 语言邮件列表收集了多年来积累的关于 R 语言的各种问题及其解决方法，读者可以订阅这些邮件列表，以获取帮助。

（3）Rseek 站点是一个 R 语言的网页搜索引擎，可以查找各种函数，以及 R 语言邮件列表中的讨论和博客文章。

（4）R-bloggers 是 R 语言主要的博客社区，也是关注 R 语言的社区资讯和小技巧的最佳方式。另外，Stack Overflow 与 R-bloggers 类似，也是一个活跃的 R 语言社区。

（5）R 语言入门中文论坛是专门为国内 R 语言用户提供的在线沟通和交流的平台，当遇到问题时可以与大家交流。

1.7 本章小结

本章详细介绍了 R 语言的基础知识，包括 R 语言的概述、获取与安装、对象与变量、数据结构、基本运算以及获取帮助信息等内容。本章讲解的 R 语言的基础入门知识，通过学习本章内容，可以为后续学习和应用 R 语言实现数据可视化打下坚实的基础。

第2章

数据基本操作

在科技绘图与数据分析过程中，对数据的操作是需要掌握的基本技能。在实际工作中，要分析或绘图的数据通常是已有数据，因此在分析或绘图时只需将这类数据读入 R 中进行适当的处理，随后对数据进行数据连接、抽样、塑形操作，并对缺失值与空值进行处理。本章通过讲解常用的数据操作方法，帮助读者掌握如何在 R 语言环境下高效地处理数据。

2.1 管道操作

管道（pipeline）操作是一种编程范式，用于将一系列的函数调用连接在一起，使得代码更加简洁和易读。在 R 语言中，管道操作符（%>%）由 magrittr 包和 dplyr 包提供，并在 Tidyverse 生态系统中广泛使用。

管道操作符（%>%）是 R 语言中一个强大的工具，能够使一系列数据变换操作更加简洁和直观。通过管道操作，可以轻松地将多个函数调用串联起来，简化数据处理和分析过程。掌握管道操作符的使用，将极大地提高 R 语言编程的效率和可读性。

在使用管道操作符之前，需要安装并加载 dplyr 或 tidyverse 包：

```
# 安装并加载 dplyr
install.packages("dplyr")
library(dplyr)

# 或者安装并加载 tidyverse
install.packages("tidyverse")
library(tidyverse)
```

管道操作符（%>%）的主要功能是将左侧的对象传递给右侧的函数作为第一个参数。在进行一系列数据变换操作时，这种写法可以使代码更加直观、清晰和易读。

【例 2-1】管道操作符应用示例。

在代码编辑器中输入以下代码并运行，在控制台显示输出结果。

```
# 创建一个示例数据框
df1 <- data.frame(x=1:5,y=c(6,7,8,9,10))
# 使用传统方法进行一系列操作
df1 <-mutate(df1,z=x+y)
df1 <- filter(df1,z>10)
df1 <- select(df1,x,z)
print(df1)                          # 查看原始数据，输出略

# 使用管道操作进行同样的操作
df2 <- data.frame(x=1:5,y=c(6,7,8,9,10)) %>%
  mutate(z=x + y) %>%
  filter(z > 10) %>%
  select(x,z)
print(df2)                          # 查看原始数据，输出略
```

由控制台输出结果可以看出，两种操作方法得到的数据框是一致的。

【例 2-2】管道操作应用示例。

（1）数据清理和变换。在代码编辑器中输入以下代码并运行：

```
# 创建一个示例数据框
df <- data.frame(Name=c("John","Jane","Doe","Smith"),
                 Age=c(28,22,35,45),
                 Salary=c(5000,6000,7000,8000))

# 使用管道操作进行数据清理和变换
result <- df%>%
  filter(Age > 25) %>%           # 过滤年龄大于 25 的行
  mutate(Salary=Salary/1000) %>% # 将工资转换为以千元为单位
  arrange(desc(Salary)) %>%      # 按工资降序排列
```

```
select(Name,Salary)                          # 选择 Name 和 Salary 列
print(result)
```

输出结果如下：

```
   Name Salary
1 Smith      8
2   Doe      7
3  John      5
```

（2）数据汇总和分组。在代码编辑器中输入以下代码并运行：

```
# 创建一个示例数据框
df <- data.frame(Group=c("A","A","B","B","C","C"),Value=c(10,15,20,25,30,35))

# 使用管道操作进行数据汇总和分组
summary <- df %>%
  group_by(Group)%>%                                      # 按组分组
  summarize(mean_value=mean(Value), sum_value=sum(Value))%>%   # 计算均值和总和
  arrange(desc(mean_value))                               # 按均值降序排列
print(summary)
```

输出结果如下：

```
# A tibble: 3 × 3
  Group mean_value sum_value
  <chr>      <dbl>     <dbl>
1 C           32.5        65
2 B           22.5        45
3 A           12.5        25
```

管道操作符（%>%）可以用于多种场景，除用于数据框操作外，还可以传递任何类型的对象，如向量、列表，甚至函数。

【例 2-3】与函数结合应用示例。

在代码编辑器中输入以下代码并运行：

```
square <- function(x)
{
  x*x
}                                        # 创建一个简单函数
result <- 5 %>% square() %>% sqrt()      # 将管道操作符与函数结合使用
print(result)
```

输出结果为 5，这是因为 sqrt(square(5))=sqrt(25)=5。

> **注意** 管道操作符（%>%）将左侧的对象作为右侧函数的第一个参数传递。如果函数的第一个参数位置不是输入对象，可以使用 "."占位符来指定位置。

过度使用管道操作符可能导致代码难以调试和维护，因此要适度使用管道操作，以提高代码的可读性。

2.2 数据存取

图表绘制通常使用外部保存的数据文件，R 可以读取不同格式（包括 CSV、TXT，以及 Excel、SQL、HTML 等数据文件）的外部数据。

2.2.1 读入 R 格式数据

R 语言除了自带数据集外，本身还提供 *.RData 和 *.rds 两种数据存储格式。

（1）*.RData 格式文件属于非标准化存储，既可以存储数据，也可以存储当前工作空间中的所有变量。

（2）*.rds 格式文件属于标准化存储，仅用于存储单个 R 对象，且存储时可以创建标准化档案。

当数据本身为 R 格式，或已将其他格式数据保存为 R 格式时，可以直接使用 load() 函数将指定路径下的数据读入（加载）到 R 中。

1. readRDS() 函数

readRDS() 函数用于读取 *.rds 格式文件。与 saveRDS() 配对使用时，该函数可以读取任何由 saveRDS 保存的 R 对象，包括数据框、向量、列表、模型对象等。其语法格式如下：

```
readRDS(file,refhook=NULL)
```

各参数的含义如表 2-1 所示。

表2-1 参数的含义

参　　数	含　　义
file	指定要读取的.rds文件（可以包含路径）
refhook	用于处理引用对象的钩子函数（不常用）

注意　使用时要确保文件路径正确，尤其在使用相对路径时。相对路径是相对于当前工作目录的路径，可以使用 getwd() 查看当前工作目录，并使用 setwd() 设置工作目录。

【例 2-4】使用 readRDS() 函数读取文件。

在代码编辑器中输入以下代码并运行：

```
# 创建示例数据框
data <- data.frame(id=1:3,value=c(10,15,20))

saveRDS(data,file="D:/Rdata/data.rds")           # 使用 saveRDS 函数保存数据框
loaded_data <- readRDS("D:/Rdata/data.rds")      # 使用 readRDS 函数读取数据框
print(loaded_data)                               # 查看读取的数据
```

输出结果如下：

```
  id  value
1  1    10
2  2    15
3  3    20
```

2. load() 函数

load() 函数用于加载存储在 .RData 或 .rda 文件中的 R 对象。与 save() 函数配对使用时，load() 函数可以将 save() 函数保存的所有 R 对象重新加载到当前工作环境中。其语法格式如下：

```
load(file,envir=parent.frame(),verbose=FALSE)
```

各参数的含义如表 2-2 所示。

表2-2　参数的含义

参　数	含　义
file	指定要读取的.RData或.rda文件（可以包含路径）
envir	指定加载对象的目标环境（通常不需要更改，默认为parent.frame()）
verbose	指定是否打印加载的对象的名称

注意　如果当前环境中已经存在与加载对象同名的对象，这些对象会被覆盖。因此，在使用 load() 函数前，需要确认是否可以覆盖现有对象。

【例 2-5】使用 load() 函数读取文件。

在代码编辑器中输入以下代码并运行：

```
# 创建示例对象
data1 <- data.frame(id=1:3,value=c(10,15,20))
data2 <- c(1,2,3,4,5)

save(data1,data2,file="D:/Rdata/dataR.RData")    # 使用 save() 函数保存对象
rm(list=ls())                                     # 清除当前环境中的所有对象
load("dataR.RData")                               # 使用 load() 函数读取对象
print(data1)                                      # 查看加载的数据
print(data2)
```

输出结果如下：

```
  id value
1  1    10
2  2    15
3  3    20
  [1] 1 2 3 4 5
```

2.2.2 读取 CSV/TXT 格式数据

CSV 或 TXT 格式的数据是学习或工作中常见的文本型数据。其中，CSV 格式是一种通用的数据格式，其他很多类型的数据均可转换为 CSV 格式。

使用 read.table() 与 read.csv() 函数可以很容易地将 CSV、TXT 格式数据读入 R 中。read.table() 用于读取表格数据文件（如文本文件、CSV 文件等），并将其转换为数据框。该函数非常灵活，能够处理各种格式的数据文件。其语法格式如下：

```
read.table(file,header=FALSE,sep="",dec=".",quote="\"'",
           na.strings="NA",colClasses=NA,nrows=-1,skip=0,
           check.names=TRUE,fill=FALSE,strip.white=FALSE,
           blank.lines.skip=TRUE,comment.char="# ",
           allowEscapes=FALSE,flush=FALSE,
           stringsAsFactors=default.stringsAsFactors(),
           fileEncoding="",encoding="unknown",
           text,skipNul=FALSE)
```

read.csv() 函数是 read.table() 函数的一个特定应用，默认参数适用于 CSV 文件格式，用于读取逗号分隔值（CSV）文件的便捷函数。其语法格式如下：

```
read.csv(file,header=TRUE,sep=",",quote="\"",
         dec=".",fill=TRUE,comment.char="",...)
```

上述两个函数的参数含义如表 2-3 所示。

表2-3　参数的含义

参　数	含　义
file	文件名或连接。指定需要读取的文件路径，需包含路径和文件名，如D:/Rdata/test.csv，路径需采用反斜杠（/），或者双斜杠（\\）
header	逻辑值，指定是否需要将原始数据集中的第一行（即字段名称）作为表头。对于read.csv()函数，默认为TRUE
sep	字符串，指定原始数据集中字段间的分隔符。对于read.csv()函数，默认为","
quote	字符串，指定值的引号方式。对于read.csv()函数，默认为双引号
dec	字符，指定浮点型数据的小数点格式，默认为英文状态下的句号点
na.strings	字符串向量，指定哪些字符串表示缺失值
colClasses	字符向量，指定列的类名
nrows	整数，指定要读取的行数
skip	整数，指定在开始读取前要跳过的行数
check.names	逻辑值，指定是否检查列名的合法性
fill	逻辑值，指定在原始数据集中，当行内值的个数不相等时，是否用空白填充。对于read.csv()函数，默认为TRUE
strip.white	逻辑值，指定是否去除字段中的前后空白字符
blank.lines.skip	逻辑值，指定是否跳过空行
comment.char	字符，通过指定字符型的注释符，使得数据读取时跳过这些注释符开头的行记录。对于read.csv()函数，默认为空字符（即""）
allowEscapes	逻辑值，指定是否允许在字符串中使用转义字符
flush	逻辑值，指定是否在文件结尾忽略部分行
stringsAsFactors	逻辑值，确定是否需要将字符型变量强制转换为因子型变量，默认为FALSE
fileEncoding	字符串，指定文件编码
encoding	字符串，指定读取文件时使用的编码
text	字符串，指定要读取的文本内容（而不是文件）
skipNul	逻辑值，指定是否跳过NULL字符

【例 2-6】使用 read.table() 函数读取文件。

在代码编辑器中输入以下代码并运行，即可将对应的文件读入工作空间。

```
# 读取基本数据文件
data <- read.table("D:/Rdata/datatxt.txt", header=TRUE,sep=" ")
print(data)                              # 查看数据框
```

输出结果如下：

```
  A B C
1 1 2 3
2 4 5 6
3 7 8 9
```

继续在代码编辑器中输入以下代码并运行：

```
# 读取文件，将缺失值表示为 NA，并指定列类型
data <- read.table("D:/Rdata/datacsv.csv",header=TRUE,sep=",",na.strings="",
                   colClasses=c("numeric","numeric","numeric"))
print(data)                                    # 查看数据框
```

输出结果如下：

```
  A  B C
1 1  2 3
2 4 NA 6
3 7  8 9
```

继续在代码编辑器中输入以下代码并运行：

```
# 跳过前两行并读取数据文件
data <- read.table("D:/Rdata/data_with_header.txt",header=TRUE,sep=" ",skip=2)
print(data)                                    # 查看数据框
```

输出结果如下：

```
  A B C
1 1 2 3
2 4 5 6
3 7 8 9
```

【例 2-7】使用 read.csv() 函数读取文件。

在代码编辑器中输入以下代码并运行，即可将对应的文件读入工作空间。

```
TableA <- read.csv("D:/Rdata/datacsv.csv")   # 读取含有标题的 CSV 格式数据
TableB <- read.csv("D:/Rdata/datacsv.csv",header=FALSE)
                                             # 读取不含有标题的 CSV 格式数据
load("D:/Rdata/d_table.RData")               # 读取加载 R 格式数据
```

2.2.3 读取 Excel 格式数据

使用 xlsx 包中的 read.xlsx() 函数和 read.xlsx2() 函数可以导入 .xlsx 格式的数据文件。实际工作中建议导入 CSV 格式的数据文件。例如：

```
TableA <- read.xlsx("D:/Rdata/Data.xlsx",sheetIndex=1)
```

也可以使用 write.xlsx() 函数将数据文件导出为 .xlsx 格式：

```
write.xlsx(TableA," D:/Rdata/Data.xlsx",sheetName="Sheet Name")
```

注意　在使用 R ggplot2 绘图时，通常使用一维数据列表的数据框。当导入的数据表是二维数据列表时，就需要使用 reshape2 包的 melt() 函数或者 tidyr 包的 gather() 函数将二维数据列表的数据框转换成一维数据列表。

2.2.4　保存数据

当在 R 中录入新数据，或者想要对读入的数据以指定格式保存在指定的路径中时，可以使用 write.table() 函数。当需要将数据以 CSV 格式保存在指定的路径中时，建议使用 write.csv() 函数。语法格式如下：

```
write.table(x,file="",append=FALSE,quote=TRUE,sep=" ",
            eol="\n",na="NA",dec=".",row.names=TRUE,
            col.names=TRUE,qmethod=c("escape","double"),
            fileEncoding="")

write.csv(...)
```

部分参数的含义如表 2-4 所示。

表2-4　部分参数的含义

参　　数	含　　义
x	指定需要保存的数据名称，可以是矩阵格式，也可以是数据框格式
file	指定数据保存后的文件名称（含文件格式，如CSV或TXT等），可带路径
append	bool型参数，是否需要将数据追加到已存在的外部数据集中，默认值为FALSE。在write.csv()函数中，该参数值不能修改
quote	传递bool型值，或者是数值向量，默认值为TRUE，即对于字符型变量，变量中的值会添加双引号；如果参数接收的是数值向量，则表示对应下标的字符型变量值将添加双引号
sep	指定输出数据集中各变量之间的分隔符，默认为空格。在write.csv()函数中，参数值不能修改
na	指定输出数据集中缺失值的表示方法，默认值为NA
dec	指定输出数据集中小数点的表示方法，默认为英文状态下的句号点

【例 2-8】文件保存示例。

在代码编辑器中输入以下代码并运行，即可将对应的文件保存到指定的位置。

```
write.csv(dN_table,file="D:/Rdata/d_table.csv")
                              # 将数据保存为 CSV 格式，并存放在指定路径中
save(dN_table,file="D:/Rdata/d_table.csv")
                                # 将数据保存为 R 格式，并存放在指定路径中
```

2.3 数据连接

在 R 语言中，数据连接（也称为数据合并）是指将两个或多个数据框根据一个或多个键列（key columns）合并在一起。常用的数据连接函数包括 merge()、cbind() 和 rbind()。

2.3.1 merge() 函数

采用 merge() 函数，可以根据一个或多个共同列将两个数据框合并在一起。其语法格式如下：

```
merge(x,y,by=intersect(names(x),names(y)),by.x=by,by.y=by,
      all=FALSE,all.x=all,all.y=all,
      sort=TRUE,suffixes=c(".x",".y"),no.dups=TRUE,
      incomparables=NULL,...)
```

部分参数的含义如表 2-5 所示。

表2-5 部分参数的含义

参　　数	含　　义
x	第一个数据框
y	第二个数据框
by	一个或多个共同列的名称，用于合并两个数据框。如果省略，则使用x和y的共同列
by.x	x数据框中用于合并的列名
by.y	y数据框中用于合并的列名
all	逻辑值，指定是否执行全连接（full join）
all.x	逻辑值，指定是否执行左连接（left join）
all.y	逻辑值，指定是否执行右连接（right join）
sort	逻辑值，指定是否对结果排序
suffixes	向量，指定在列名冲突时用作后缀的字符串
no.dups	逻辑值，指定是否去除重复的列

【例 2-9】merge() 函数应用示例。

在代码编辑器中输入以下代码，然后单击 Run 按钮运行。

```
# 创建示例数据框
df1 <- data.frame(id=1:5,value1=letters[1:5])
df2 <- data.frame(id=3:7,value2=LETTERS[3:7])
df12i <- merge(df1,df2,by="id")                # 内连接(inner join)
df12l <- merge(df1,df2,by="id",all.x=TRUE)     # 左连接(left join)
df12r <- merge(df1,df2,by="id",all.y=TRUE)     # 右连接(right join)
df12f <- merge(df1,df2,by="id",all=TRUE)       # 全连接(full join)
View(df1)                                      # 查看数据框，其余略
```

运行后，利用 View() 函数查看数据框，结果如图 2-1 所示。读者也可单击当前工作环境（Environment）中对应的数据框名称进行查看。

	id	value1
1	1	a
2	2	b
3	3	c
4	4	d
5	5	e

（a）df1

	id	value2
1	3	C
2	4	D
3	5	E
4	6	F
5	7	G

（b）df2

	id	value1	value2
1	3	c	C
2	4	d	D
3	5	e	E

（c）df12i

	id	value1	value2
1	1	a	NA
2	2	b	NA
3	3	c	C
4	4	d	D
5	5	e	E

（d）df12l

	id	value1	value2
1	3	c	C
2	4	d	D
3	5	e	E
4	6	NA	F
5	7	NA	G

（e）df12r

	id	value1	value2
1	1	a	NA
2	2	b	NA
3	3	c	C
4	4	d	D
5	5	e	E
6	6	NA	F
7	7	NA	G

（f）df12f

图 2-1　查看数据框

2.3.2 cbind() 函数与 rbind() 函数

cbind() 函数用于按列将两个或多个数据框或矩阵合并在一起。rbind() 函数用于按行将两个或多个数据框或矩阵合并在一起。其语法格式如下：

```
cbind(...,deparse.level=1)                          # 按列合并
rbind(...,deparse.level=1)                          # 按行合并
```

> **注意** 按行（或列）合并时，要求行数（或列数）相同，否则会报错。

参数的含义如表 2-6 所示。

表2-6 参数的含义

参　　数	含　　义
...	要合并的对象（数据框、矩阵等）
deparse.level	控制结果列名的生成

【例 2-10】cbind() 函数应用示例。

在代码编辑器中输入以下代码，然后单击 ➡Run 按钮运行。

```
df1 <- data.frame(id=1:5,value1=letters[1:5])
df2 <- data.frame(id=3:7,value2=LETTERS[3:7])
df3 <- data.frame(value2=LETTERS[1:3])

df12 <- cbind(df1,df2)                              # 按列合并
```

单击当前工作环境中对应的数据框名称查看数据框，结果如图 2-2 所示。

	id	value1
1	1	a
2	2	b
3	3	c
4	4	d
5	5	e

（a）df1

	id	value2
1	3	C
2	4	D
3	5	E
4	6	F
5	7	G

（b）df2

	value2
1	A
2	B
3	C

（c）df3

	id	value1	id.1	value2
1	1	a	3	C
2	2	b	4	D
3	3	c	5	E
4	4	d	6	F
5	5	e	7	G

（d）df12

图 2-2 查看数据框

在控制台输入以下代码：

```
> df1 <- cbind(df1,df3)                              # 提示错误信息
```

此时输出如下错误信息：

```
错误于 data.frame(...,check.names=FALSE)
```

该错误信息表示要合并的数据框有着不同的行数，即 5 和 3。

2.3.3　dplyr 包的连接函数

dplyr 包提供了更加直观和易用的数据连接函数，如 left_join()、right_join()、inner_join() 和 full_join()。下面以 left_join() 函数为例进行讲解，其余函数类似。

left_join() 函数用于数据框的左连接，即将两个数据框根据一个或多个共同列合并在一起，并保留第一个数据框中的所有行，即使在第二个数据框中没有匹配的行。其语法格式如下：

```
left_join(x,y,by=NULL,copy=FALSE,suffix=c(".x",".y"),...)
```

各参数的含义如表 2-7 所示。

表2-7　参数的含义

参　数	含　义
x	第一个数据框（左侧数据框）
y	第二个数据框（右侧数据框）
by	一个或多个共同列的名称，用于合并两个数据框。如果省略，则使用x和y的共同列
copy	逻辑值，如果x和y是不同的数据库后端，则指定是否将y复制到x的源
suffix	向量，指定在列名冲突时用作后缀的字符串
...	其他参数

【例 2-11】利用 dplyr 包的连接函数实现数据连接。

在代码编辑器中输入以下代码，然后单击 ⇨ Run 按钮运行。

```
library(dplyr)
# 创建示例数据框
df1 <- data.frame(id=1:5,value1=letters[1:5])
df2 <- data.frame(id=3:7,value2=LETTERS[3:7])

df12i <- inner_join(df1,df2,by="id")                 # 内连接（inner join）
df12l <- left_join(df1,df2,by="id")                  # 左连接（left join）
```

```
df12j <- left_join(df1,df1,by="id",suffix=c(".left",".right"))  # 处理列名冲突
df12r <- right_join(df1,df2,by="id")                            # 右连接(right join)
df12f <- full_join(df1,df2,by="id")                             # 全连接(full join)
```

单击当前工作环境中对应的数据框名称查看数据框，如图 2-3 所示。

	id	value2
1	3	C
2	4	D
3	5	E
4	6	F
5	7	G

（a）df1

	id	value2
1	3	C
2	4	D
3	5	E
4	6	F
5	7	G

（b）df2

	id	value1	value2
1	3	c	C
2	4	d	D
3	5	e	E

（c）df12i

	id	value1	value2
1	1	a	NA
2	2	b	NA
3	3	c	C
4	4	d	D
5	5	e	E

（d）df12l

	id	value1.left	value1.right
1	1	a	a
2	2	b	b
3	3	c	c
4	4	d	d
5	5	e	e

（e）df12j

	id	value1	value2
1	3	c	C
2	4	d	D
3	5	e	E
4	6	NA	F
5	7	NA	G

（f）df12r

	id	value1	value2
1	1	a	NA
2	2	b	NA
3	3	c	C
4	4	d	D
5	5	e	E
6	6	NA	F
7	7	NA	G

（j）df12f

图 2-3 查看数据框 1

接着输入以下代码并运行：

```
# 创建示例数据框
df3 <- data.frame(id=1:5,key=c("A","B","C","D","E"),value1=letters[1:5])
df4 <- data.frame(id=3:7,key=c("C","D","E","F","G"),value2=LETTERS[3:7])
df34 <- left_join(df3,df4,by=c("id","key"))                    # 使用多个键列
```

单击当前工作环境中对应的数据框名称查看数据框，结果如图 2-4 所示。

	id	key	value1
1	1	A	a
2	2	B	b
3	3	C	c
4	4	D	d
5	5	E	e

	id	key	value2
1	3	C	C
2	4	D	D
3	5	E	E
4	6	F	F
5	7	G	G

	id	key	value1
1	1	A	a
2	2	B	b
3	3	C	c
4	4	D	d
5	5	E	e

（a）df3　　　　　　　　（b）df4　　　　　　　　（c）df34

图 2-4　查看数据框 2

2.4　数据抽样

数据抽样是从一个数据集中选取部分数据，以便进行统计分析或建模。抽样可以帮助我们在不使用全部数据的情况下，得到对总体的估计或进行预测。

2.4.1　生成随机数

实际工作中，有时需要生成各类分布的随机数进行模拟分析，在 R 中生成随机数时，只需在相应分布函数前加字母"r"即可。例如，生成均值为 0、标准差为 1 的正态分布随机数，代码如下：

```
rnorm(n,mean=0,sd=1)          # 生成 n 个服从正态分布的随机数，其均值为 0，标准差为 1
```

如果需要每次运行都生成相同的一组随机数，可在生成随机数之前使用 set.seed() 函数设定随机数种子。例如：

```
set.seed(9)
```

使用相同的随机数种子，每次运行都会生成一组相同的随机数。

【例 2-12】生成随机数示例。

在代码编辑器中输入以下代码，然后单击 ➡Run 按钮运行。

```
> rnorm(6)                    # 生成 6 个标准正态分布随机数
[1] -0.6100317 -0.7621257  0.5379864 -0.9037370  0.4651411  1.0644905
> set.seed(9)                 # 设定随机数种子
```

```
> rnorm(8,25,2)                  # 生成 8 个均值为 25、标准差为 2 的正态分布随机数
[1] 26.24514 23.43874 24.46430 24.29931 22.85433 25.25595 28.95925 25.66443
> runif(6,0,2)                   # 在 0 和 2 之间生成 6 个均匀分布随机数
[1] 1.7958039 1.8487793 0.9142511 0.1712717 0.9751896 0.9961681
```

2.4.2 随机抽样

通常实验获取的数据会比较庞大，实际应用时需要从中抽取一个简单随机样本作为分析样本使用。

简单随机抽样是指从总体中随机抽取若干样本，使得每个样本被抽到的概率相等。R 的 sample() 函数可以实现随机抽样，其语法格式如下：

```
sample(x,size,replace=FALSE,prob=NULL)
```

各参数的含义如表 2-8 所示。

表2-8 参数的含义

参　　数	含　　义
x	由一个或多个元素组成的向量
size	要抽取的元素个数（样本量）
replace	确定是否采取放回抽样，设置为TRUE表示有放回抽样，默认为FALSE（不放回抽样）
prob	要抽取的元素的概率权重向量

【例 2-13】随机抽样示例。

在代码编辑器中输入以下代码，然后单击 ➡ Run 按钮运行。

```
> set.seed(10)                   # 设定随机数种子
> N <- rnorm(100,6,2)            # 生成 100 个均值为 6、标准差为 2 的正态分布随机数
> n1 <- sample(N,size=8)         # 无放回随机抽取 8 个数据
> n1
[1] 5.796478 4.644771 4.255682 7.785852 6.296336 7.511563 5.350912 2.786646
```

2.4.3 系统抽样

系统抽样是指按照一定的间隔从总体中抽取样本。假设我们有一个长度为 N 的数据集，需要抽取 n 个样本，则抽样间隔为 $k=N/n$。

【例 2-14】系统抽样示例。

在代码编辑器中输入以下代码，然后单击 ➡ Run 按钮运行。

```
> data <- 1:100                              # 创建示例数据
> k <- floor(length(data)/ 10)              # 设置抽样间隔

> set.seed(123)                              # 设置随机数种子
> start <- sample(1:k,1)                     # 随机选择一个起点
> sys_n<- data[seq(start,length(data),by=k)]
> sys_n
 [1]  3 13 23 33 43 53 63 73 83 93
```

2.4.4　分层抽样

分层抽样是指将总体分成若干层，然后从每一层中随机抽取样本。在 R 中可以使用 dplyr 包的 group_by() 和 sample_n() 函数实现分层抽样。

【例 2-15】分层抽样示例。

在代码编辑器中输入以下代码，然后单击 ➡ Run 按钮运行。

```
library(dplyr)
# 创建示例数据框
data <- data.frame(group=rep(letters[1:3],each=50), value=rnorm(150))

# 分层抽样，每层抽取 10 个样本
set.seed(123)                                        # 设置随机数种子
stratified_sample <- data %>%
    group_by(group)%>%
    sample_n(10)                                     # 输出略
```

下面讲解 group_by() 和 sample_n() 函数。

1.　group_by() 函数

group_by() 函数用于将数据框按一个或多个变量进行分组，方便后续进行分组操作，例如计算每组的汇总统计量。该函数通常与其他 dplyr 函数（如 summarise()）一起使用，以便对分组后的数据进行操作。其语法格式如下：

```
group_by(.data,...,.add=FALSE,.drop=group_by_drop_default(.data))
```

各参数的含义如表 2-9 所示。

表2-9 参数的含义

参 数	含 义
.data	要进行分组的数据框
...	指定一个或多个分组变量的名称
.add	指定是否添加到现有分组（TRUE）或替换现有分组（FALSE）
.drop	指定是否在分组变量为因子时删除空的组（TRUE）或保留空的组（FALSE）

【例 2-16】变量分组示例。

（1）按单个变量分组并计算汇总统计量。在代码编辑器中输入以下代码，然后单击 ➡Run 按钮运行。

```
library(dplyr)
# 创建示例数据框
data <- data.frame(
  group=rep(letters[1:3],each=5),
  value=c(10,15,12,14,16,20,18,21,19,17,25,22,28,24,26))

# 按 'group' 分组，并计算每组的平均值
result <- data %>%                      # 通过管道操作符传递到下一个操作
  group_by(group) %>%                   # 将 data 数据框按照 group 列进行分组
  summarise(mean_value=mean(value))     # 生成包含每个分组的汇总统计量的新数据框
print(result)
```

输出结果如下：

```
# A tibble: 3 X 2
  group mean_value
  <chr>      <dbl>
1 a           13.4
2 b           19
3 c           25
```

单击当前工作环境中对应的数据框名称可以查看数据框。

（2）按多个变量分组并计算汇总统计量。继续在代码编辑器中输入以下代码，然后单击 ➡Run 按钮运行。

```
# 创建示例数据框
data <- data.frame(
  group1=rep(letters[1:2],each=6),
  group2=rep(c("X","Y"),times=6),
  value=c(10,15,12,14,16,10,20,18,21,19,17,22))

# 按 'group1' 和 'group2' 分组，并计算每组的平均值
```

```
result <- data %>%
  group_by(group1,group2) %>%
  summarise(mean_value=mean(value))
print(result)
```

输出结果如下:

```
# A tibble: 4 × 3
# Groups:   group1 [2]
  group1 group2 mean_value
  <chr>  <chr>       <dbl>
1 a      X            12.7
2 a      Y            13
3 b      X            19.3
4 b      Y            19.7
```

单击当前工作环境中对应的数据框名称可以查看数据框。

（3）添加分组到现有分组。继续在代码编辑器中输入以下代码，然后单击 ➡ Run 按钮运行。

```
# 创建示例数据框
data <- data.frame(
  group1=rep(letters[1:2],each=6),
  group2=rep(c("X","Y"),times=6),
  value=c(10,15,12,14,16,10,20,18,21,19,17,22))

# 按 'group1' 分组
grouped_data <- data %>%
  group_by(group1)

# 添加 'group2' 分组
result <- grouped_data %>%
  group_by(group2,.add=TRUE) %>%
  summarise(mean_value=mean(value))
print(result)
```

输出结果如下:

```
# A tibble: 4 × 3
# Groups:   group1 [2]
  group1 group2 mean_value
  <chr>  <chr>       <dbl>
1 a      X            12.7
2 a      Y            13
3 b      X            19.3
4 b      Y            19.7
```

2．sample_n() 函数

sample_n() 函数用于从数据框中随机抽取指定数量的行。该函数对于数据抽样、数据分析和建模非常有用。其语法格式如下：

```
sample_n(tbl,size,replace=FALSE,weight=NULL,.env=parent.frame())
```

各参数的含义如表 2-10 所示。

表2-10 参数的含义

参　　数	含　　义
tbl	为待执行的数据框或数据表
size	指定要抽取的行数
replace	指定是否进行有放回抽样（TRUE）或无放回抽样（FALSE）
weight	可选的向量，指定每一行被抽取的概率
env	为变量解析的环境，通常不需要手动设置

【例 2-17】随机抽取指定数量的行操作示例。

（1）基本随机抽样。在代码编辑器中输入以下代码，然后单击 ➡Run 按钮运行。

```
library(dplyr)
# 创建示例数据框
data <- data.frame(id=1:10,value=rnorm(10))

# 从数据框中随机抽取 3 行
set.seed(123)                        # 设置随机数种子以便结果可重复
sampled_data <- sample_n(data,size=3)
print(sampled_data)
```

输出结果如下：

```
   id      value
1  3   0.2127629
2 10   0.1905550
3  2  -1.3329038
```

（2）有放回抽样。在代码编辑器中输入以下代码，然后单击 ➡Run 按钮运行。

```
# 从数据框中随机抽取 3 行，有放回抽样
set.seed(123)                        # 设置随机数种子
sampled_data <- sample_n(data,size=3,replace=TRUE)
print(sampled_data)
```

输出结果如下：

```
   id      value
1  3 0.2127629
2  3 0.2127629
3 10 0.1905550
```

（3）加权随机抽样。在代码编辑器中输入以下代码，然后单击 ➡ Run 按钮运行。

```
# 指定权重向量
weights <- c(0.1,0.1,0.1,0.1,0.1,0.1,0.1,0.1,0.1,0.3)
# 从数据框中随机抽取 3 行，按权重抽样
set.seed(123)                              # 设置随机种子
sampled_data <- sample_n(data,size=3,weight=weights)
print(sampled_data)
```

输出结果如下：

```
  id       value
1  3  0.2127629
2  9  0.3606830
3  5 -1.1234462
```

2.5 数据塑形

数据塑形是指对数据集的结构进行转换（包括宽、长数据转换，分割列和合并列等），将数据转换为适合分析和可视化的结构。R 语言提供了强大的工具包（如 tidyr、reshape2），可以方便地进行数据塑形操作。

2.5.1 宽数据转换为长数据

在数据处理中，宽数据格式通常表示每个观察记录占据一行，每个变量占据一列。长数据格式则表示每个观察记录占据多行，每行包含一个变量及其对应的值。

在数据分析和可视化中，经常需要将宽数据转换为长数据，因为长数据格式通常更适合用于绘图和统计分析。tidyr 包中的 pivot_longer() 函数用于将宽格式的数据转换为长格式。其语法格式如下：

```
pivot_longer(data,cols,names_to="name",names_prefix=NULL,
             names_sep=NULL,names_pattern=NULL,
```

```
                              names_ptypes=NULL,names_transform=NULL,
                              values_to="value",values_drop_na=FALSE,
                              values_ptypes=NULL,values_transform=NULL,...)
```

各参数的含义如表 2-11 所示。

表2-11 参数的含义

参　　数	含　　义
data	数据框，包含要转换的数据
cols	要转换为长格式的列。可以使用列名或选择器函数，如starts_with()、contains()等
names_to	新列的名称，用于存储宽格式数据中的列名
values_to	新列的名称，用于存储宽格式数据中的值
names_prefix	字符串，去除宽格式数据列名中的前缀
names_sep	字符串，指定宽格式数据列名中的分隔符
names_pattern	正则表达式，指定如何从宽格式数据列名中提取变量名称
names_ptypes	列表，指定names_to列的类型
names_transform	列表，指定names_to列的转换函数
values_drop_na	逻辑值，指定是否删除NA值
values_ptypes	列表，指定values_to列的类型
values_transform	列表，指定values_to列的转换函数

【例 2-18】宽数据转换为长数据操作示例。

在代码编辑器中输入以下代码，然后单击 ➡Run 按钮运行。

```
library(tidyr)
# 创建示例数据框
data <- data.frame(id=1:3,
  Jan=c(10,15,20),Feb=c(12,18,25),
  Mar=c(14,21,30))
print(data)                                        # 查看宽格式数据

# 转换为长格式
long_data1 <- data %>%
  pivot_longer(cols=Jan:Mar,names_to="Month",values_to="Value")
print(long_data1)                                  # 查看长格式数据
```

单击当前工作环境中对应的数据框名称查看数据框，结果如图 2-5 所示。

	id	Month	Value
1	1	Jan	10
2	1	Feb	12
3	1	Mar	14
4	2	Jan	15
5	2	Feb	18
6	2	Mar	21
7	3	Jan	20
8	3	Feb	25
9	3	Mar	30

	id	Jan	Feb	Mar
1	1	10	12	14
2	2	15	18	21
3	3	20	25	30

（a）data　　　　　　　　　　　　（b）long_data1

图 2-5　查看数据框 1

接着在代码编辑器中输入以下代码，然后单击 ➡ Run 按钮运行。

```
# 创建示例数据框
data <- data.frame(id=1:3,
  sales_Jan=c(10,15,20),sales_Feb=c(12,18,25),
  sales_Mar=c(14,21,30))
print(data)                              # 查看宽格式数据

# 转换为长格式，并去掉前缀
long_data2 <- data %>%
  pivot_longer(cols=starts_with("sales_"),names_to="Month",
             names_prefix="sales_",values_to="Value")
print(long_data2)                        # 查看长格式数据
```

单击当前工作环境中对应的数据框名称查看数据框，结果如图 2-6 所示。

	id	sales_Jan	sales_Feb	sales_Mar
1	1	10	12	14
2	2	15	18	21
3	3	20	25	30

	id	Month	Value
1	1	Jan	10
2	1	Feb	12
3	1	Mar	14
4	2	Jan	15
5	2	Feb	18
6	2	Mar	21
7	3	Jan	20
8	3	Feb	25
9	3	Mar	30

（a）data　　　　　　　　　　　　（b）long_data2

图 2-6　查看数据框 2

2.5.2 长数据转换为宽数据

对用户来讲，宽数据格式更易于阅读和理解，因此将长数据转换为宽数据在数据汇总和报告中非常有用。tidyr 包中的 pivot_wider() 函数用于将长格式的数据转换为宽格式。其语法格式如下：

```
pivot_wider(data,id_cols=NULL,names_from=name,names_prefix="",
           names_sep="_",names_glue=NULL,names_sort=FALSE,
           names_vary="fastest",names_expand=FALSE,
           values_from=value,values_fill=NULL,
           values_fn=NULL,unused_fn=NULL,...)
```

各参数的含义如表 2-12 所示。

表2-12 参数的含义

参　数	含　义
data	数据框，包含要转换的数据
id_cols	保持不变的列名，通常是标识每个观察的列
names_from	从哪一列中取值作为新的列名
values_from	从哪一列中取值作为新的列值
names_prefix	给新列名添加的前缀
names_sep	当多个变量合并成一个新列名时使用的分隔符
names_glue	用于创建新列名的glue语法字符串
names_sort	逻辑值，指定是否对新列名排序
names_vary	指定在names_from包含多个变量时，新列名的生成顺序
names_expand	逻辑值，指定是否展开所有可能的组合
values_fill	用于填充缺失值的值
values_fn	函数，用于处理当values_from列中有多个值时的情况
unused_fn	函数，用于处理未使用的列

【例2-19】长数据转换为宽数据操作示例。

在代码编辑器中输入以下代码，然后单击 ➡ Run 按钮运行。

```
library(tidyr)
# 创建示例长格式数据框
long_data <- data.frame(id=rep(1:3,each=3),
  Month=rep(c("Jan","Feb","Mar"),times=3),
  Value=c(10,12,14,15,18,21,20,25,30))
```

```
print(long_data)                                          # 查看长格式数据

# 转换为宽格式
wide_data1 <- long_data %>%
  pivot_wider(names_from=Month,values_from=Value)
print(wide_data1)                                         # 查看宽格式数据

# 在转换为宽格式时为新列名添加前缀
wide_data2 <- long_data %>%
  pivot_wider(names_from=Month,values_from=Value,names_prefix="sales_")
print(wide_data2)                                         # 查看宽格式数据
```

单击当前工作环境中对应的数据框名称查看数据框，结果如图 2-7 所示。

	id	Month	Value
1	1	Jan	10
2	1	Feb	12
3	1	Mar	14
4	2	Jan	15
5	2	Feb	18
6	2	Mar	21
7	3	Jan	20
8	3	Feb	25
9	3	Mar	30

（a）long_data

	id	Jan	Feb	Mar
1	1	10	12	14
2	2	15	18	21
3	3	20	25	30

（b）wide_data1

	id	sales_Jan	sales_Feb	sales_Mar
1	1	10	12	14
2	2	15	18	21
3	3	20	25	30

（c）wide_data2

图 2-7　查看数据框 1

接着在代码编辑器中输入以下代码，然后单击 ➡ Run 按钮运行。

```
# 创建包含缺失值的示例长格式数据框
long_data_NA <- data.frame(id=rep(1:3,each=3),
  Month=rep(c("Jan","Feb","Mar"),times=3),
  Value=c(10,NA,14,15,18,NA,20,25,30))

# 转换为宽格式，并使用 values_fill 参数填充缺失值
wide_data_NA <- long_data_NA %>%
  pivot_wider(names_from=Month,values_from=Value,values_fill=list(Value=0))
print(wide_data_NA)                                       # 查看宽格式数据
```

单击当前工作环境中对应的数据框名称查看数据框，结果如图 2-8 所示。

▲	id ⇕	Month ⇕	Value ⇕
1	1	Jan	10
2	1	Feb	*NA*
3	1	Mar	14
4	2	Jan	15
5	2	Feb	18
6	2	Mar	*NA*
7	3	Jan	20
8	3	Feb	25
9	3	Mar	30

▲	id ⇕	Jan ⇕	Feb ⇕	Mar ⇕
1	1	10	*NA*	14
2	2	15	18	*NA*
3	3	20	25	30

（a）long_data_NA　　　　　　　　　　　　　（b）wide_data_NA

图 2-8　查看数据框 2

2.5.3　分割列

将包含多个信息的一列分割成多列，可以使数据结构更加清晰和易于分析。分割列在处理嵌入多个信息的列时非常有用，如日期时间字符串、地理位置信息等。tidyr 包中的 separate() 函数用于将一列按照指定的分隔符分割成多列。其语法格式如下：

```
separate(data,col,into,sep="[^[:alnum:]]+",
        remove=TRUE,convert=FALSE,
        extra="warn",fill="warn",...)
```

各参数的含义如表 2-13 所示。

表2-13　参数的含义

参　　数	含　　义
data	数据框
col	要分割的列名
into	分割后生成的新列的名称
sep	分隔符，可以是字符串或正则表达式。默认是任何非字母数字的字符
remove	逻辑值，指定是否在分割后删除原始列
convert	逻辑值，指定是否将新列自动转换为适当的数据类型
extra	如何处理多余的分隔符可选值包括warn（警告）、drop（删除）或merge（合并到最后一个字段）
fill	如何处理缺少的分隔符可选值包括warn（警告）、right（在右侧填充NA）或left（在左侧填充NA）

【例 2-20】分割列操作示例。

在代码编辑器中输入以下代码，然后单击 ➡️ Run 按钮运行。

```
library(tidyr)
# 创建示例数据框
data1 <- data.frame(id=1:3, info=c("10-Jan","15-Feb","20-Mar"))
print(data1)                                     # 查看原始数据
data2 <- data.frame(id=1:3, datetime=c("2022-01-01 10:00",
                             "2022-01-02 11:30", "2022-01-03 14:45"))
print(data2)                                     # 查看原始数据
data3 <- data.frame(id=1:3,address=c("123 Main St,Springfield",
                "456 Elm St,Shelbyville", "789 Oak St,Capital City"))
print(data3)                                     # 查看原始数据

# 将 info 列分割成 Value 和 Month 两列
separated_data1 <- data1 %>%
    separate(col=info,into=c("Value","Month"),sep="-")
print(separated_data1)                           # 查看分割后的数据

# 将 datetime 列分割成 Date 和 Time 两列
separated_data2 <- data2 %>%
    separate(col=datetime,into=c("Date","Time"),sep=" ")
print(separated_data2)                           # 查看分割后的数据

# 处理多余或缺少的分隔符
# 分割 'address' 列, fill="right" 参数确保了缺少信息的记录在右侧填充 NA
separated_data3 <- data3 %>%
    separate(col=address,into=c("Street","City"),sep=",",fill="right")
print(separated_data3)                           # 查看分割后的数据
```

单击当前工作环境中对应的数据框名称查看数据框，结果如图 2-9 所示。

	id	info
1	1	10-Jan
2	2	15-Feb
3	3	20-Mar

（a）data1

	id	datetime
1	1	2022-01-01 10:00
2	2	2022-01-02 11:30
3	3	2022-01-03 14:45

（b）data2

	id	address
1	1	123 Main St, Springfield
2	2	456 Elm St, , Shelbyville
3	3	789 Oak St, Capital City

（c）data3

	id	Value	Month
1	1	10	Jan
2	2	15	Feb
3	3	20	Mar

（d）separated_data1

	id	Date	Time
1	1	2022-01-01	10:00
2	2	2022-01-02	11:30
3	3	2022-01-03	14:45

（e）separated_data2

	id	Street	City
1	1	123 Main St	Springfield
2	2	456 Elm St	
3	3	789 Oak St	Capital City

（f）separated_data3

图 2-9　查看数据框

2.5.4 合并列

将多列合并成一列，可以使数据结构更加紧凑和清晰。合并列在数据处理和清洗过程中非常有用，特别是当需要将多个相关的列组合成一列时，例如将日期的年、月、日组合成一个完整的日期列。tidyr 包中的 unite() 函数用于将多列合并成一列。其语法格式如下：

```
unite(data,col,...,sep="_",remove=TRUE,na.rm=FALSE)
```

各参数的含义如表 2-14 所示。

表2-14 参数的含义

参　　数	含　　义
data	数据框
col	新列的名称
...	要合并的列名
sep	分隔符，用于连接合并后的值
remove	逻辑值，指定是否在合并后删除原始列
na.rm	逻辑值，指定是否在合并时移除NA值

【例 2-21】合并列操作示例。

在代码编辑器中输入以下代码，然后单击 ➡ Run 按钮运行。

```
library(tidyr)
# 创建示例数据框
data1 <- data.frame(id=1:3,
                    Year=c(2022,2022,2023),
                    Month=c("Jan","Feb","Mar"),
                    Day=c(1,2,3))
print(data1)                              # 查看原始数据

# 合并 'Year','Month' 和 'Day' 列
united_data1 <- data1 %>%
  unite(col="Date",Year,Month,Day,sep="-")
print(united_data1)                       # 查看合并后的数据

# 合并 'Year','Month' 和 'Day' 列，使用自定义分隔符 '/'
united_data2 <- data1 %>%
  unite(col="Date",Year,Month,Day,sep="/")
print(united_data2)                       # 查看合并后的数据

# 合并 'Year','Month' 和 'Day' 列，并保留原始列
united_data3 <- data1 %>%
```

```
    unite(col="Date",Year,Month,Day,sep="-",remove=FALSE)
print(united_data3)                          # 查看合并后的数据

# 创建包含 NA 的示例数据框
data2 <- data.frame(id=1:3,
  Part1=c("A",NA,"C"),Part2=c("X","Y",NA))
print(data2)                                 # 查看原始数据

# 合并 'Part1' 和 'Part2' 列，移除 NA 值
united_data4 <- data2 %>%
    unite(col="Combined",Part1,Part2,sep="-",na.rm=TRUE)
print(united_data4)                          # 查看合并后的数据
```

单击当前工作环境中对应的数据框名称查看数据框，结果如图 2-10 所示。

	id	Year	Month	Day
1	1	2022	Jan	1
2	2	2022	Feb	2
3	3	2023	Mar	3

（a）data1

	id	Date
1	1	2022-Jan-1
2	2	2022-Feb-2
3	3	2023-Mar-3

（b）united_data1

	id	Date
1	1	2022/Jan/1
2	2	2022/Feb/2
3	3	2023/Mar/3

（c）united_data2

	id	Part1	Part2
1	1	A	X
2	2	*NA*	Y
3	3	C	*NA*

（d）united_data3

	id	Date	Year	Month	Day
1	1	2022-Jan-1	2022	Jan	1
2	2	2022-Feb-2	2022	Feb	2
3	3	2023-Mar-3	2023	Mar	3

（e）data2

	id	Combined
1	1	A-X
2	2	Y
3	3	C

（f）united_data4

图 2-10　查看数据框

2.6　缺失值与空值处理

在 R 语言中，缺失值（NA）和空值（NULL）是两种不同的概念，理解它们之间的区别和用途对数据处理非常重要。

2.6.1　缺失值

缺失值是 R 语言中的逻辑常量，用于表示缺失的或不可用的值。在数据分析中，NA 通常用于表示丢失的数据点。使用 is.na() 函数可以检测对象中的缺失值。

1. na.omit() 函数

在 R 语言中，函数 na.omit() 用于处理缺失值，其作用是移除数据集（通常是数据框或向量）中含有缺失值的行。其语法格式如下：

```
na.omit(object)      # 移除 object 中的缺失值，object 可以是向量、矩阵、数据框等 R 对象
```

> **注意** 如果数据集中所有行都包含 NA，则返回一个空的数据框。na.omit() 只移除行，不会改变列的结构；移除含有 NA 的行可能会导致数据丢失，因此使用时需要注意。

【例 2-22】处理缺失值操作示例。

在代码编辑器中输入以下代码，然后单击 ➡Run 按钮运行。

```
vec <- c(1,2,NA,4,5)                      # 创建一个包含 NA 的向量
clean_vec <- na.omit(vec)                 # 移除 NA
print(clean_vec)
```

输出结果如下：

```
[1] 1 2 4 5
attr(,"na.action")
[1] 3
attr(,"class")
[1] "omit"
```

从输出结果中可以看出，返回的对象类型与输入对象相同，但去除了包含 NA 的行。返回的对象还具有一个名为 **na.action** 的属性，该属性记录了哪些行被移除。

继续在代码编辑器中输入以下代码，然后单击 ➡Run 按钮运行。

```
# 创建一个包含 NA 的数据框
data <- data.frame(a=c(1,2,NA,4), b=c(NA,2,3,4))
clean_data <- na.omit(data)                   # 移除包含 NA 的行
print(clean_data)
```

输出结果如下：

```
  a b
2 2 2
4 4 4
```

接着在代码编辑器中输入以下代码，然后单击 ➡Run 按钮运行。

```
# 创建一个包含 NA 的矩阵
mat <- matrix(c(1,2,NA,4,5,NA,7,8,9),nrow=3,byrow=TRUE)
```

```
clean_mat <- na.omit(mat)                          # 移除包含 NA 的行
print(clean_mat)
```

输出结果如下：

```
     [,1] [,2] [,3]
[1,]   7    8    9
attr(,"na.action")
[1] 1 2
attr(,"class")
[1] "omit"
```

2．replace_na() 函数

tidyr 包中的 replace_na() 函数用于替换数据框中的缺失值（NA）。该函数允许为每一列指定不同的替换值，方便在数据清理过程中处理缺失值。其语法格式如下：

```
replace_na(data,replace)
```

其中，data 为需要处理的数据框；replace 指定每一列的 NA 的替换值，列表的名称应该对应数据框中的列名。

> **注意** replace_na() 只适用于数据框，不适用于向量或矩阵。其参数必须是一个列表，并且列表的名称应该与数据框的列名一致。如果只提供部分列的替换值，其他列中的 NA 将保持不变。

【例 2-23】替换数据框中的缺失值示例。

在代码编辑器中输入以下代码，然后单击 ➡Run 按钮运行。

```
library(tidyr)                                     # 加载 tidyr 包
# 创建一个包含 NA 的数据框
data <- tibble(a=c(1,2,NA,4,5), b=c(NA,1,2,NA,4))
clean_data1 <- replace_na(data,list(a=0,b=99))     # 替换 NA
print(clean_data1)
```

输出结果如下：

```
# A tibble: 5 × 2
      a     b
  <dbl> <dbl>
1     1    99
2     2     1
3     0     2
```

```
4      4      99
5      5       4
```

接着在代码编辑器中输入以下代码，然后单击 ➡️Run 按钮运行。

```
# 替换特定列的 NA，而不是整个数据框中的 NA
clean_data2 <- replace_na(data,list(a=0))                    # 只替换列 a 中的 NA
print(clean_data2)
```

输出结果如下：

```
# A tibble: 5 × 2
      a      b
  <dbl> <dbl>
1     1     NA
2     2      1
3     0      2
4     4     NA
5     5      4
```

接着在代码编辑器中输入以下代码，然后单击 ➡️Run 按钮运行。

```
# 使用其他函数的结果替换 NA——用列 a 的平均值替换 a 中的 NA
clean_data3 <- replace_na(data,list(a=mean(data$a,na.rm=TRUE)))
print(clean_data3)
```

输出结果如下：

```
# A tibble: 5 × 2
      a      b
  <dbl> <dbl>
1     1     NA
2     2      1
3     3      2
4     4     NA
5     5      4
```

2.6.2 空值

NULL 在 R 中表示完全不存在的值。NULL 与 NA 不同，NULL 表示该对象根本不存在。使用 is.null() 函数可以检测对象是否为 NULL。

【例 2-24】空值检查和替换示例。

在代码编辑器中输入以下代码，然后单击 ➡️Run 按钮运行。

```
data_list <- list(a=1,b=NA,c=NULL,d=4)          # 创建包含 NA 和 NULL 的列表
print(data_list)
```

输出结果如下：

```
$a
[1] FALSE
$b
[1] TRUE
$c
logical(0)
$d
[1] FALSE
```

接着在代码编辑器中输入以下代码，然后单击 ➡ Run 按钮运行。

```
# 检查 NA 和 NULL
na_check <- sapply(data_list,is.na)             # 检查 NA
null_check <- sapply(data_list,is.null)         # 检查 NULL
print(na_check)                                 # 输出检查结果
print(null_check)                               # 输出检查结果
```

输出结果如下：

```
$a
[1] FALSE
$b
[1] TRUE
$c
logical(0)
$d
[1] FALSE


    a     b     c     d
FALSE FALSE  TRUE FALSE
```

接着在代码编辑器中输入以下代码，然后单击 ➡ Run 按钮运行。

```
# 将 NULL 替换为 NA
data_list <- lapply(data_list,function(x) if (is.null(x)) NA else x)
# 移除含有 NA 的元素
data_list <- Filter(function(x) !is.na(x),data_list)
print(data_list)                                # 最终处理后的列表
```

接着在代码编辑器中输入以下代码，然后单击 ➡ Run 按钮运行。

```
# 逻辑检查和替换 NULL
data_list <- list(a=1,b=NULL,c=3)
data_list <- lapply(data_list,function(x) if (is.null(x)) NA else x)
print(data_list)
```

输出结果如下：

```
$a
[1] 1
$b
[1] NA
$c
[1] 3
```

2.7 本章小结

　　本章详细介绍了数据的基本操作。首先介绍了管道操作的方法，通过管道操作可以提高代码的简洁性和可读性；然后介绍了数据存取，涵盖了 R 格式数据、CSV/TXT 格式数据、Excel 格式数据的读取和保存方法；接着在数据存取的基础上重点探讨了数据连接（合并）、数据抽样、数据塑形等；最后，讲解了缺失值和空值的处理方法。通过本章的学习，可以为后续的绘图打下坚实的数据处理基础。

第**3**章

ggplot2 绘图系统

ggplot2 是 R 语言中最流行的绘图工具包，它是一个通过"语法"来绘制图形的函数包，其风格与基础绘图系统差别很大，且彼此的函数也不兼容。本章内容是掌握 ggplot2 的核心内容，涵盖 ggplot2 包的各个方面，包括基本语法、坐标系统、图形分面、标度函数、主题函数等。

3.1 基本语法

ggplot2 是基于 Grammar of Graphics 思想，通过数据集、几何对象和坐标系统建立图形的一种 R 绘图包。本书讲解的 ggplot2 包，其语法特点如下：

（1）采用图层（layers）的设计架构，以 ggplot() 函数开始，图层之间通过"+"进行叠加，后面叠加的图层在前面的图层上方。一般通过 geom_...() 函数或 stat_...() 函数添加图层。

（2）将表征数据和图形细节分开，能快速地将图形展示出来。通过 stat_...() 函数可以将常见的统计结果添加到图形中。

（3）拥有丰富的扩展包，创建的图形更加美观。通过使用调整颜色（color）、字体（font）和主题（theme）等的辅助包，可以快速定制个性化的图表。

在使用 ggplot2 包时，首先需要安装并加载 ggplot2 包。

```
install.packages('ggplot2')          # 安装 ggplot2
library(ggplot2)                      # 加载 ggplot2
```

3.1.1 ggplot2 语法框架

ggplot2 包将绘图过程分为创建画布、导入数据、绘制图形、设置标度、要素美化等几个独立的任务，每个任务由专门的函数完成，然后通过"+"连接各个类型的函数，以此完成一幅图形的绘制。ggplot2 的基本的绘图过程如图 3-1 所示。

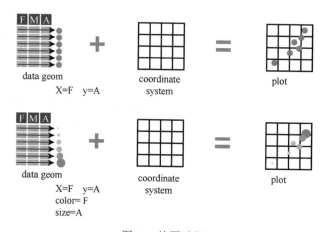

图 3-1 绘图过程

所有的 ggplot2 绘图都以 ggplot() 函数开始，默认由 aes() 函数将数据集映射至几何对象；在行尾通过"+"添加图层（几何对象、标度、坐标和分面等）；最后通过 ggsave() 函数保存绘制的图形。完整的 ggplot2 图形包括：

```
ggplot(data,aes(...))            # 建一个新的绘图画布，并导入供全局函数使用的数据集
        geom_<func>(aes(...),data,stat,position)  # 几何对象（必选项）
        stat_<func>(aes(...),data,geom,position)  # 统计变换（必选项）
        coord_<func>(...)                # 坐标系统
        facet_<func>(...)                # 分面
        scale_<func>(...)                # 标度函数，控制各类要素的标度
        theme(...)                       # 主题函数，对各类要素进行美化修饰
```

说明 data、aes() 参数可以在 ggplot()、geom_<func>()、stat_<func>() 中的任意一个函数中加载。aes() 映射可以在 ggplot() 和 geom 图层中设置，常用参数包括 alpha、fill、color、group、linetype、size 等。

【例 3-1】数据集 iris 包含 150 条记录，每条记录对应一朵鸢尾花的测量值。数据集包括以下 5 个变量（单位：cm）：萼片长度 Sepal.Length、萼片宽度 Sepal.Width、花瓣长度 Petal.Length、花瓣宽度 Petal.Width、鸢尾花的物种 Species（Setosa,Versicolor,Virginica）。请利用该数据集展示使用 ggplot2 绘图的语法框架。

在代码编辑器中输入以下代码，然后单击 ➡ Run 按钮运行。

```r
library(ggplot2)                                      # 加载 ggplot2 包
# 使用 iris 数据集创建图形
p <- ggplot(iris,aes(x=Sepal.Length,y=Sepal.Width,
                     color=Species,size=Petal.Length,
                     group=Species)) +                # 设置全局美学映射，包括分组
  geom_point(alpha=0.8) +                             # 添加散点图，设置透明度
  geom_smooth(method="lm",se=FALSE,aes(group=Species),
              linetype="dashed") +                    # 添加线性平滑曲线，设置为虚线
  facet_wrap(~ Species,scales="free") +               # 根据品种分面，设置每个面板独立标度
  scale_color_brewer(palette="Set1",
                     name="Species") +                # 设置颜色方案，使用颜色盘 Set1
  scale_size_continuous(name="Petal Length") +        # 设置点大小对应花瓣长度
  theme_minimal(base_size=15) +                        # 使用简洁主题，设置基准字体大小
  labs(
    title="Sepal Dimensions by Iris Species",
    subtitle="Data from iris dataset",
    x="Sepal Length (cm)",
    y="Sepal Width (cm)",
    caption="Source: iris dataset"
  ) +                                                 # 添加标题、字幕、轴标签和数据来源
  theme(
    plot.title=element_text(hjust=0.5,face="bold"),   # 设置标题居中和加粗
    plot.subtitle=element_text(hjust=0.5),            # 设置副标题居中
    legend.position="bottom",                         # 设置图例位置在底部
    legend.background=element_rect(fill="lightgray",
                                   size=0.5,linetype="solid"),
    panel.grid.major=element_line(size=0.5,
                                  linetype='solid',colour="gray"),
    panel.grid.minor=element_blank(),                 # 移除次要网格线
    panel.background=element_rect(fill="white",colour="gray"),
    strip.background=element_rect(fill="lightblue",colour="gray",size=1),
    strip.text=element_text(size=12,face="bold")
  ) +                                                 # 自定义主题
  guides(size=guide_legend(order=1),
         color=guide_legend(order=2))                 # 设置图例顺序

print(p)                                              # 打印图形
```

输出的图形如图 3-2 所示。通过该示例可以看出，使用 ggplot2 可以为科技图形添加各种图形元素。后面会对其中的各类函数及其参数进行详细讲解。

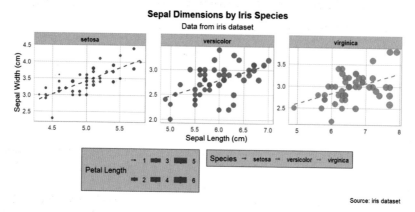

图 3-2　ggplot2 绘图

3.1.2　数据和图形属性映射

ggplot2 图像主要由数据、图形属性映射（绘图）、几何对象（美化）3 个基本部分构成。其中，图形属性映射用于设定变量如何映射到图层的图形属性上；几何对象至少包含一层，用于指定绘图所用的几何对象。

数据和图形属性映射包含在 ggplot() 函数中，该函数的主要功能包括创建绘图画布（绘图开始）和导入绘图所需的数据两种。其语法结构为：

```
ggplot(data=NULL,mapping=aes(),...,environment=parent.frame())
```

各参数的含义如表 3-1 所示。

表3-1　参数的含义

参　数	含　义	示　例
data	用于绘图的默认数据集（数据框），NULL表示不使用数据集。如果数据集不是data.frame结构，则需要通过fortify()函数转换为data.frame结构	data=mydata
mapping	用于指定绘图映射的默认列表，即绘图所需的变量或其他用于映射的变量。如果未指定，则必须在添加到绘图的每个图层中提供	mapping=aes(x=var1,y=var2)
...	其他参数，用于传递给其他方法	—
environment	变量的环境。默认是父框架，通常不需要修改	environment=parent.frame()

> ⚙➕ **说明**
>
> （1）在 ggplot2 中，所接收的数据集必须为数据框（data.frame）格式。
>
> （2）aes() 函数是 ggplot2 中的美学映射函数，所谓映射即为数据集中的数据关联到相应图形属性过程中的一种对应关系。参数赋的值只能是数据框中的变量名。常用参数如表 3-2 所示。例如，每个点都有自己图像上的属性，比如 x、y 坐标，点的大小、颜色和形状，这些都叫作 aesthetics（即图像上可观测到的属性），并通过 aes() 函数来赋值。
>
> （3）设定数据和图形属性映射后，再通过"＋"添加图层（几何对象等）。

表3-2　参数的含义

参　数	含　义	示　例
x	映射到 x 轴的变量	aes(x=mpg)
y	映射到 y 轴的变量	aes(y=hp)
color/colour	映射到图形元素颜色的变量	aes(colour=factor(cyl))
fill	映射到填充颜色的变量，主要用于柱状图、箱线图等	aes(fill=factor(gear))
shape	映射到点形状的变量	aes(shape=factor(gear))
linetype	映射到线型的变量	aes(linetype=factor(cyl))
size	映射到点或线大小的变量	aes(size=wt)
alpha	映射到透明度的变量，取值范围为 0～1	aes(alpha=qsec)
group	用于分组的变量，通常用于线图、面积图等	aes(group=factor(cyl))
label	映射到标签的变量，主要用于文本注释	aes(label=rownames(mtcars))
weight	用于加权（权重）的变量，主要在统计变换中使用	aes(weight=pop)
slope	映射到线的斜率的变量，主要用于拟合线	aes(slope=1)
width	宽度（适用于柱状图等）	aes(width=0.5)
height	高度（适用于柱状图等）	aes(height=0.5)
xend	线条或箭头的终点 x 轴位置	aes(xend=x+1)
yend	线条或箭头的终点 y 轴位置	aes(yend=y+1)
xmin	映射到最小 x 值的变量，主要用于误差条和箱线图	aes(xmin=x-1)
xmax	映射到最大 x 值的变量，主要用于误差条和箱线图	aes(xmax=x+1)
ymin	映射到最小 y 值的变量，主要用于误差条和箱线图	aes(ymin=y-1)
ymax	映射到最大 y 值的变量，主要用于误差条和箱线图	aes(ymax=y+1)
intercept	映射到线的截距的变量，主要用于拟合线	aes(intercept=0)
frame	帧变量（适用于动画）	aes(frame=factor(year))

【例 3-2】试利用 lattice 包下的 singer 数据集绘制直方图与箱线图。该数据集包含两个变量：歌唱家的身高 height（以英寸为单位）和音域 voice.part（如 Bass 2、Tenor 1、Alto 2 等）。

在代码编辑器中输入以下代码，然后单击 🖱 Run 按钮运行。

```
library(ggplot2)                              # 加载 ggplot2
data(singer,package="lattice")                # 加载 lattice 包下的 singer 数据集
ggplot(singer,aes(x=height)) +geom_histogram()        # 绘制直方图
```

输出结果如图 3-3 所示。

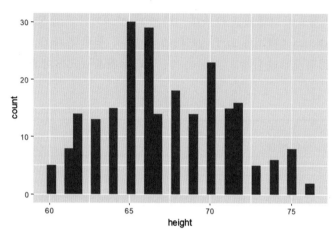

图 3-3 绘制直方图

继续输入以下代码并运行：

```
# 绘制箱线图
ggplot(singer,aes(x=voice.part,y=height)) +    # 两个变量默认映射为 x、y，可省略
        geom_boxplot()
```

输出结果如图 3-4 所示。

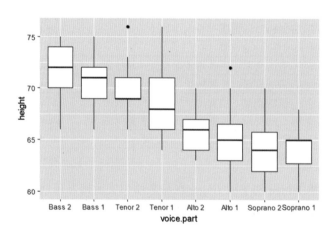

图 3-4 绘制箱线图

在 ggplot2 中，通过 aes() 可以将数据转换为图形属性。

```
# 绘制以颜色区分的箱线图
ggplot(singer,aes(voice.part,height,color=voice.part)) +      # 省略 x=、y=
        geom_boxplot()
```

输出结果如图 3-5 所示。

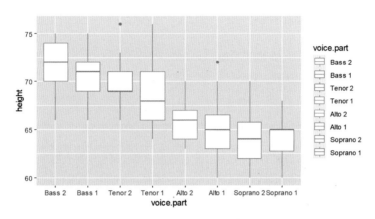

图 3-5 绘制以颜色区分的箱线图

接着输入以下代码并运行：

```
# 绘制以颜色区分的填充箱线图
ggplot(singer,aes(voice.part,height,fill=voice.part,color=voice.part)) +
        geom_boxplot()
```

输出结果如图 3-6 所示。

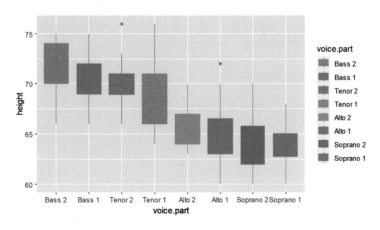

图 3-6 绘制以颜色区分的填充箱线图

3.1.3 创建几何对象

ggplot2 包中包含几十种不同的几何对象函数 geom_<func>()，用于绘制不同的图形，如 geom_point() 函数与 geom_area() 函数。其中，geom_point() 函数的语法结构如下：

```
geom_point(mapping=NULL,data=NULL,stat="identity",
    position="identity",
    ...,
    na.rm=FALSE,show.legend=NA,inherit.aes=TRUE)
```

各参数的含义如表 3-3 所示。

表3-3 参数的含义

参　数	含　义
mapping	指定由aes()函数创建的美学映射，定义数据的哪些属性映射到图形的哪些美学属性。对于geom_point常用的美学属性有x,y,color,size,shape等。例如： `aes(x=var1,y=var2,color=var3)`
data	指定用于绘图的数据集，通常是一个数据框。当数据集被指定后，geom_point使用该数据框中的列来绘制点
stat	指定统计变换，geom_point()函数的默认值为identity，表示使用原始数据；geom_area()函数的默认值为stack，表示堆叠面积图
position	指定图形元素的位置调整方式（如jitter等），默认值为identity，表示不调整位置
...	指定其他参数，用于进一步自定义点的属性，如颜色（color）、大小（size）、形状（shape）、透明度（alpha）等
na.rm	指定是否在绘图时删除缺失值，如果设置为TRUE，则缺失值将被移除
show.legend	指定是否显示图例，默认继承自全局设置，如果设置为FALSE，则图例将被隐藏
inherit.aes	指定是否继承全局美学映射，如果设置为FALSE，则不继承

geom_area() 函数的语法结构如下：

```
geom_area(mapping=NULL,data=NULL,stat="align",
    position="stack",
    ...,
    na.rm=FALSE,orientation=NA,
    show.legend=NA,inherit.aes=TRUE,
    outline.type="upper")
```

该函数各参数的含义与 geom_point() 函数类似。

【例 3-3】geom_area() 函数的使用示例。

在代码编辑器中输入以下代码，然后单击 ⇨ Run 按钮运行。

```
library(ggplot2)

# 创建示例数据集（包含 3 组数据，每组数据包含 10 个点）
df <- data.frame(x=rep(1:10,3),
    y=c(cumsum(rnorm(10)),cumsum(rnorm(10)),cumsum(rnorm(10))),
    group=rep(c("A","B","C"),each=10))

# 绘制面积图
ggplot(df,aes(x=x,y=y,fill=group)) +
    geom_area(position="stack",alpha=0.6) +    # 添加图层，指定为堆叠，并设置透明度
    labs(title="Stacked Area Plot", x="X Axis", y="Y Axis",
        fill="Group")                          # 添加图形标题和轴标签
```

输出结果如图 3-7 所示。

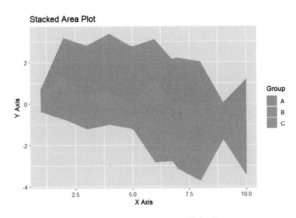

图 3-7　面积图（自定义数据集）

接着输入以下代码并运行：

```
# 展示不同月份的太阳辐射（Solar.R）随时间的变化
library(dplyr)
data("airquality")                          # 加载空气质量数据集
# 检查数据集
str(airquality)
head(airquality)

# 数据清洗：移除缺失值
airquality_clean <- airquality %>%
    filter(!is.na(Solar.R))

# 创建面积图，展示不同月份的太阳辐射随时间的变化
```

```
ggplot(airquality_clean,aes(x=Day,y=Solar.R,fill=as.factor(Month))) +
    geom_area(alpha=0.6,position="stack") +
    labs(title="Daily Solar Radiation by Month",
         x="Day of the Month",
         y="Solar Radiation (lang)",
         fill="Month") +
    scale_fill_brewer(palette="Set3")
```

输出结果如图 3-8 所示。该图展示了不同月份的太阳辐射随时间的变化。

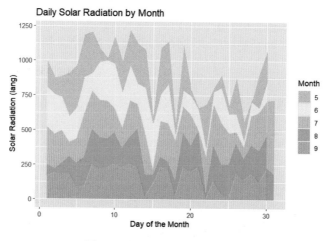

图 3-8 面积图（自带数据集）

在 ggplot2 中，常用的绘图函数（几何对象）如表 3-4 所示。不同的几何对象对应不同的图形属性设置（常见选项见表 3-5），以及默认的统计变换形式。在绘制对应的图形类型时，进行图形属性映射需要选择正确的方式，具体可参考每一种几何对象所能涉及的 aes() 类型。

表3-4 常用的绘图函数（几何对象）

函　　数	功　　能	默认统计变换形式	aes()参数
geom_sf()	可视化sf对象，适用地理空间数据	abline	colour,linetype,size
geom_abline()	由截距a、斜率b指定的参考线	identity	colour,fill,linetype,size,x,y
geom_area()	面积图	bin	colour,fill,linetype,size,weight,x
geom_bar()	柱状图	bin2d	colour,fill,linetype,size,weight,xmax,xmin,ymax,ymin
geom_bin2d()	二维直方图	identity	—

（续表）

函　　数	功　　能	默认统计变换形式	aes()参数
gcom_blank()	空的几何对象，不绘图	boxplot	colour,fill,lower,middle,size,upper, weight,x,ymax.ymin
geom_boxplpot()	箱线图	bin	colour,fill,linetype,size,weight,x
geom_col()	条形图	contour	colour,linetype,size,weight,x
geom_contour()	等高线图	identity	colour,fill,linetype,size,x,y,ymax,ymin
geom_crossbar()	类箱线图，不需要线和离群点	density	colour,fill,linetype,size,weight,x,y
geom_density()	核密度图	density2d	colour,linetype,size,weight,x,y
geom_density2d()	二维核密度图	bindot	colour,fill,x,y
geom_dotplot()	绘制分组点图（配置显示的分组）	identity	colour,linetype,size,width,x,ymax,ymin
geom_errorbar()	误差图，多添加到其他图上	identity	colour,linetype,size,width,x,ymax,ymin
geom_errorbarh()	水平误差线	bin	colour,linetype,size
geom_frcqpoly()	频数多边形（类似于直方图）	binhex	colour,fill,size,x,y
geom_hex()	六边形图（常用于六边形封箱）	bin	colour,fill,linetype,size,weight,x
geom_histogram()	直方图	hline	colour,linetype,size
geom_hline()	水平参考线	identity	colour,fill,shape,size,x,y
geom_jitter()	扰动点	identity	colour,linetype,size,x,y
geom_line()	线图	identity	colour,linetype,size,size,x,ymax,ymin
geom_linerange()	区间图，用竖直线表示	identity	colour,fill,linetype,size,x,y,map_id
geom_map()	创建地图	identity	colour,linetype,size,x,y
geom_path()	几何路径，由一组点按顺序连接	identity	colour,fill,shape,size,x,y
geom_point()	点图	identity	colour,fill,linetype,shape,size,x, ymax,ymin
geom_pointrange()	表示点的范围的一条垂直线	identity	colour,fill,linetype,size,x,y
geom_polygon()	多边形	quantile	colour,linetype,size,weight,x,y
geom_quantile()	分位数线	identity	colour,fill,linetype,size,x,y
geom_raster()	绘制边界图	identity	colour,fill,linetype,size,xmax,xmin, ymax,ymin

（续表）

函 数	功 能	默认统计变换形式	aes()参数
geom_rect()	二维长方形	identity	colour,fill,linetype,size,x,ymax,ymin
geom_ribbon()	添加置信区间	identity	colour,linetype,size
geom_rug()	绘制数据的地毯图	identity	colour,linetype,size,x,xend.y.yend
geom_segment()	线段	smooth	aplha,colour,fill,linetype,size,weight,x,y
geom_smooth()	添加平滑曲线和置信区间	identity	colour,linetype,size,x,y
geom_step()	阶梯图	identity	angle,colour,hjust,label,size,size,vjust,x,y
geom_text()	文本	identity	colour,fill,linetype,size,x,y
geom_tile()	同geom_rect()，但参数不同	ydensity	weigth,colour,fill,size,linetype,x,y
geom_violin()	小提琴图	vline	colour,linetype,size
geom_vline()	垂直参考线		

表3-5 图形函数常见选项

选 项	描 述
colour	设置点、线和填充区域的颜色
fill	设置填充区域的颜色（如条形、密度区域）
alpha	设置颜色的透明度，从0（完全透明）到1（不透明）
linetype	设置线条的类型（1＝实线、2＝虚线、3＝点、4＝点破折号、5＝长破折号、6＝双破折号）
size	设置点的大小和线的宽度
shape	设置点的形状（0~25），类似传统绘图系统中的"pch"，如图3-9所示
position	设置对象的位置（例如绘制条形图，position="dodge"绘制并列条形图，position="stack"绘制堆叠条形图等）
binwidth	设置直方图中条的宽度
sides	设置地毯图的位置（例如，sides="b"表示放在底部、sides="l"表示放在左侧、sides="t"表示放在顶部、sides="r"代表示存在右侧等）
width	设置箱线图的宽度

（a）点形状的数字代码

图 3-9 绘图点形状

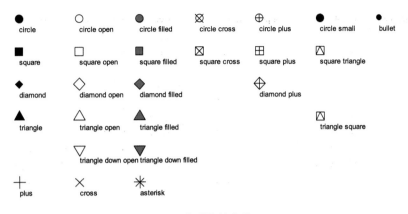

（b）点形状的名称

图 3-9　绘图点形状（续）

【例 3-4】在 ggplot2 包中内置了 mpg 数据集，记录了美国 1999 年和 2008 年两个年份部分汽车的制造厂商、型号、类别、驱动系统和耗油量等信息。该数据集各变量含义如下：

- manufacturer 代表制造厂家，model 表示车辆型号，数据集共有 38 种车型。
- displ 代表发动机排量（单位：升）。
- year 表示制造年份，包含 1999 年和 2008 年两个年份的数据。
- cyl 表示发动机缸数。
- trans 表示变速器类型。
- drv 表示驱动系统类型：f 为前轮驱动，r 为后轮驱动，4 为四轮驱动。
- cty 记录城市公路驾驶耗油量（单位：英里 / 加仑）。
- hwy 记录高速公路驾驶耗油量（单位：英里 / 加仑）。
- fl 代表燃料类型。
- class 表示车辆类别，如双座汽车、SUV、小型汽车等。

首先加载 ggplot2 并读取数据，然后通过 View() 函数查看数据集的数据信息：

```
library(ggplot2)                        # 加载 ggplot2
View(mpg)                               # 查看数据
```

输出结果如图 3-10 所示。可以看到数据集共有 234 行 11 列数据。

接着输入以下代码绘制散点图：

```
ggplot(data=mpg,aes(x=displ,y=hwy)) + geom_point()
```

输出结果如图 3-11 所示。

	manufacturer	model	displ	year	cyl	trans	drv	cty	hwy	fl	class
1	audi	a4	1.8	1999	4	auto(l5)	f	18	29	p	compact
2	audi	a4	1.8	1999	4	manual(m5)	f	21	29	p	compact
3	audi	a4	2.0	2008	4	manual(m6)	f	20	31	p	compact
4	audi	a4	2.0	2008	4	auto(av)	f	21	30	p	compact
5	audi	a4	2.8	1999	6	auto(l5)	f	16	26	p	compact
6	audi	a4	2.8	1999	6	manual(m5)	f	18	26	p	compact
7	audi	a4	3.1	2008	6	auto(av)	f	18	27	p	compact
8	audi	a4 quattro	1.8	1999	4	manual(m5)	4	18	26	p	compact
9	audi	a4 quattro	1.8	1999	4	auto(l5)	4	16	25	p	compact
10	audi	a4 quattro	2.0	2008	4	manual(m6)	4	20	28	p	compact

图 3-10 查看数据集（部分）

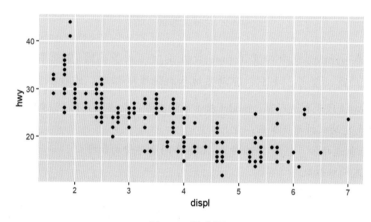

图 3-11 散点图

该图由以下 3 个部分构成：

（1）数据：mpg。

（2）图形属性映射：x 轴对应 displ（发动机排列），y 轴对应 hwy（高速公路耗油量）。

（3）几何对象：散点图。

> 说明 绝大多数图形会先将变量映射到 x 轴、y 轴上，即 aes() 中前两个变量默认映射为 x、y，因此上面的代码等同于：
>
> ```
> ggplot(mpg,aes(displ,hwy)) + geom_point()
> ```

在 ggplot2 中，通过 aes() 可以将数据转换为图形属性：

```
ggplot(mpg,aes(displ,hwy,shape=drv,colour=class)) + geom_point()
```

输出结果如图 3-12 所示，散点形状由 drv 区分，颜色由 class 区分。

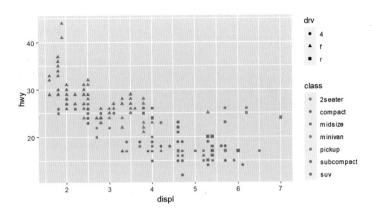

图 3-12 调整散点形状与颜色

在几何对象函数中修改图形属性：

```
# 散点的形状设置为 4 号，尺寸大小调整为 3
ggplot(mpg,aes(displ,hwy,colour=class)) + geom_point(shape=4,size=3)
```

输出结果如图 3-13 所示。

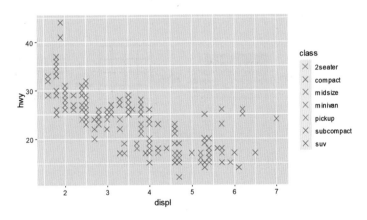

图 3-13 修改散点大小

继续修改图形属性：

```
# 散点的形状设置为 21 号，尺寸大小调整为 3，填充颜色为 gray
ggplot(mpg,aes(displ,hwy,colour=class)) +
            geom_point(shape=21,size=3,fill="gray")
```

输出结果如图 3-14 所示。

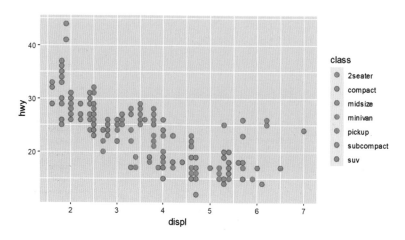

图 3-14　为散点添加颜色

3.1.4　添加统计变换

统计（stat）变换函数在数据被绘制出来之前对数据进行聚合和其他计算。stat_<func>() 确定数据的计算方法，不同的计算方法会产生不同的结果。一个 stat() 函数必须与一个 geom() 函数对应才能进行数据的计算，如图 3-15 所示。

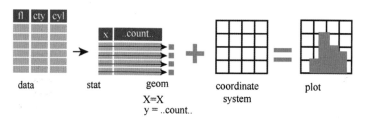

图 3-15　stat_<func>() 函数绘图过程

统计变换和几何对象是 ggplot 绘图的两个侧面，缺一不可；每种几何对象，默认对应一种统计变换；每种统计变换，默认对应一个几何对象。最简单的统计变换就是不做任何统计变换。

（1）基本图形类型包括两个变量，不需要统计变换，如 geom_point（散点图）、geom_bar（柱状图）、geom_line（折线图）、geom_area（面积图）、geom_polygon（多边形图）、geom_text（添加标签）等。

（2）设置参数 stat="identity" 时，表示不做任何统计变换。

（3）针对离散型变量，利用 geom_bar() 直接绘制条形图、利用 stat_count() 直接计数；针连续型变量，利用 geom_histogram() 绘制直方图，利用 stat_bin() 划分窗口后再计数。

以 stat_<func>() 开头的图层，在画统计图形时，无须设定统计变换参数（因为函数开头的名称已经声明），但需指定集合对象名称图表类型 geom，然后就可以绘制与之对应的统计类型图表。这样可以使得绘图过程更加侧重统计变换过程。

以 geom_<func>() 开头的图层，更加侧重图表类型的绘制，而通过修改统计变换参数，也可以实现绘图前数据的统计变换，如绘制均值散点图。下面两条语句的功能是一样的。

```
stat_summary(fun.y="mean",fun.args=list(mult=1),geom="point")
geom_point(stat="summary",fun.y="mean",fun.args=list(mult=1))
```

常用的统计变换及应用函数如表 3-6 所示。

表3-6　常用的统计变换及应用函数

统计变换	功　能	应用函数
abline	绘制直线	geom_abline()
bin	计算封箱数据，绘制直方图或频率多边形	geom_histogram()、geom_freqpoly()、stat_bin()
bin2d	计算矩形封箱内观测值个数，绘制二维热图	geom_bin2d()、stat_bin2d()
bindot	计算点直方图的封箱数据	geom_dotplot()
binhex	计算六边形热图的封箱数据	geom_hex()、stat_bin_hex()
boxplot	计算箱线图的各个元素，绘制箱线图	geom_boxplot()、stat_boxplot()
contour	绘制三维等高线	geom_contour()、stat_contour()
count	对观测值进行计数	geom_bar()、stat_count()
density	一维密度估计，绘制密度曲线	geom_density()、stat_density()
density2d	二维密度估计，绘制二维密度线图	geom_density2d()、stat_density_2d()
function	调用新函数进行统计变换	stat_function()
identity	不对数据进行统计变换	geom_area()、geom_point()、geom_errorbar()等
qq	计算qq图指标，绘制Q-Q图	geom_qq()、stat_qq()
quantile	计算分位数	geom_quantile()、stat_quantile()
smooth	添加平滑曲线	geom_smooth()、stat_smooth()
unique	删除重复值	stat_uniquc()

【例 3-5】通过直方图的绘制学习统计变换。

在代码编辑器中输入以下代码，然后单击 ➡Run 按钮运行。

```
library(ggplot2)                          # 加载 ggplot2
```

```
set.seed(8)
dfa <- data.frame(x=rpois(16,6))          # 输入 dfa$x 可查看数据
barplot(dfa$x)                            # 输出结果如图 3-16(a) 所示
ggplot(dfa,aes(x)) + geom_bar()           # 输出结果如图 3-16(b) 所示
```

从输出结果中可以看出，两个函数绘制出的图形完全不同，其中 ggplot2 绘制出的柱状图才是符合要求的。这是因为使用原始数据绘制柱状图前，首先需要进行频数统计，该过程就是统计变换。

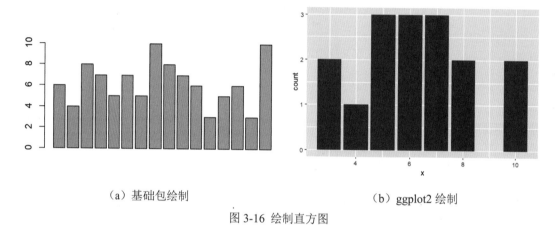

（a）基础包绘制　　　　　　　　（b）ggplot2 绘制

图 3-16 绘制直方图

通过输入 ?geom_bar，可以查看 geom_bar() 函数的语法。该函数的语法如下：

```
geom_bar(mapping=NULL,data=NULL,stat="count",position="stack",
    ...,
    just=0.5,width=NULL,na.rm=FALSE,orientation=NA,
    show.legend=NA,inherit.aes=TRUE)
```

这里 stat 参数就是统计变换参数，stat="count" 表示 geom_bar() 函数默认执行的是频数统计转换。因此，在默认情况下 geom_bar() 函数就能使用原始数据绘制柱状图，而传统绘图系统中的 barplot() 函数则不能实现。

【例 3-6】统计变换应用示例。

在代码编辑器中输入以下代码，然后单击 ➡Run 按钮运行。

```
library(ggplot2)                          # 加载 ggplot2
set.seed(12)
df <- data.frame(x=rnorm(150))            # 创建示例数据集
# 绘制密度图和标准正态分布曲线
ggplot(df,aes(x)) +                       # 设置 x 轴为数据框 df 中的变量 x
```

```
geom_density() +                          # 添加密度图层，显示数据 x 的核密度估计
    stat_function(fun=dnorm,colour="red")    # 添加标准正态分布曲线，颜色为红色
```

输出结果如图 3-17 所示。

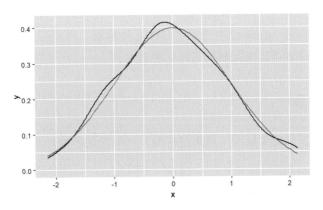

图 3-17 添加标准正态分布曲线的密度图

继续输入以下代码并运行：

```
ggplot(faithful,aes(waiting,eruptions,color=eruptions > 3)) +
    # 设置基本 ggplot 对象，使用 faithful 数据集，映射 waiting 到 x 轴，eruptions 到 y 轴，
    # 并根据 eruptions 是否大于 3 来设置不同颜色
    geom_point() +                         # 添加散点图层，绘制所有数据点
    stat_ellipse(type="norm",linetype=2) +  # 添加正态分布椭圆层，虚线
    stat_ellipse(type="t")                 # 添加 t 分布椭圆层，默认实线
```

输出结果如图 3-18 所示。

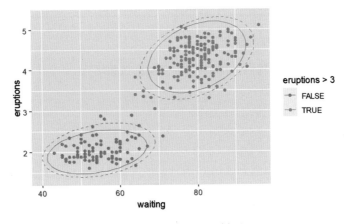

图 3-18 绘制散点图和椭圆

3.2 坐标系统

每一幅图形都伴随一个坐标系统，ggplot2 绘图系统的坐标系统函数以 "coord_" 开头进行命名。ggplot2 中提供了笛卡儿坐标系、极坐标系和地理坐标系 3 种坐标系，基本可以满足数据可视化的需求。

3.2.1 笛卡儿坐标系

默认坐标系统是笛卡儿坐标系（直角坐标系），对应的函数是 coord_cartesian()，该函数的语法格式为：

```
coord_cartesian(xlim=NULL,ylim=NULL,expand=TRUE,
        default=FALSE,clip="on")
```

各参数的含义如表 3-7 所示。

表3-7 参数的含义

参　数	含　义
xlim	*x*轴的显示范围，用一个长度为2的向量指定，如c(min,max)
ylim	*y*轴的显示范围，用一个长度为2的向量指定，如c(min,max)
expand	逻辑值，控制是否在范围之外添加额外的空间。默认值为TRUE，表示在坐标轴两侧留出间隙（扩展因子），以确保数据和轴不会重叠
default	逻辑值，控制是否使用默认的坐标系。默认值为FALSE
clip	控制绘图区域之外的绘制。取值可以是on、off或inherit。默值为on，即裁剪超出区域的内容

【例 3-7】笛卡儿坐标系应用示例 1。

在代码编辑器中输入以下代码，然后单击 ➡Run 按钮运行。

```
library(ggplot2)              # 加载 ggplot2
p0 <- ggplot(mtcars,aes(disp,wt)) +
    geom_point() +
    geom_smooth()

p11 <- p0 + scale_x_continuous(limits=c(325,500))
p12 <- p0 + coord_cartesian(xlim=c(325,500))
p13 <- p0 + coord_cartesian(xlim=c(325,500),expand=FALSE)

p0 + p11 + p12 + p13
```

输出如图 3-19 所示的图形，同时输出以下警告信息：

```
Warning messages:
1: Removed 24 rows containing non-finite values (`stat_smooth()`).
2: Removed 24 rows containing missing values (`geom_point()`).
```

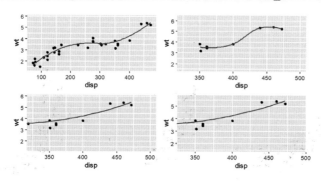

图 3-19　笛卡儿坐标系 1

另外，笛卡儿坐标系中还有 3 个函数：

（1）函数 coord_fixed() 通过 ratio 参数控制 y 轴和 x 轴单位长度的实际比例，类似于基础绘图系统中 plot() 函数的 asp 参数，默认状态下等同于 coord_equal() 函数。在绘制华夫图和复合型散点饼图时，需要控制纵横比为 1，即：

```
coord_fixed(ratio=1)
```

（2）函数 coord_flip() 用于将 x、y 轴的位置对调，即翻转坐标系，参数同 coord_cartesian() 函数。通过翻转坐标系可以将竖直的柱形图转换成水平的条形图。

（3）在初始笛卡儿坐标系上，坐标轴上的刻度比例尺是不变的，而 coord_trans() 坐标系的坐标轴上的刻度比例尺是变化的，可以实现将曲线变成直线显示。

【例 3-8】笛卡儿坐标系应用示例 2。

在代码编辑器中输入以下代码，然后单击 ➡ Run 按钮运行。

```
library(ggplot2)                        # 加载 ggplot2
p1 <- ggplot(mpg,aes(displ,cty)) +
      geom_point() +
      geom_smooth()

p2 <- ggplot(mpg,aes(cty,displ)) +      # 交换 cty 和 dspL，90°翻转图像
      geom_point() +
      geom_smooth()                     # 平滑函数对翻转后的数据进行拟合
```

```
p3 <- ggplot(mpg,aes(displ,cty)) +
    geom_point() +
    geom_smooth() +
    coord_flip()                    # 平滑函数对原来的数据进行拟合，然后翻转输出

p1 + p2 + p3
```

输出结果如图 3-20 所示。

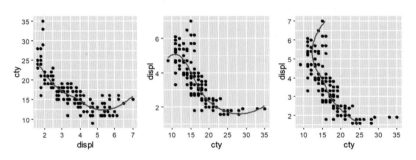

图 3-20 笛卡儿坐标系 2

3.2.2 极坐标系

在平面内由极点、极轴和极径组成的坐标系为极坐标系，雷达图、饼图等就是在极坐标系下绘制的。在 ggoplot2 中，使用 coord_polar() 函数可以将笛卡儿坐标系转换为极坐标系，其语法格式如下：

```
coord_polar(theta="x",start=0,direction=1,clip="on")
```

各参数的含义如表 3-8 所示。

表3-8 参数的含义

参　数	含　义
theta	要极坐标化的中心轴，即x轴转化为圆周，y轴转化为半径
start	起始角度，以距离12点针的弧度衡量
direction	排列方向，direction=1表示顺时针，direction=-1表示逆时针
flip	确定是否将图形剪裁到绘图面板的范围，on（默认值）表示剪裁，off表示否

注意　极坐标转换比较耗费计算机资源，以下语句可以清空内存：

```
rm(list=ls()); gc()
```

【例 3-9】极坐标系绘制示例。

在代码编辑器中输入以下代码，然后单击 ⇒ Run 按钮运行。

```
library(ggplot2)                                          # 加载 ggplot2
pie <- ggplot(mtcars,aes(x=factor(1),fill=factor(cyl))) + geom_bar(width=1)
pic01 <- pie+coord_polar(theta="y")

cxc <- ggplot(mtcars,aes(x=factor(cyl),fill=factor(cyl))) +
       geom_bar(width=1,colour="black")
pic02 <- cxc+coord_polar()

pic01 + pic02
```

输出结果如图 3-21 所示。

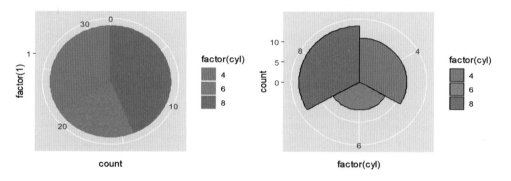

图 3-21　极坐标系

3.2.3　地理坐标系

通过地理坐标系可以映射位置数据（包括经度、纬度等）。单纯只给出经度和纬度是一种误导，必须对数据进行"投影"。在 ggplot2 中，使用 coord_quickmap() 函数和 coord_map() 函数可以设定坐标系为地理空间坐标系。

1. coord_quickmap() 函数

coord_quickmap() 函数是一种保留经纬直线的快速近似绘制的地理坐标系，通过设定宽高比来保证在图形中 1 米的纬度和 1 米的经度有着相同的距离，适合靠近赤道的较小区域的展示。其基本语法格式如下：

```
coord_quickmap(xlim=NULL,ylim=NULL,expand=TRUE,clip="on")
```

各参数的含义如表 3-9 所示。

表3-9 参数的含义

参　　数	含　　义
lim	设置x轴的范围，用于裁剪地图。默认值为NULL，表示不裁剪
ylim	设置y轴的范围，用于裁剪地图。默认值为NULL，表示不裁剪
expand	是否扩展坐标轴以包含所有数据。默认值为TRUE
clip	控制是否裁剪到面板区域，选项为on（默认值）、off或inherit

2. coord_map() 函数

coord_map() 函数可以通过设定 projection 投影参数来实现不同投影的地理空间坐标系。该函数需要使用 mapproj 软件包。其基本语法格式如下：

```
coord_map(projection="mercator",xlim=NULL,ylim=NULL,
          clip="on",default=FALSE,aspect=NULL)
```

参数的含义如表 3-10 所示。常用的投影方法如表 3-11 所示。

表3-10 参数的含义

参　　数	含　　义
projection	指定投影方法，可以是mercator、azequalarea、gilbert等
xlim	设置x轴的范围，用于裁剪地图。默认值为NULL，表示不裁剪
ylim	设置y轴的范围，用于裁剪地图。默认值为NULL，表示不裁剪
clip	控制是否裁剪到面板区域，选项为on（默认值）、off或inherit
default	内部参数，通常用户不需要修改，默认值为FALSE
aspect	设置纵横比。默认值为NULL，表示根据地图自动调整

表3-11 投影方法

投影方法	描　　述
mercator	墨卡托投影，常用于世界地图
azequalarea	方位等面积投影，保留面积关系
gilbert	Gilbert 投影，保持距离关系
lambert	兰伯特投影，适用于高纬度区域
mollweide	Mollweide 投影，适用于展示全球数据
orthographic	正射投影，显示地球的球形外观
stereographic	立体投影，适用于极地地区

【例 3-10】绘制地图示例。

在代码编辑器中输入以下代码，然后单击 ➡ Run 按钮运行，输出略。

```
library(ggplot2)
library(maps)

states <- map_data("state")                # 获取美国各州的地图数据
# 创建美国地图
ggplot(states,aes(x=long,y=lat,group=group)) +
  geom_polygon(fill="lightblue",color="white") +
  coord_map(projection="mercator") +
  labs(title="Map of the United States", x="Longitude", y="Latitude")

world <- map_data("world")                  # 获取世界地图数据
# 创建世界地图，使用等角圆投影
ggplot(world,aes(x=long,y=lat,group=group)) +
  geom_polygon(fill="lightgreen",color="white") +
  coord_map(projection="azequalarea") +
  labs(title="World Map with Azimuthal Equal Area Projection",
        x="Longitude",y=6)
```

3.3　图形分面

图形分面是根据某个或某些分类变量（包括但不限于因子类型变量）将绘图数据分成若干子集并分别绘图的方法。

ggplot2 绘图系统中有 facet_wrap()、facet_grid() 两个专门的分面函数，它们的基本语法格式如下：

```
facet_wrap(facets,nrow=NULL,ncol=NULL,scales="fixed",
    shrink=TRUE,labeller="label_value",as.table=TRUE,
    switch=deprecated(),drop=TRUE,dir="h",strip.position="top")

facet_grid(rows=NULL,cols=NULL,scales="fixed",space="fixed",
    shrink=TRUE,labeller="label_value",as.table=TRUE,
    switch=NULL,drop=TRUE,margins=FALSE,facets=deprecated())
```

部分参数的含义如表 3-12 所示。

表3-12　部分参数的含义

参　　数	含　　义
facets	为分面变量，通过vars()函数引用
nrow、ncol	分别控制子图排列的行数和列数
scales	控制子图坐标刻度是否保持一致

（续表）

参 数	含 义
fixed	表示子图的横、纵坐标都保持一致
free	表示各子图坐标刻度自由变化
free_x、fix_y	分别表示允许横、纵坐标自由变化
labeller	用于修改子图标题格式
as.table	用于修改子图排列顺序，TRUE表示分面变量数值越大，对应的子图越靠近左下方；FALSE表示分面变量数值越大，对应的子图越靠近右上方
drop	当分面变量是因子类型时，是否删除没有对应样本的因子水平
dir	控制子图排列顺序。H为默认值，表示水平排序，即先左右、后上下；v表示垂直排序，即先上下、后左右
strip.position	控制子图标题位置（top、bottom、left、right）
margins	添加边际图形（var:(all)）

【例 3-11】利用 mpg 数据集展示图形分面的应用。

在代码编辑器中输入以下代码，然后单击 ⇥ Run 按钮运行。

```
library(ggplot2)                          # 加载 ggplot2
p <- ggplot(mpg,aes(displ,hwy,color=class)) + geom_point()
# 使用 vars() 函数提供分面处理变量，使用 nrow 和 ncol 控制行数和列数
p + facet_wrap(vars(class),nrow=3)
```

输出结果如图 3-22 所示。

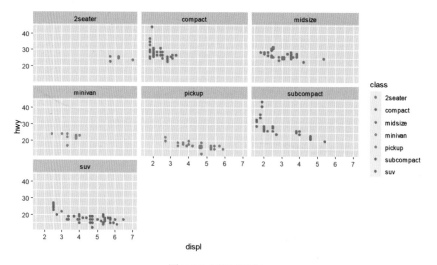

图 3-22 图形分面 1

继续输入以下代码并运行:

```
# 使用 labeller 选项控制标签的显示方式
ggplot(mpg,aes(displ,hwy,color=class)) +
     geom_point() +
     facet_wrap(vars(cyl,drv),labeller="label_both")
```

输出结果如图 3-23 所示。

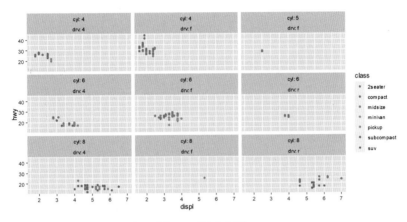

图 3-23　图形分面 2

继续输入以下代码并运行:

```
# 根据 drv 和 cyl 两个变量创建分面图。vars(drv) 表示分面行，vars(cyl) 表示分面列
p <- ggplot(mpg,aes(displ,cty,color=class)) +
     geom_point()
p + facet_grid(vars(drv),vars(cyl))
```

输出结果如图 3-24 所示。

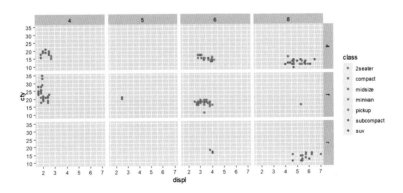

图 3-24　图形分面 3

继续输入以下代码并运行：

```
# 根据cyl变量创建分面网格，并允许每个分面拥有独立的坐标轴
mt <- ggplot(mtcars,aes(mpg,wt,colour=factor(cyl))) +
    geom_point()
mt + facet_grid(vars(cyl),scales="free")
```

输出结果如图 3-25 所示。

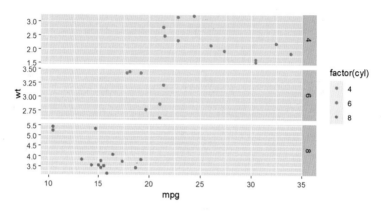

图 3-25　图形分面 4

3.4　标度函数

在 ggplot2 绘图系统中，标度函数用于建立绘图数据与图形属性之间的联系。标度函数涉及的属性类别包括透明度（alpha）、表观颜色（color 或 colour）、填充颜色（fill）、线型（linetype）、形状（shape）、尺寸（size）、坐标轴等。常用的标度函数类型如表 3-13 所示。

表3-13　标度函数类型

函数类别	含　义	函数类别	含　义
scale_color_<func>	颜色标度	scale_alpha_<func>	透明度标度
scale_colour_<func>	同上，仅命名方式不同	scale_shape_<func>	点的形状标度
scale_fill_<func>	填充颜色标度	scale_size_<func>	点的大小和线的粗细标度
scale_x_<func>	横坐标轴标度	scale_linetype_<func>	线型标度
sclae_y_<func>	纵坐标轴标度	scale_linewidth_<func>	线宽标度

下面通过介绍颜色标度函数与坐标标度函数来讲解标度函数的使用。

3.4.1　颜色标度函数

在 ggplot2 绘图系统中，图形的配色除通过将已生成的颜色序列赋值给绘图函数的参数来实现外，还可以使用颜色标度函数进行配色。颜色标度函数的选取要根据数据类型考虑映射方式。

1. 离散型变量

离散型变量主要是针对因子变量。离散映射默认表观颜色标度函数为 scale_color_hue()、填充颜色标度函数为 scale_fill_hue()，采用 HCL 配色模型。函数的基本语法格式如下：

```
scale_colour_hue(...,h=c(0,360) +15,c=100,l=65,h.start=0,
    direction=1,na.value="grey50",aesthetics="colour")

scale_fill_hue(...,h=c(0,360) +15,c=100,l=65,h.start=0,
    direction=1,na.value="grey50",aesthetics="fill")
```

这两个函数部分参数的含义如表 3-14 所示。

表3-14　部分参数的含义

参　　数	含　　义
h	包含两个元素的向量，表示色相（H）的取值范围
c	为饱和度（C），l为亮度（L）的取值
h.start	为色相取值的起始值
direction	取1表示在色环上按顺时针取色，−1表示在色环上按逆时针取色

> 说明　由上面的语法格式可知，表观颜色（color 或 colour）和填充颜色（fill）虽然涂色的位置不同，但对应的标度函数的用法一致。

【例 3-12】颜色标度函数应用示例 1。

在代码编辑器中输入以下代码，然后单击 ➡ Run 按钮运行。

```
library(ggplot2)                                    # 加载 ggplot2
library(patchwork)                                  # 用于图形组合，在页面布局中讲解
df <- data.frame(x=c("a","b","c","d"),y=c(2,6,1,4))

p11 <- ggplot(df,aes(x,y,fill=x)) +
        geom_bar(stat="identity") +
        labs(x=NULL,y=NULL) +
        theme(legend.position="none")               # 默认设置
```

```
p12 <- p11 + scale_fill_hue(h=c(100,255),c=20)      # 使用颜色标度函数
p11 + p12
```

输出结果如图 3-26 所示。

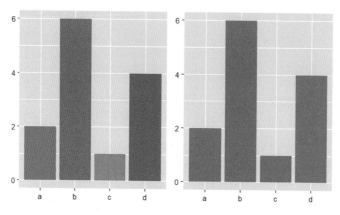

图 3-26 默认设置与颜色标度函数效果对比

通过设置颜色标度函数 scale_color_brewer() 与填充颜色标度函数 scale_fill_brewer() 可以直接调用 RColorBrewer 工具包的调色板，函数的基本语法格式如下：

```
scale_colour_brewer(...,type="seq",
    palette=1,direction=1,aesthetics="colour")
scale_fill_brewer(...,type="seq",
    palette=1,direction=1,aesthetics="fill",...)
```

其中，type 为类型参数，即 RColorBrewer 工具包的 3 类调色板——seq、div、qual；palette 为调色板名称或序号（见 RColorBrewer 工具包）。

> 说明 seq、div 类型不属于连续映射，而是有序的离散型映射，不能用于连续型变量。

【例 3-13】颜色标度函数应用示例 2。

在代码编辑器中输入以下代码，然后单击 ➡ Run 按钮运行。

```
p21 <- p11 +
  scale_fill_brewer(type="qual",palette="Set2")     # 使用定性型调色板 Set2
p22 <- p11 +
  scale_fill_brewer(palette="OrRd")                 # 使用渐变型调色板 OrRd
p21 + p22
```

输出结果如图 3-27 所示。

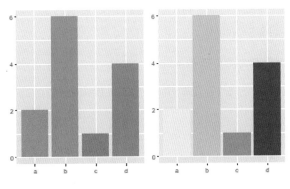

图 3-27　调用调色板

scale_color_grey() 函数与 scale_fill_grey() 函数使用的是灰度配色模型，函数的基本语法格式如下：

```
scale_colour_grey(...,start=0.2,end=0.8,na.value="red",aesthetics="colour")
scale_fill_grey(...,start=0.2,end=0.8, na.value="red",aesthetics="colour")
```

其中，start、end 分别为灰度的起始值和终止值。

【例 3-14】颜色标度函数应用示例 3。

在代码编辑器中输入以下代码，然后单击 ➡Run 按钮运行。

```
p31 <- p11 +
  scale_fill_grey()                # 使用默认灰度调色板，从黑色到白色
p32 <- p11 +
  scale_fill_grey(start=0,end=0.5) # 使用灰度范围从全黑色(0)到50%灰色(0.5)
p31 + p32
```

输出结果如图 3-28 所示。

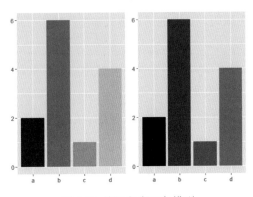

图 3-28　使用灰度配色模型

scale_color_manual() 函数与 scale_fill_manual() 函数采取的是手动赋值的方法，也就是直接把颜色序列赋值给它的参数 value。

【例 3-15】颜色标度函数应用示例 4。

在代码编辑器中输入以下代码，然后单击 ➡ Run 按钮运行。

```
p41 <- p11 +
  scale_fill_manual(values=c("red","blue","darkgreen","orange"))
                                # 指定填充颜色为红色、蓝色、深绿色和橙色
p42 <- p11 +
  scale_fill_manual(values=c("green","tomato","orange","blue"))
                                # 指定填充颜色为绿色、西红柿色、橙色和蓝色
p41 + p42
```

输出结果如图 3-29 所示。

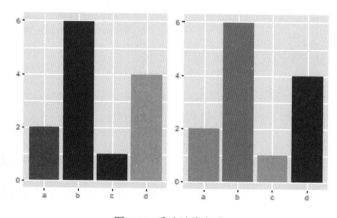

图 3-29 手动赋值方式

scale_color_identity() 函数与 scale_fill_identity() 函数是一种特殊的离散映射方式，因为它的映射变量本身就是颜色编码。函数的语法格式如下：

```
scale_colour_identity(...,guide="none",aesthetics="colour")
scale_fill_identity(...,guide="none",aesthetics="colour")
```

【例 3-16】颜色标度函数应用示例 5。

在代码编辑器中输入以下代码，然后单击 ➡ Run 按钮运行。

```
df <- data.frame(x=c("sienna1","sienna4","hotpink1","hotpink4"),
                 y=c(5,3,1,7))
p0 <- ggplot(df,aes(x,y,fill=x)) +                       # 默认
  geom_bar(stat="identity") +
```

```
    labs(x=NULL,y=NULL) +
    theme(legend.position="none")

p1 <- p0 + scale_fill_identity()                    # 使用颜色标度函数

p0 + p1
```

输出结果如图 3-30 所示。

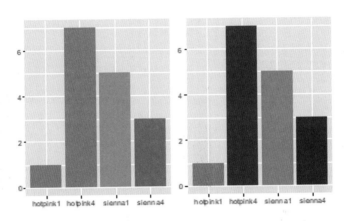

图 3-30 映射本身为颜色编码

2．连续型变量

对于连续型变量，映射方式可以采用连续的调色板使每个数值都对应一种颜色，即真正的连续映射（continuous）；也可以将其离散化后映射，即分箱映射（binned）。

连续型变量的默认离散方式是连续映射，连续映射默认的颜色标度函数是 scale_colour_gradient()。其基本语法结构如下：

```
scale_colour_gradient(...,low="# 132B43",high="# 56B1F7",space="Lab",
                      na.value="grey50",guide="colourbar",aesthetics="colour")
```

该函数只需要使用 low 和 high 参数分别指定连续变量的最小值和最大值对应的颜色，即可自动计算一条连续的调色板。

【例 3-17】颜色标度函数应用示例 6。

在代码编辑器中输入以下代码，然后单击 ➡️Run 按钮运行。

```
set.seed(1)
df <- data.frame(x=1:25,y=rnorm(25))
```

```
p11 <- ggplot(df,aes(x,y,color=y)) +                            # 默认
   geom_point(size=2) +
   labs(x=NULL,y=NULL)

p12 <- p11 +
   scale_color_gradient(low="blue",high="red")                 # 使用颜色标度函数

p11 + p12
```

输出结果如图 3-31 所示。

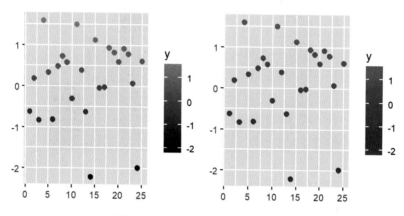

图 3-31 连续映射默认的颜色标度

当连续型变量中包含具有特殊意义的中间值（如 0、1）时，可以使用 scale_color_gradient2()
函数：

```
scale_colour_gradient2(...,low=muted("red"),mid="white",
      high=muted("blue"),midpoint=0,space="Lab",
      na.value="grey50",guide="colourbar",aesthetics="colour")
```

当有多个中间值时，可以使用 scale_colour_gradientn() 函数：

```
scale_colour_gradientn(...,colours,values=NULL,space="Lab",
na.value="grey50",guide="colourbar",aesthetics="colour",colors)
```

其中，colours 为颜色向量，函数会在向量中的每两个元素之间生成一个连续调色板。

【例 3-18】颜色标度函数应用示例 7。

在代码编辑器中输入以下代码，然后单击 ➡️Run 按钮运行。

```
p21 <- p11 +
   scale_color_gradient2(low="blue",mid="green",high="red")    # 设置颜色渐变
```

```
p22 <- p11 +
  # 设置颜色渐变的多个颜色点
  scale_color_gradientn(colors=c("blue","green","yellow","red"),
                        breaks=c(-Inf,-1,1,Inf))          # 设置渐变中的断点
p21 + p22
```

输出结果如图 3-32 所示。

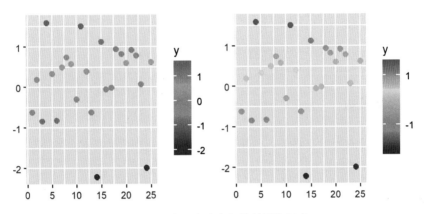

图 3-32 两个和多个中间值的颜色标度

scale_color_steps() 函数用于连续变量的分箱映射，其基本语法格式如下：

```
scale_colour_steps(...,low="# 132B43",high="# 56B1F7",space="Lab",
na.value="grey50",guide="coloursteps",aesthetics="colour")
```

与 scale_colour_gradient() 函数一样，scale_color_steps() 函数也有两个扩展形式：scale_color_steps2() 和 scale_color_stepsn()，这里不再介绍。

【例 3-19】颜色标度函数应用示例 8。

在代码编辑器中输入以下代码，然后单击 ➡ Run 按钮运行。

```
p31 <- p11 +
  scale_color_steps(low="blue",high="red")              # 设置颜色渐变

p32 <- p11 +
  # 设置颜色渐变和断点
  scale_color_steps(low="blue",high="red",breaks=c(-Inf,-1,1,Inf))

p31 + p32
```

输出结果如图 3-33 所示。

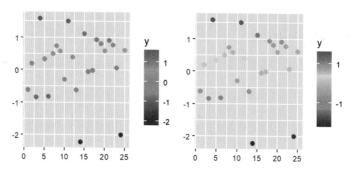

图 3-33 分箱映射的颜色标度

3.4.2 坐标标度函数

坐标标度函数分为离散、连续、分箱、时间等类型。由于 x 轴和 y 轴的标度函数类似，因此仅以 x 轴的标度函数进行介绍。

1. 离散坐标标度

离散坐标标度对应的函数是 scale_x_discrete()，用以确定离散型数据在 x 轴上的映射方式，其基本语法结构如下：

```
scale_x_discrete(name=waiver(),breaks=waiver(),labels=waiver(),
                 limits=NULL,expand=waiver(),na.translate=TRUE,
                 drop=TRUE,position="bottom",sec.axis=waiver())
```

各参数的含义如表 3-15 所示。

表3-15 参数的含义

参　数	含　义	示　例
name	轴标题（坐标轴名称）	name="X Axis"
breaks	轴上显示的刻度位置	breaks=c("A","B","C")
labels	轴上显示的刻度标签（必须与breaks参数一一对应）	labels=c("Category A", "Category B","Category C")
limits	轴的类别顺序和范围，对应于基础绘图系统中的xlim	limits=c("C","B","A")
expand	轴的扩展范围，避免数据点靠近轴的边缘，格式为包含两个元素的向量	expand=c(0.1,0)
na.translate	是否将缺失值显示为 "NA" 类别	na.translate=FALSE
drop	是否从图表中删除没有数据的类别	drop=FALSE

（续表）

参　数	含　义	示　例
position	轴的位置	position="top"
sec.axis	辅助轴的说明	sec.axis=sec_axis(~ ..,name="Secondary Axis")

其中，name、breaks、labels、limits 为离散标度函数的通用参数，其他参数是坐标标度函数的专用参数。

【例 3-20】坐标标度函数应用示例 1。

在代码编辑器中输入以下代码，然后单击 ➡ Run 按钮运行。

```
p11 <- ggplot(mtcars,aes(factor(cyl),fill=factor(cyl))) + geom_bar()
# 通过 name、breaks、labels 参数调整了 x 轴的名称、刻度位置、刻度标签
p12 <- p11+
    scale_x_discrete(name="cyl",breaks=c("4","8"), labels=c("No.4","No.8"))
# 通过 limits 参数限定变量的取值范围，范围外的样本会从绘图数据中剔除
p13 <- p11+
    scale_x_discrete(name="cyl",limits=c("4","8"))
p11 + p12 + p13
```

输出结果如图 3-34 所示。

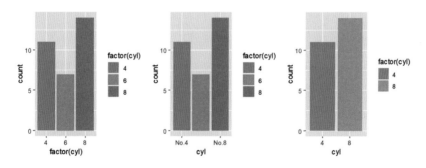

图 3-34 离散坐标标度 1

继续输入以下代码并运行：

```
p21 <- p11 +
    scale_x_discrete(expand=c(0,0))        # 调整坐标轴两侧的空隙为 0
p22 <- p11 +
    scale_x_discrete(position="top")       # 调整坐标轴标题位置

p21 + p22
```

输出结果如图 3-35 所示。

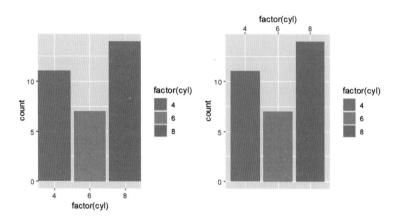

图 3-35 离散坐标标度 2

2. 连续坐标标度

连续坐标标度对应的函数是 scale_x_continuous()，用以确定连续型数据在 *x* 轴上的映射方式，其语法结构如下：

```
scale_x_continuous(name=waiver(),
    breaks=waiver(),minor_breaks=waiver(),n.breaks=NULL,
    labels=waiver(),limits=NULL,expand=waiver(),oob=censor,
    na.value=NA_real_,trans="identity",guide=waiver(),
    position="bottom",sec.axis=waiver())
```

各参数的含义如表 3-16 所示。

表3-16 参数的含义

参　数	含　义	示　例
name	*x*轴的标题	name="XAxis"
breaks	*x*轴上显示的主要刻度位置	breaks=seq(-3,3,by=1)
minor_breaks	*x*轴上显示的次要刻度位置	minor_breaks=seq(-3,3,by=0.5)
n.breaks	建议*x*轴上的刻度数量	n.breaks=5
labels	*x*轴上显示的刻度标签	labels=c("Low","Mid","High")
limits	*x*轴的范围	limits=c(-3,3)
expand	轴的扩展范围，避免数据点靠近轴的边缘	expand=c(0.01,0)
oob	处理轴范围外的数据的方式	oob=scales::squish
na.value	缺失值的替代值	na.value=0

参　数	含　义	示　例
trans	轴的变换方式	trans="log10"
guide	控制如何渲染标度	guide="axis"
position	轴的位置	position="top"
sec.axis	辅助轴的说明	sec.axis=sec_axis(~.*10)

在 ggplot2 中，还提供了 3 个连续坐标的快捷转换函数，可以灵活地控制坐标轴的显示形式和范围，使得数据的可视化更加直观和有效。快捷转换函数的语法结构如下：

```
# 将 x 轴的刻度变换为对数刻度，可以在数据跨度较大的情况下使得数据的分布更加清晰
scale_x_log10(name=waiver(),breaks=waiver(),minor_breaks=waiver(),
              labels=waiver(),limits=NULL,expand=waiver(),
              oob=censor,na.value=NA_real_,trans="log10",
              guide=waiver(),position="bottom",sec.axis=waiver())

# 将 x 轴数据逆序显示，可以用于强调较小的数值
scale_x_reverse(name=waiver(),breaks=waiver(),minor_breaks=waiver(),
                labels=waiver(),limits=NULL,expand=waiver(),
                oob=censor,na.value=NA_real_,guide=waiver(),
                position="bottom",sec.axis=waiver())

# 将 x 轴的刻度变换为平方根刻度，可以在数据包含较大数值且数值分布不均匀的情况下
# 使得数据的分布更加清晰
scale_x_sqrt(name=waiver(),breaks=waiver(),minor_breaks=waiver(),
             labels=waiver(),limits=NULL,expand=waiver(),
             oob=censor,na.value=NA_real_,trans="sqrt",
             guide=waiver(),position="bottom",sec.axis=waiver())
```

连续坐标标度函数除与离散坐标标度函数有一些共同参数外，还包括 minor_breaks（次级刻度的位置）与 n.breaks（breaks 参数的替代参数，指定坐标轴刻度的数目）。另外，使用变换参数 trans 后，坐标轴刻度不再是顺序、等间隔的。

【例 3-21】坐标标度函数应用示例 2。

在代码编辑器中输入以下代码，然后单击 ➡ Run 按钮运行。

```
# 基于 mtcars 数据集，绘制 mpg 与 drat 的散点图，并按照 cyl 列的因子变量着色
p31 <- ggplot(mtcars,aes(mpg,drat,colour=factor(cyl))) +
  geom_point()
p32 <- p31 +
  scale_x_continuous(limits=c(15,30),        # 设置 x 轴的范围从 15 到 30
                     breaks=seq(15,30,3))    # 设置 x 轴的刻度间隔为 3，从 15 到 30
```

```
p33 <- p31 +
  scale_x_continuous(limits=c(15,30),
                     n.breaks=4)                # 将 x 轴的刻度数量设置为 4（包括边界）
p34 <- p31 +
  scale_x_continuous(limits=c(15,30),n.breaks=4,
                     labels=LETTERS[1:4])       # 将 x 轴的刻度标签设置为 A,B,C,D
(p31 + p32)/(p33 + p34)
```

输出结果如图 3-36 所示。

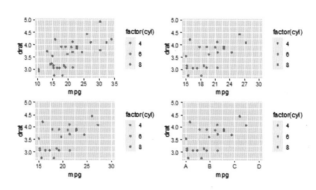

图 3-36 连续坐标标度 1

继续输入以下代码并运行：

```
p41 <- p31 + scale_x_continuous(trans="reverse")   # 反转 x 轴，使其从右向左增加
p42 <- p31 + scale_x_continuous(trans="log10")     # 对 x 轴进行以 10 为底的对数变换
p43 <- p31 + scale_x_reverse()                     # 反转 x 轴，同 trans="reverse"
p44 <- p31 + scale_x_log10()                       # 对 x 轴进行对数变换，同 trans="log10"
(p41 + p42)/(p43 + p44)
```

输出结果如图 3-37 所示。

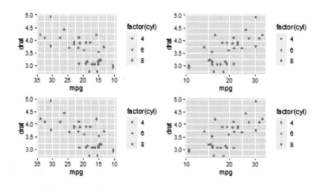

图 3-37 连续坐标标度 2

【例 3-22】 坐标标度函数应用示例 3。

在代码编辑器中输入以下代码，然后单击 ➡ Run 按钮运行。

```
library(ggplot2)
library(patchwork)

data("mpg")                                              # 数据集
# scale_x_log10() 函数
p1 <- ggplot(mpg,aes(x=displ,y=hwy,color=class)) +
  geom_point() +
  scale_x_log10() +
  labs(title="Log10 Scale for X-Axis",
       x="Engine Displacement (log10 scale)",
       y="Highway Miles per Gallon")

# scale_x_reverse() 函数
p2 <- ggplot(mpg,aes(x=displ,y=hwy,color=class)) +
  geom_point() +
  scale_x_reverse() +
  labs(title="Reverse Scale for X-Axis",
       x="Engine Displacement (reversed)",
       y="Highway Miles per Gallon")

# scale_x_sqrt() 函数
p3 <- ggplot(mpg,aes(x=displ,y=hwy,color=class)) +
  geom_point() +
  scale_x_sqrt() +
  labs(title="Square Root Scale for X-Axis",
       x="Engine Displacement (sqrt scale)",
       y=6)

(p1 | p2) / p3
```

输出结果如图 3-38 所示。

3. 分箱坐标标度

分箱坐标标度对应的函数为 scale_x_binned()，该函数可以将对应的连续变量分割成若干段。通过分箱可以减少数据点的数量，这在处理具有大量数据点的散点图或其他几何图形时非常有用。其基本语法格式如下：

```
scale_x_binned(name=waiver(),breaks=waiver(),labels=waiver(),
               limits=NULL,expand=waiver(),n.breaks=NULL,nice.breaks=TRUE,
               oob=squish,na.value=NA_real_,right=TRUE,
               show.limits=TRUE,guide=waiver(),position="bottom")
```

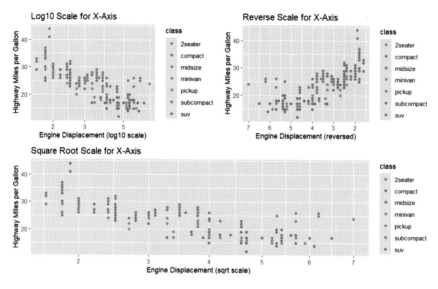

图 3-38 连续坐标标度 3

该函数中各参数的含义如表 3-17 所示。

表3-17 参数的含义

参　　数	含　　义	示　　例
name	x轴标签	name="X-Axis Label"
breaks	指定分箱的断点，可以是一个数值向量或一个函数	breaks=seq(0,100,by=10)
labels	指定分箱的标签，可以是一个字符向量或一个函数	labels=c("Low","Medium","High")
limits	设置x轴的范围	limits=c(0,100)
expand	用于扩展x轴范围的比例或数值	expand=c(0,0)
n.breaks	指定分箱的数量	n.breaks=10
nice.breaks	是否使用整齐的分箱（TRUE/FALSE）	nice.breaks=TRUE
oob	定义超出限制的值的处理方式	oob=squish
na.value	缺失值的替代值	na.value=NA_real_
right	指定箱的边界是否包含右侧	right=TRUE
show.limits	是否显示轴的极限值（TRUE/FALSE）	show.limits=TRUE
guide	指定使用的指南类型	guide=guide_bins()
position	指定轴的位置，可以是"bottom"或"top"	position="bottom"

【例 3-23】坐标标度函数应用示例 4。

在代码编辑器中输入以下代码，然后单击 ➡ Run 按钮运行。

```
p51 <- ggplot(mtcars,aes(mpg,drat,colour=factor(cyl))) +        # 绘制散点图
       geom_point() +
       # 对 x 轴进行分箱处理，设置 5 个刻度断点，并显示 x 轴的极限值
       scale_x_binned(n.breaks=5,show.limits=T)

p52 <- ggplot(mtcars,aes(mpg,fill=factor(cyl))) +               # 绘制条形图
       geom_bar() +
       scale_x_binned(n.breaks=5)                 对 x 轴进行分箱处理，设置 5 个刻度断点
p51 + p52
```

输出结果如图 3-39 所示。

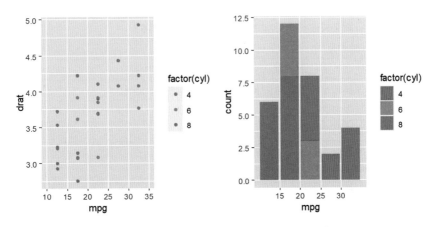

图 3-39　分箱坐标标度

4．时间坐标标度

当 x 轴或 y 轴对应的是时间类型变量时，需要使用时间坐标标度函数进行调整。R 语言中的时间变量有 3 种类型，对应的时间坐标标度函数分别如下：

- 日期 (Date)：scale_x_date(...) 或 scale_y_date(...)。
- 日期时间 (POSIXct 和 POSIXlt)：scale_x_datetime(...) 或 scale_y_datetime(...)。
- 时间 (hms)：scale_x_time(...) 或 scale_y_time(...)。

以函数 scale_x_date() 为例，其调用格式如下：

```
scale_x_date(name=waiver(),breaks=waiver(),minor_breaks=waiver(),
             labels=waiver(),date_breaks=NULL,date_labels=NULL,
             limits=NULL,expand=waiver(),oob=censor,
             na.value=NA_real_,trans="identity",guide="none",
             position="bottom",sec.axis=waiver())
```

各参数的含义如表 3-18 所示。

表3-18 参数的含义

参　　数	含　　义
name	*x*轴的标题
breaks	主刻度线的位置，可以是日期向量或日期间隔，如 `seq(as.Date("2023-01-01"),as.Date("2023-12-31"),by="month")`
minor_breaks	次刻度线的位置
labels	主刻度线的标签，可以是标签向量或函数
date_breaks	使用lubridate包中时间单位的字符串定义日期间隔，如"1 month"或"2 weeks"
date_labels	日期格式字符串，如"%Y-%m-%d"或"%b %d"
limits	*x*轴的范围，通常是日期向量
expand	控制扩展范围，默认会在两端添加一点空白
oob	控制超出范围的值的处理方式，默认值为censor
na.value	缺失值的显示位置
trans	坐标轴的变换，如"log10"
guide	控制引导显示，默认值为"none"
position	坐标轴的位置，通常是"bottom"或"top"
sec.axis	设置次坐标轴

【例 3-24】时间坐标标度函数应用示例。

在代码编辑器中输入以下代码，然后单击 ➡Run 按钮运行。

```
library(ggplot2)                          # 加载必要的包

# 创建示例数据集
df_date <- data.frame(date=as.Date('2023-01-01') + 0:29, value=rnorm(30))
# 绘制日期类型变量的折线图（基本参数）
ggplot(df_date,aes(x=date,y=value)) +
  geom_line() +
  scale_x_date(date_breaks="1 week",date_labels="%b %d") +
  labs(title="Date Example",
       x="Date",
       y="Value")

# 创建示例数据集
df_date <- data.frame(date=as.Date('2023-01-01') + 0:364,value=rnorm(365))
# 绘制日期类型变量的折线图（扩展参数）
ggplot(df_date,aes(x=date,y=value)) +
  geom_line() +
```

```
scale_x_date(name="Date",
            breaks=seq(as.Date("2023-01-01"),as.Date("2023-12-31"),
                      by="2 months"),
            labels=scales::date_format("%b %Y"),
            limits=as.Date(c("2023-01-01","2023-12-31")),
            expand=c(0,0)) +
labs(title="Extended Date Example",x="Date",y="Value")
```

输出结果如图 3-40 所示。

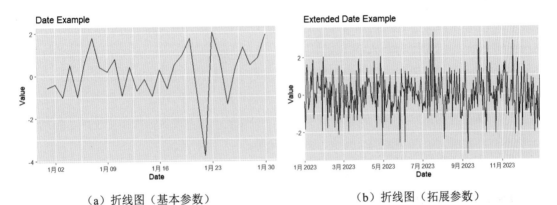

（a）折线图（基本参数）　　　　　　　（b）折线图（拓展参数）

图 3-40　时间坐标标度

3.5　主题函数

主题函数 theme() 是 ggplot2 库中用于自定义图形主题的函数，可以实现对图形要素的美化。它拥有丰富的参数，命名方式也是遵循逐级命名的规则。通过输入 help(theme) 命令可以查看其中的参数。

```
theme(line,rect,text,title,aspect.ratio,
      axis.title,axis.text,axis.ticks,axis.line,...,
      legend.background,legend.margin,legend.spacing,...,
      panel.background,panel.border,panel.spacing,panel.grid,...,
      plot.background,plot.title,plot.subtitle,...,
      strip.background,strip.clip,strip.placement,strip.text,
      ...,
      complete=FALSE,validate=TRUE)
```

theme() 函数以详细的方式来设置图形的外观，包括图形元素、坐标轴、标签、标题、背景等多个方面。

（1）图形元素（element）：用于控制图形中的各种元素的外观，如线条（line）、矩形（rect）、文本（text）等。

（2）标题（title）：用于设置图形的标题和副标题的外观，包括 title、subtitle。

（3）坐标轴（axis）：用于控制坐标轴的外观，包括轴标题（axis.title）、刻度线（axis.line）、刻度标签（axis.text）等。

（4）图例（legend）：用于控制图例的外观，包括背景（legend.background）、边距（legend.margin）、间距（legend.spacing）等。

（5）面板（panel）：用于设置图形的面板的外观，包括背景（panel.background）、边框（panel.border）、间距（panel.spacing）、网格（panel.grid）等。

（6）整体（overall）：用于设置整体图形的外观，包括背景（plot.background）、标题（plot.title）、副标题（plot.subtitle）等。

（7）条带（strip）：用于设置图形中的条带的外观，通常在多面板图中使用，包括 trip.background、strip.clip、strip.placement、strip.text 等。

（8）其他参数：除了上述参数外，还有其他可以用于自定义图形外观的参数。

【例 3-25】theme() 函数应用示例。

在代码编辑器中输入以下代码，然后单击 ➡Run 按钮运行。

```
library(ggplot2)
# 使用 mpg 数据集创建基本散点图
p1 <- ggplot(mpg,aes(x=displ,y=hwy,color=class)) +
  geom_point(size=3,alpha=0.7) +
  geom_jitter(width=0.1,size=1,alpha=0.5) +
  labs(title="Displacement vs. Highway MPG",
       subtitle="Scatter plot colored by car class",
       x="Displacement (liters)",
       y="Highway MPG",
       color="Car Class") +
  theme( plot.title=element_text(size=14,face="bold",
                                 hjust=0.5,color="blue"),
    plot.subtitle=element_text(size=12,hjust=0.5,face="italic"),
    axis.title=element_text(size=11,face="bold"),
    axis.text=element_text(size=10),
    legend.position="top")

print(p1)
```

输出结果如图 3-41 所示。

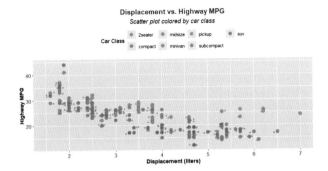

图 3-41　添加主题 1

继续输入以下代码并运行：

```
# 使用 iris 数据集创建基本小提琴图
P2 <- ggplot(iris,aes(x=Species,y=Sepal.Length,fill=Species)) +
  geom_violin(trim=FALSE,alpha=0.7) +
  geom_jitter(width=0.2,size=1,alpha=0.5) +
  labs(title="Sepal Length Distribution by Species",
    subtitle="Violin plot with jittered points for Sepal Length",
    x="Species",y="Sepal Length (cm)",
    fill="Species" ) +
  theme(
    plot.title=element_text(size=14,face="bold",hjust=0.5,color="purple"),
    plot.subtitle=element_text(size=12,hjust=0.5,face="italic"),
    axis.title=element_text(size=11,face="bold"),
    axis.text=element_text(size=10),
    legend.position="none",
    panel.grid.major=element_line(color="gray80"),
    panel.grid.minor=element_blank())

print(p2)
```

输出结果如图 3-42 所示。

主题函数可以通过使用 element_<func> 系列函数对某个要素的颜色、形状、大小等诸多属性进行设置，各函数又独立包含若干参数。element_<func> 系列函数主要包含 4 个函数：element_blank、element_line、element_rect 和 element_text。其中，element_blank()

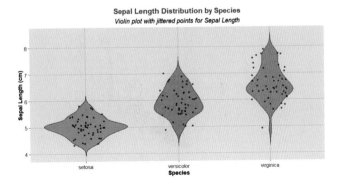

图 3-42　添加主题 2

将绘图背景设置为空白，其余 3 个分别针对线状（如轴线、主网格线和次网格线等）、矩形（如绘图区域和面板区域的背景等）和文本类要素进行设置，它们的语法格式如下：

```
element_blank()
element_rect(fill=NULL,colour=NULL,linewidth=NULL,linetype=NULL,
        color=NULL,inherit.blank=FALSE,size=deprecated())
element_line(colour=NULL,linewidth=NULL,linetype=NULL,lineend=NULL,
        color=NULL,arrow=NULL,inherit.blank=FALSE,size=deprecated())
element_text(family=NULL,face=NULL,colour=NULL,size=NULL,
        hjust=NULL,vjust=NULL,angle=NULL,lineheight=NULL,
        color=NULL,margin=NULL,debug=NULL,inherit.blank=FALSE)
```

另外，theme_grey() 为默认主题，theme_bw() 为白色背景主题，theme_classic() 为经典主题，theme_minimal() 为简约风格主题。

【例 3-26】主题应用示例。

在代码编辑器中输入以下代码，然后单击 ➡ Run 按钮运行。

```
library(ggplot2)                            # 加载 ggplot2
# 载入数据
data(diamonds)
set.seed(1234)
diamond <- diamonds[sample(nrow(diamonds),2000),]

# 绘制初始图形
p0 <- ggplot(data=diamond) +
  geom_point(aes(x=carat,y=price,colour=color,shape=cut)) +
  labs(title="Learningggplot2Visualization",
        subtitle="Parameter Learning",
        caption="Explanatory Note")
p0
```

输出结果如图 3-43 所示。

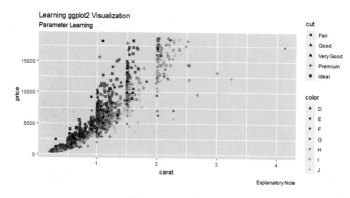

图 3-43 主题应用 1

继续输入以下代码并运行：

```
# 设置title的尺寸、颜色、线高、位置
p0 + theme(plot.title=element_text(
    size=16,
    face="bold",
    color="blue",                    # 颜色
    hjust=0.5,                       # 调整位置，正中间
    lineheight=1.2))
```

输出结果如图 3-44 所示。

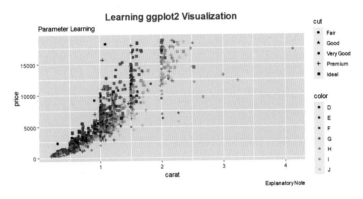

图 3-44　主题应用 2

继续输入以下代码并运行：

```
p0 + theme_bw() +                    # 应用黑白主题
    labs(subtitle="Change theme_bw")  # 添加副标题"Change theme_bw"
```

输出结果如图 3-45 所示。

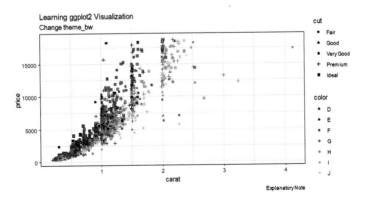

图 3-45　主题应用 3

3.6 保存图形

ggplot2 包输出图形的函数是 ggsave()，该函数的语法格式如下：

```
ggsave(filename,plot=last_plot(),device=NULL,
       path=NULL,scale=1,width=NA,height=NA,
       units=c("in","cm","mm","px"),
       dpi=300,limitsize=TRUE,bg=NULL,...)
```

其中，filename 为保存的文件名，width 和 height 为输出图形的尺寸，dpi 为输出图片分辨率。默认保存最后一幅由 ggplot2 绘制的图形。例如：

```
ggplot(mtcars,aes(mpg,wt)) +
    geom_point()
ggsave("mtcars.pdf",width=4,height=4)              # 默认保存最后一幅图形
ggsave("mtcars.pdf",width=20,height=20,units="cm")
```

上述代码首先创建散点图，然后使用 ggsave() 函数保存图形为 PDF 文件。

3.7 本章小结

ggplot2 提供了丰富的工具和技巧，以创建美观、可视化的图形，并有效传达数据的信息。本章首先介绍了 ggplot2 的语法框架、数据映射、几何对象、统计变换以及不同的坐标系统，然后探讨了图形分面、标度函数和主题函数。通过学习这些内容，读者将具备使用 ggplot2 进行高效数据可视化的能力。

第**4**章

注释与页面布局

本章将详细讲解如何利用 ggplot2 在图表中添加注释和管理页面布局。首先介绍添加文本注释的方法，包括直接添加文本、嵌套注释，以及为坐标轴添加对数刻度线；接着，会探讨利用 patchwork 包和 gridExtra 包进行页面布局的方法。通过学习这些内容，读者将能够创建更加专业和信息丰富的图表。

4.1 添加注释

在 ggplot2 绘图系统中，除使用几何图形函数、统计变换函数添加注释外，还可以通过专门的注释函数添加注释。常用的注释函数及其功能如表 4-1 所示。

表4-1 常用的注释函数及其功能

函　　数	功　　能	示　　例
geom_text()	向图形中添加文本标签。用于在图形中的指定位置添加文字，以标注数据点或提供额外的信息	geom_text(size = 5, color = "blue")
geom_label()	向图形中添加带有背景色的文本标签。类似于geom_text()，但标签周围有背景矩形，以提高可读性	geom_label(size = 5, fill = "yellow", color = "black")

（续表）

函　数	功　能	示　例
annotate()	向图形中添加文本、矩形、线段等注释	annotate("text",x=3,y=25, label="Sample Text")
annotation_custom()	添加自定义的图形对象，如网格图形	annotation_custom(grob, xmin,xmax,ymin,ymax)
annotation_logticks()	添加对数刻度线	annotation_logticks(sides="bl")
annotation_map()	添加地图注释	annotation_map(map_data ("state"))
annotation_raster()	向图形中添加光栅图像（如热图中的背景图）	annotation_raster(raster_data, xmin,xmax,ymin,ymax)

4.1.1 添加文本注释

文本注释是比较常用的注释方法。利用 geom_text() 函数、geom_label() 函数可以实现文本注释。

1. geom_text() 函数

geom_text() 函数的功能类似于基础绘图系统的 text() 函数，它属于 gpglot2 绘图系统中的几何图形函数，遵循该类函数的使用规则。其语法结构如下：

```
geom_text(mapping=NULL,data=NULL,stat="identity",position="identity",
    ...,
    parse=FALSE,nudge_x=0,nudge_y=0,check_overlap=FALSE,
    na.rm=FALSE,show.legend=NA,inherit.aes=TRUE)
```

其中，mapping 为映射参数；data 为映射变量所在的数据框，默认使用全局数据框；parse 设为 TRUE；label 参数的内容遵循 plotmath 编译规则；nudge_x、nudge_y 为偏移量，其单位和对应坐标轴的刻度相同；check_overlap 设为 TRUE，则重叠的文本注释会被去除。

> 说明　geom_text() 函数可用于映射的美学参数包括 x、y、label、alpha、angle、colour、family、fontface、group、hjust、lineheight、size、vjust 等，其中 label 为必选参数。

【例4-1】利用 geom_text() 函数添加文本注释示例。

在代码编辑器中输入以下代码，然后单击 ➡Run 按钮运行。

```
library(ggplot2)                          # 加载 ggplot2
library(patchwork)                        # 用于组合多个图形
```

```
p11 <- ggplot(mtcars,aes(x=wt,y=mpg,col=vs)) +
    geom_point() + theme_bw() +
    theme(legend.position="none",
        axis.text=element_text(size=15),
        axis.title=element_text(size=18))
p12 <- p11 +
  geom_text(aes(label=vs,vjust=1,hjust="outward"))    # 添加文本注释

p11 + p12
```

输出结果如图 4-1 所示。

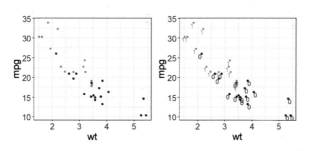

图 4-1 添加文本注释

2. geom_label() 函数

geom_label() 函数也可以添加文本注释，但效果与 geom_text() 函数不同。它的语法结构
如下：

```
geom_label(mapping=NULL,data=NULL,stat="identity",position="identity",
    ...,
    parse=FALSE,nudge_x=0,nudge_y=0,
    label.padding=unit(0.25,"lines"),label.r=unit(0.15,"lines"),
    label.size=0.25,na.rm=FALSE,show.legend=NA,inherit.aes=TRUE)
```

其中，label.padding 设置标签文本与外框的距离，label.r 设置外框圆角的半径，label.size
设置外框线条的尺寸（单位：mm）。

【例 4-2】利用 geom_label() 函数添加文本注释示例。

在代码编辑器中输入以下代码，然后单击 ➡ Run 按钮运行。

```
# 创建 p21，基于 p11 添加带标签的散点
p21 <- p11 +
  geom_label(aes(label=vs),nudge_x=0.25)
```

```
# 创建 p22，基于 p11 添加带标签的散点，并调整标签的位置、内边距、半径和大小
p22 <- p11 +
  geom_label(aes(label=vs),nudge_x=0.15,
              label.padding=unit(0.1,"lines"),
              label.r=unit(0.05,"lines"),label.size=0.1)

p21 + p22
```

输出结果如图 4-2 所示。

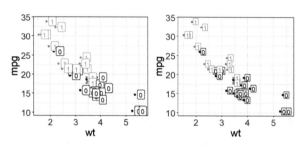

图 4-2 添加文本注释

3．annotate() 函数

annotate() 函数可以将 geom 属性通过向量传递添加到绘图中，这与 geom() 函数通过数据框的变量映射不同。annotate() 函数添加小注释（如文本标签），或将数据放在向量中并且不放在数据框中时非常有用。annotate() 函数的语法结构如下：

```
annotate(geom,x=NULL,y=NULL,
        xmin=NULL,xmax=NULL,ymin=NULL,ymax=NULL,xend=NULL,yend=NULL,
        ...,
        na.rm=FALSE)
```

annotate() 函数通过 geom 参数调用相关的几何图形函数的绘图效果，并将控制绘图区域的参数统一命名为 x、y、xmin、xmax、ymin、ymax、xend、yend…表示针对几何图形函数的特殊参数。

文本注释大多数情况下并不需要针对所有点进行，此时使用 annotate() 函数要比 geom_text() 或 geom_label() 函数快捷、方便得多。

【例 4-3】利用 annotate() 函数添加文本注释示例。

在代码编辑器中输入以下代码，然后单击 ➡ Run 按钮运行。

```
# 使用 mtcars 数据集创建一个散点图形对象 p
# x 轴是汽车重量 wt，y 轴是每加仑行驶的英里 mpg，颜色表示汽缸数 cyl
```

```
p <- ggplot(mtcars,aes(x=wt,y=mpg,colour=factor(cyl))) +
  geom_point()

# 创建带有文本注释的新图形对象 p11, 在坐标点 (2:5,25) 处添加文本 "Sometext"
p11 <- p +
  annotate("text",x=2:5,y=25,label="Sometext")

# 创建带有矩形注释的新图形对象 p12, 矩形边界由 (xmin,xmax,ymin,ymax) 确定, 透明度为 0.2
p12 <- p +
  annotate("rect",xmin=3,xmax=4.2,ymin=12,ymax=21,alpha=.2)

# 创建带有文本注释的新图形对象 p13, 在坐标点 (2:3,20:21) 处添加标签 "mylabel" 和 "label2"
p13 <- p +
  annotate("text",x=2:3,y=20:21,label=c("mylabel","label2"))

# 创建带有数学表达式的文本注释的新图形对象 p14, 文本为 "italic(R)^2==0.75"
# parse=TRUE 表示解释数学表达式
p14 <- p +
  annotate("text",x=4,y=25,label="italic(R)^2==0.75",parse=TRUE)

# 将 p11 和 p12 两个图形对象相加, 然后除以 p13 和 p14 两个图形对象的和, 得到最终的图形
(p11 + p12) / (p13 + p14)
```

输出结果如图 4-3 所示。

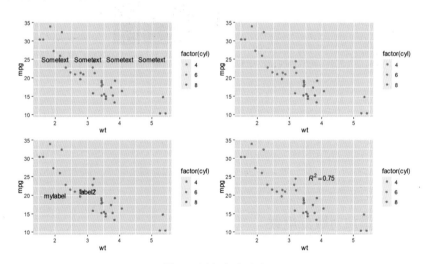

图 4-3 添加文本注释

4.1.2 通过嵌套为图形做注释

annotation_custom() 函数通过嵌套其他图形来为图形做注释, 其基本语法结构如下:

123

```
annotation_custom(grob,xmin=-Inf,xmax=Inf,ymin=-Inf,ymax=Inf)
```

其中，grob 为嵌套的图形；xmin、xmax、ymin、ymax 为嵌套图形放置的区域。

> **说明** 嵌套图形需要先使用 ggplot2 绘图系统进行绘制，再使用 ggplotGrob() 函数进行封装。

【例 4-4】通过嵌套为图形做注释示例。

在代码编辑器中输入以下代码，然后单击 ➡️Run 按钮运行。

```
g <- ggplot(mtcars,aes(x=factor(cyl))) +
  geom_bar() +
  theme_bw() +
  scale_x_discrete(name="cyl")
g <- ggplotGrob(g)                              # 封装
p + annotation_custom(g,xmin=3.5,xmax=5.5,ymin=20,ymax=35)
```

输出结果如图 4-4 所示。

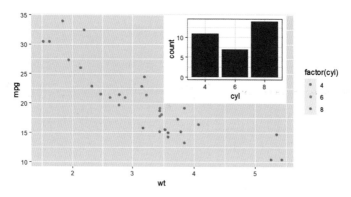

图 4-4 通过嵌套为图形做注释

4.1.3 为坐标轴添加对数刻度线

annotation_logticks() 函数用于为图形的坐标轴添加对数刻度线。其语法结构如下：

```
annotation_logticks(base=10,sides="bl",outside=FALSE,scaled=TRUE,
                    short=unit(0.1,"cm"),mid=unit(0.2,"cm"),
                    long=unit(0.3,"cm"),colour="black",
                    size=0.5,linetype=1,alpha=1,color=NULL,
                    ...)
```

其中，base 为对数底数；sides 为对数刻度出现的位置，t、b、l、r 分别表示上、下、左、右坐标轴，可使用字符串进行任意组合。

【例 4-5】为坐标轴添加对数刻度线示例。

在代码编辑器中输入以下代码，然后单击 ➡ Run 按钮运行。

```
p <- ggplot(msleep,aes(bodywt,brainwt,colour=factor(vore))) +
  geom_point(na.rm=TRUE) +
  scale_x_log10(
    breaks=scales::trans_breaks("log10",function(x)10^x),
    labels=scales::trans_format("log10",scales::math_format(10^.x))) +
  scale_y_log10(
    breaks=scales::trans_breaks("log10",function(x)10^x),
    labels=scales::trans_format("log10",scales::math_format(10^.x))) +
  theme_bw()

p1 <- p + annotation_logticks(sides="trbl")          # 为所有轴均添加对数刻度
p2 <- p + annotation_logticks(short=unit(.5,"mm"),mid=unit(3,"mm"),
                  long=unit(4,"mm"))                  # 调整刻度线尺寸
p1 / p2
```

输出结果如图 4-5 所示。

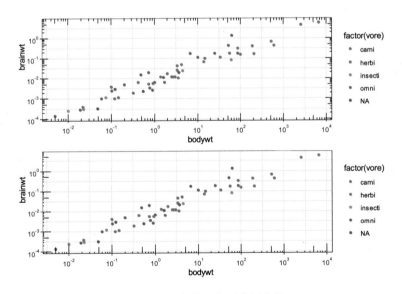

图 4-5　为坐标轴添加对数刻度线

4.2 页面布局

图形绘制完成之后，需要对图形进行布局设计，然后通过 ggsave() 函数将图形保存为自己需要的文件。

4.2.1 利用 patchwork 包

利用 ggplot2 绘图系统的拓展包 patchwork 包可以将多幅 ggplot 格式的图形组合成一幅大图（组图），以便于展示。使用前需要安装和加载 patchwork 包：

```
install.packages('patchwork')          # 安装 patchwork 包
library(patchwork)                     # 加载 patchwork 包
```

patchwork 包利用几个类似四则运算符号的操作符进行组图，如表 4-2 所示。掌握每个操作符的功能特点及少量函数的用法就可以灵活地进行组图。

表4-2 组图操作符

操 作 符	含 义	操 作 符	含 义
|	竖杠，横向组图	+	根据参与组图的图形数量决定布局
/	斜杠，纵向组图	−	横向组图

> **注意** 单独使用"\|""/""+"都会将所有子图置于同一嵌套水平，而每使用一次"−"都会产生一个嵌套水平。操作符的优先级顺序为"/" > "+" = "−" > "\|"。

通过 plot_layout() 函数可以对组图的布局做进一步调整，其语法格式如下：

```
plot_layout(ncol=NULL,nrow=NULL,byrow=NULL,
            widths=NULL,heights=NULL,guides=NULL,
            tag_level=NULL,design=NULL)
```

各参数的含义如表 4-3 所示。

表4-3 参数的含义

参 数	含 义
ncol,nrow	组图的维度，ncol表示列数，nrow表示行数，都为NULL时，将使用与facet_wrap()相同的逻辑来设置维度
byrow	默认为NULL，若为FALSE，则绘图将按列顺序填入，类似于matrix()中的byrow

参　数	含　义
widths,heights	网格中每列和每行的相对宽度和高度
guides	指定在布局中应如何处理辅助线的字符串
tag_level	字符串（'keep'或'new'），用于指示自动标记的行为
design	布局中区域位置的规范

【例 4-6】使用 patchwork 包实现页面布局示例 1（读者自行体会各布局的组图方式）。

在代码编辑器中输入以下代码，然后单击 ➡ Run 按钮运行。

```
p1 <- ggplot(mpg) +
      geom_point(aes(x=displ,y=hwy,colour=class))
p2 <- ggplot(mpg) +
      geom_bar(aes(x=as.character(year),fill=drv),position="dodge") +
      labs(x="year")
p3 <- ggplot(mpg) +
      geom_density(aes(x=hwy,fill=drv),colour=NA) +
      facet_grid(rows=vars(drv))
p4 <- ggplot(mpg) +
      stat_summary(aes(x=drv,y=hwy,fill=drv),geom="col",fun.data=mean_se)

p1 + p2 + p3 + p4                                    # 页面布局 1
```

输出结果如图 4-6 所示。

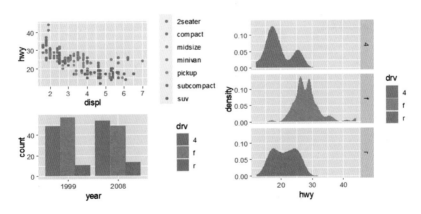

图 4-6 页面布局 1

```
# 页面布局 2
p3 | (p1 / (p2 | p4))                                # 嵌套布局
```

输出结果如图 4-7 所示。

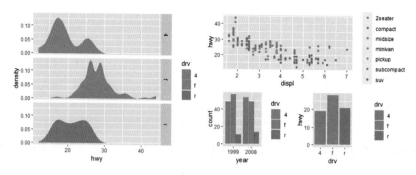

图 4-7 页面布局 2

```
# 页面布局 3
p1 + p2 + p3 + plot_layout(ncol=2)
```

输出结果如图 4-8 所示。

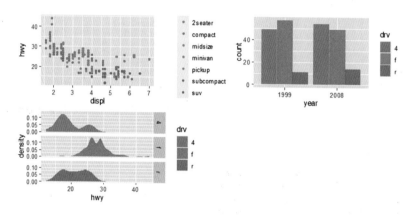

图 4-8 页面布局 3

```
# 页面布局 4
design <- "
  1##
  123
      ##3
"
p1 + p2 + p3 + plot_layout(design=design)
```

输出结果如图 4-9 所示。

```
# 页面布局 5
p1 + p2 + p3 + plot_layout(ncol=2,guides="collect")
```

输出结果如图 4-10 所示。

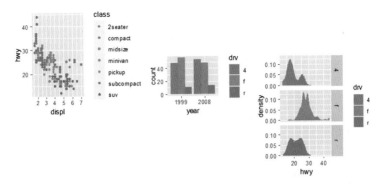

图 4-9 页面布局 4

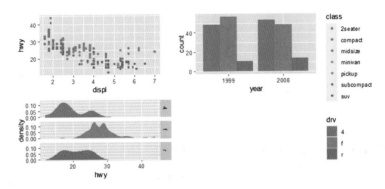

图 4-10 页面布局 5

```
# 页面布局 6
p1 / p2 - p3
```

输出结果如图 4-11 所示。

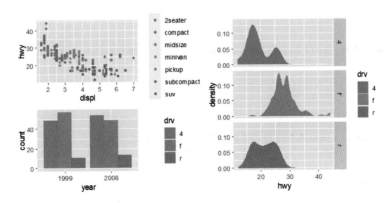

图 4-11 页面布局 6

plot_annotation() 用于为组合图形添加全局标题、子标题、标签和注释。它可以统一设置图形的全局信息和主题风格，使图形组合更加专业和易于理解。其语法格式如下：

```
plot_annotation(title=NULL,subtitle=NULL,caption=NULL,
                tag_levels=NULL,tag_prefix="",tag_suffix="",
                theme=NULL)
```

各参数的含义如表 4-4 所示。

表4-4 参数的含义

参　数	含　义
title	设置组合图形的全局标题
subtitle	设置组合图形的全局子标题
caption	设置组合图形的全局注释或数据来源
tag_levels	设置图形标签的层级，支持'a'、'1'、'A'等，也可以是一个字符向量
tag_prefix	设置图形标签的前缀
tag_suffix	设置图形标签的后缀
theme	设置组合图形的主题风格

【例 4-7】使用 patchwork 包实现页面布局示例 2。

在代码编辑器中输入以下代码，然后单击 ➡ Run 按钮运行。

```
library(ggplot2)
library(patchwork)

# 创建第一个图形: Sepal.Length vs Sepal.Width, 按 Species 着色
p1 <- ggplot(iris,aes(x=Sepal.Length,y=Sepal.Width,color=Species)) +
  geom_point(size=3,alpha=0.7) +
  labs(title="Sepal Dimensions") +
  theme_minimal(base_size=15)

# 创建第二个图形: Petal.Length vs Petal.Width, 按 Species 着色
p2 <- ggplot(iris,aes(x=Petal.Length,y=Petal.Width,color=Species)) +
  geom_point(size=3,alpha=0.7) +
  labs(title="Petal Dimensions") +
  theme_minimal(base_size=15)

# 使用 patchwork 组合两个图形, 并添加全局标题、子标题和注释
combined_plot <- (p1 | p2) +
  plot_annotation(
    title="Iris Dataset Analysis",
    subtitle="Comparison of Sepal and Petal Dimensions by Species",
    caption="Source: iris dataset",
```

```
    theme=theme(
        plot.title=element_text(hjust=0.5,face="bold"),
        plot.subtitle=element_text(hjust=0.5,face="italic"),
        plot.caption=element_text(hjust=1,face="italic")
    )
)
print(combined_plot)                              # 打印组合图形
```

输出结果如图 4-12 所示。

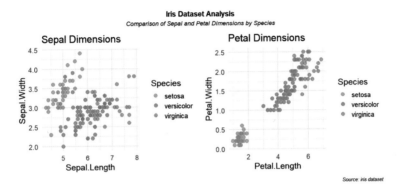

图 4-12　页面布局 7

4.2.2　利用 gridExtra 包

利用 ggplot2 绘制的每一幅图都是一个独立的图形，使用 gridExtra 包中的 arrangeGrob()
函数与 grid.arrange() 函数可以将不同的图形组合在一起。arrangeGrob() 的语法格式如下：

```
arrangeGrob(...,grobs=list(...),layout_matrix,vp=NULL,
        name="arrange",as.table=TRUE,respect=FALSE,clip="off",
        nrow=NULL,ncol=NULL,widths=NULL,heights=NULL,top=NULL,
        bottom=NULL,left=NULL,right=NULL,padding=unit(0.5,"line"))
```

各参数的含义如表 4-5 所示。

表4-5　参数的含义

参　数	含　义
...	图形对象，可以是多个ggplot对象（grobs、gtables、ggplot或trellis对象）
grobs	一个包含图形对象的列表
layout_matrix	一个矩阵，定义图形对象的布局位置
vp	一个视口对象，控制整体布局的位置

（续表）

参　数	含　义
name	布局对象的名称
as.table	逻辑值，表示图形排列的顺序是否为表格方式（从上到下，从左到右）
respect	逻辑值，表示是否保持图形的纵横比
clip	控制图形是否裁剪到绘图区域，选项包括"on"、"off"、"inherit"
nrow	布局的行数
ncol	布局的列数
widths	每列的相对宽度
heights	每行的相对高度
top	顶部标题，可以是一个文本字符串或grob对象
bottom	底部标题，可以是一个文本字符串或grob对象
left	左侧标题，可以是一个文本字符串或grob对象
right	右侧标题，可以是一个文本字符串或grob对象
padding	图形之间的距离，使用unit()函数定义

> 说明　使用时需要先安装并加载 gridExtra 包：
>
> ```
> > install.packages("gridExtra")
> > library(gridExtra)
> ```

【例 4-8】使用 gridExtra 包的 arrangeGrob() 函数实现页面布局。

在代码编辑器中输入以下代码，然后单击 ➡️Run 按钮运行。

```
library(ggplot2)
library(gridExtra)
library(grid)

# 创建第一个图形，按 Species 着色
p1 <- ggplot(iris,aes(x=Sepal.Length,y=Sepal.Width,color=Species)) +
  geom_point(size=3,alpha=0.7) +
    labs(title="Sepal Dimensions")

# 创建第二个图形，按 Species 着色
p2 <- ggplot(iris,aes(x=Petal.Length,y=Petal.Width,color=Species)) +
  geom_point(size=3,alpha=0.7) +
    labs(title="Petal Dimensions")

# 创建第三个图形，按 Species 着色
p3 <- ggplot(iris,aes(x=Sepal.Length,y=Petal.Length,color=Species)) +
  geom_point(size=3,alpha=0.7) +
    labs(title="Sepal vs Petal Length")
```

```
# 创建第四个图形, 按 Species 着色
p4 <- ggplot(iris,aes(x=Sepal.Width,y=Petal.Width,color=Species)) +
    geom_point(size=3,alpha=0.7) +
    labs(title="Sepal vs Petal Width")

# 使用 arrangeGrob() 将四个图形排列在一起
combined_plot <- arrangeGrob(
    grobs=list(p1,p2,p3,p4),
    nrow=2,ncol=2,
    top=textGrob("Iris Dataset Analysis",gp=gpar(fontsize=20,fontface="bold")),
    bottom=textGrob("Source: iris dataset",gp=gpar(fontsize=12,fontface="italic")),
    # left=textGrob("Left Title",gp=gpar(fontsize=15)),
    # right=textGrob("Right Title",gp=gpar(fontsize=15)),
    padding=unit(1,"line")
)
grid::grid.draw(combined_plot)                          # 打印组合图形
```

输出结果如图 4-13 所示。

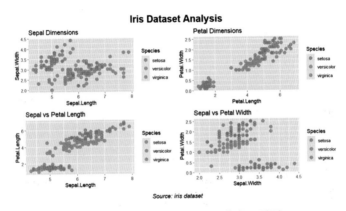

图 4-13　利用 arrangeGrob() 函数布局页面

利用 gridExtra 包中的 grid.arrange() 函数, 也可以将多个图形对象排列在一起显示。与 arrangeGrob() 不同, grid.arrange() 直接将图形绘制出来, 而不需要通过 grid::grid.draw 进行额外的绘制步骤。

【例 4-9】使用 gridExtra 包的 grid.arrange() 函数实现页面布局。

在代码编辑器中输入以下代码, 然后单击 ➡ Run 按钮运行。

```
p11 <- ggplot(mtcars,aes(mpg,drat,colour=factor(cyl))) +
    geom_point() +
    scale_x_binned(n.breaks=5,show.limits=T)
p12 <- ggplot(mtcars,aes(mpg,fill=factor(cyl))) +
```

```
              geom_bar() +
              scale_x_binned(n.breaks=5)
    grid.arrange(p11,p12,ncol=2,newpage=TRUE)
```

输出结果如图 4-14 所示。上述代码首先创建散点图和堆积条形图两幅图形，然后使用 gridExtra 包中的 grid.arrange() 函数将它们排列在一个页面上。

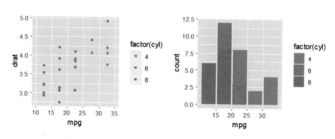

图 4-14 利用 grid.arrange() 函数布局页面 1

继续输入以下代码并运行：

```
    grid.arrange(p11,p12,p11,ncol=2,nrow=2,layout_matrix=rbind(c(1,1),c(2,3)))
```

输出结果如图 4-15 所示。

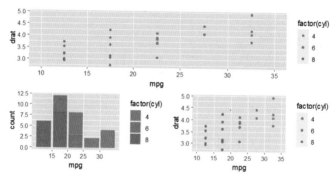

图 4-15 利用 grid.arrange() 函数布局页面 2

4.3 本章小结

本章介绍了图表注释和页面布局的各种方法，重点讲解了添加文本注释、嵌套注释以及设置对数刻度线的方法，以及使用 patchwork 和 gridExtra 包进行页面布局的技巧。掌握这些技能后，读者将能够创建更为精美和专业的图表，提高数据展示的效果。

第5章

创建基本图表

在数据分析和可视化的过程中，图表是不可或缺的工具。通过图表，可以直观地展示数据的特征、趋势和分布情况，从而更好地理解数据。ggplot2 是 R 语言中功能强大且灵活的数据可视化包，基于"语法图形学"理念，允许用户通过逐步添加图层的方式构建复杂的图形。本章将详细介绍如何使用 ggplot2 包创建各种基本图表，内容涵盖散点图、折线图、柱状图、阶梯图、等高线图、核密度图、面积图、频率多边图和栅格图等常见图表类型。第 3 章中已经介绍过创建几何对象的方法，本章及后续两章将会结合前面的内容对创建几何对象的函数进行系统的讲解。

5.1 散点图

散点图通常用于显示两个连续变量之间的关系。在 ggplot2 中，绘制散点图的函数是 geom_point()，该函数的语法结构在 3.1.3 节已详细讲解过，这里不再赘述。

geom_point() 函数的美学映射参数如表 5-1 所示。

表5-1 美学映射参数

参　数	说　明	示　例
x	x轴上的变量	aes(x=x_var)
y	y轴上的变量	aes(y=y_var)
colour	点的颜色	aes(colour=factor_var)
size	点的大小	aes(size=continuous_var)
shape	点的形状	aes(shape=factor_var)
alpha	透明度，取值范围为0～1	aes(alpha=0.5)
stroke	点边框的粗细（仅对一些形状有效）	aes(stroke=1.5)

【例 5-1】绘制散点图示例。

在代码编辑器中输入以下代码，然后单击 ➡ Run 按钮运行。

```
library(ggplot2)
library(patchwork)

# 创建示例数据框
data <- data.frame(
  x=rnorm(100),                                      # 随机生成 100 个 x 变量
  y=rnorm(100),                                      # 随机生成 100 个 y 变量
  category=sample(letters[1:3],100,replace=TRUE),    # 随机生成 3 个分类
  size_var=runif(100,1,10),                          # 随机生成点大小变量
  alpha_var=runif(100,0.3,1)                         # 随机生成点透明度变量
)

# 创建基本散点图
p1 <- ggplot(data,aes(x=x,y=y)) +
  geom_point() +                                     # 绘制散点
  labs(title="Basic Scatter Plot",                   # 设置标题
       x="X Axis",y="Y Axis")                        # 设置 x 轴、y 轴标签

# 绘制带有分类颜色的散点图
p2 <- ggplot(data,aes(x=x,y=y,colour=category)) +
  geom_point() +
  labs(title="Scatter Plot with Categorical Colors",
       x="X Axis",y="Y Axis",
       colour="Category")

# 绘制带有大小映射的散点图
p3 <- ggplot(data,aes(x=x,y=y,size=size_var)) +
  geom_point() +
  labs(title="Scatter Plot with Size Mapping",
       x="X Axis",y="Y Axis",
```

```
        size="Size")

# 绘制带有颜色和大小映射的散点图
p4 <- ggplot(data,aes(x=x,y=y,colour=category,size=size_var)) +
  geom_point() +
  labs(title="Scatter Plot with Color and Size",
    x="X Axis",y="Y Axis",
    colour="Category",size="Size")

P1 + p2 + p3 + p4
```

输出结果如图 5-1 所示。

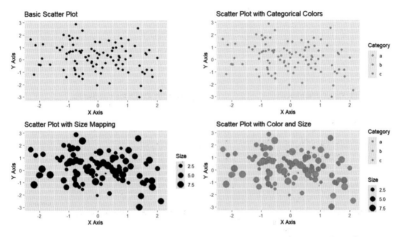

图 5-1　散点图 1

继续输入以下代码并运行：

```
# 绘制带有形状映射的散点图
p5 <- ggplot(data,aes(x=x,y=y,shape=category)) +
  geom_point() +
  labs(title="Scatter Plot with Shape Mapping",
       x="X Axis",y="Y Axis",
       shape="Category")

# 绘制带有透明度映射的散点图
p6 <- ggplot(data,aes(x=x,y=y,alpha=alpha_var)) +
  geom_point() +
  labs(title="Scatter Plot with Transparency Mapping",
       x="X Axis",y="Y Axis",
       alpha="Transparency")

# 绘制带有边框的散点图
```

```
p7 <- ggplot(data,aes(x=x,y=y,shape=category)) +
  geom_point(size=3,stroke=1.5,colour="black",fill="white") +
  labs(title="Scatter Plot with Border",
       x="X Axis",y="Y Axis",
       shape="Category")

# 绘制带有多个美学映射的散点图
p8 <- ggplot(data,aes(x=x,y=y,colour=category,
                      size=size_var,alpha=alpha_var)) +
  geom_point() +
  labs(title="Scatter Plot with Multiple Aesthetic Mappings",
       x="X Axis",y="Y Axis",colour="Category",
       size="Size",alpha="Transparency")

p5 + p6 + p7 + p8
```

输出结果如图 5-2 所示。

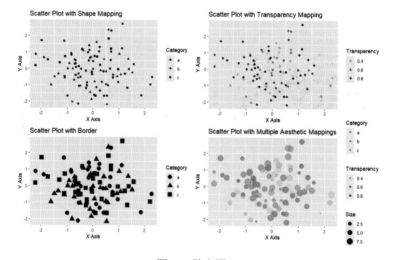

图 5-2 散点图 2

【例 5-2】利用 mpg 数据集绘制一幅复杂的散点图，用于展示城市燃油效率（cty）与高速燃油效率（hwy）之间的关系，同时用不同的颜色表示驱动方式（drv），用不同的形状表示汽车类别（class），用点的大小表示排量（displ）。

在代码编辑器中输入以下代码，然后单击 ⇒ Run 按钮运行。

```
library(ggplot2)

data <- mpg                                     # 使用 mpg 数据集
# 绘制复杂散点图
```

```
ggplot(data,aes(x=cty,y=hwy,colour=drv,shape=class,size=displ)) +
    geom_point(alpha=0.7) +                             # 设置透明度以减少重叠
    # 添加图表标签
    labs(title="City vs Highway MPG
                by Drive Type, Vehicle Class, and Engine Displacement",
        subtitle="Data from the 'mpg' dataset in ggplot2",
        x="City MPG",
        y="Highway MPG",
        colour="Drive Type",
        shape="Vehicle Class",
        size="Engine Displacement (L)"
) +
    # theme_minimal() +                                  # 使用简洁主题
    # 定制主题
    theme(
        plot.title=element_text(hjust=0.5,size=16),      # 主标题居中，字体大小为16磅
        plot.subtitle=element_text(hjust=0.5,size=12),   # 副标题居中，字体大小为12磅
        legend.position="right"                          # 图例位置在右侧
) +
    scale_colour_brewer(palette="Set1") +                # 手动设置颜色
    scale_shape_manual(values=c(16,17,18,19,20,21,22)) + # 手动设置形状
    guides(size=guide_legend(order=1),                   # 设置图例顺序
        colour=guide_legend(order=2),
        shape=guide_legend(order=3))
```

输出结果如图 5-3 所示。

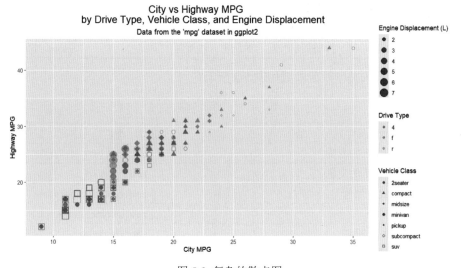

图 5-3　复杂的散点图

5.2 折线图

折线图通常用于显示数据随时间或其他连续变量变化的趋势。在 ggplot2 中，geom_line() 函数用于绘制折线图，该函数的语法结构如下：

```
geom_line(mapping=NULL,data=NULL,stat="identity",
          position="identity",...,
          lineend="butt",linejoin="round",linemitre=10,
          na.rm=FALSE,show.legend=NA,inherit.aes=TRUE)
```

geom_line() 函数各参数的含义如表 5-2 所示。

表5-2 geom_line()函数各参数的含义

参　　数	含　　义	示　　例
mapping	设置美学映射，通常通过aes()指定	aes(x=x_var,y=y_var)
data	数据集，用于覆盖ggplot对象中的默认数据	data=my_data
stat	统计变换，默认为"identity"，即不进行统计变换	stat="identity"
position	位置调整，默认为"identity"	position="identity"
lineend	线条末端样式，可选值有"round"、"butt"和"square"	lineend="round"
linejoin	线条连接样式，可选值有"round"、"mitre"和"bevel"	linejoin="mitre"
linemitre	线条连接点的最大长度，仅在linejoin="mitre"时使用	linemitre=1
na.rm	是否移除缺失值，TRUE表示移除，FALSE表示保留	na.rm=TRUE
show.legend	是否在图例中显示图层，TRUE表示显示，FALSE表示不显示	show.legend=FALSE
inherit.aes	是否继承全局的美学映射，TRUE表示继承，FALSE表示不继承	inherit.aes=TRUE
...	其他参数，用于控制图层外观，如颜色、线型等	colour="blue",size=1

geom_line() 函数的美学映射参数如表 5-3 所示。

表5-3 美学映射参数

参　　数	说　　明	示　　例
x	x轴上的变量	aes(x=x_var)
y	y轴上的变量	aes(y=y_var)
colour	线条颜色	aes(colour=group_var)
linetype	线型	aes(linetype=group_var)
size	线条粗细	aes(size=value)
alpha	透明度，取值范围为0～1	aes(alpha=0.5)
group	分组变量，用于确定哪组数据连成一条线	aes(group=group_var)

【例 5-3】绘制折线图示例。

在代码编辑器中输入以下代码，然后单击 ➡ Run 按钮运行。

```
library(ggplot2)
library(patchwork)

# 创建示例数据框
data <- data.frame(x=1:10,y=c(3,5,2,8,7,9,6,4,5,8))

# 创建基本折线图
P1 <- ggplot(data,aes(x=x,y=y)) +
  geom_line() +
  labs(title="Basic Line Plot",
       x="X Axis Label",
       y="Y Axis Label")

# 创建示例数据框
data <- data.frame(x=rep(1:10,2),
  y=c(3,5,2,8,7,9,6,4,5,8,1,2,4,6,5,3,7,9,8,6),
  group=rep(c("A","B"),each=10))

# 添加颜色和线型
p2 <- ggplot(data,aes(x=x,y=y,colour=group,linetype=group)) +
  geom_line() +
  labs(title="Line Plot with Colors and Line Types",
    x="X Axis Label",y="Y Axis Label",
    colour="Group",linetype="Group")

# 自定义线条粗细和透明度
p3 <- ggplot(data,aes(x=x,y=y,colour=group)) +
  geom_line(size=1.2,alpha=0.8) +
  labs(title="Line Plot with Custom Line Size and Transparency",
       x="X Axis Label",y="Y Axis Label",
       colour="Group")

# 使用分组变量绘制多条线
p4 <- ggplot(data,aes(x=x,y=y,group=group)) +
  geom_line() +
  labs(title="Line Plot with Grouping",
       x="X Axis Label",y="Y Axis Label",
       colour="Group")

 P1 + p2 + p3 + p4
```

输出结果如图 5-4 所示。

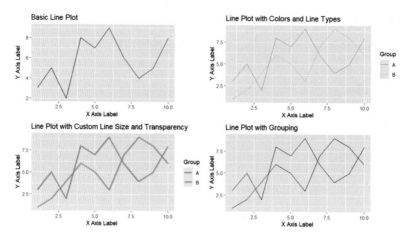

图 5-4 折线图

【例 5-4】利用 economics 数据集绘制复杂的折线图，并在图上添加尽量完整的信息，包括标题、轴标签、图例标题和注释等。

在代码编辑器中输入以下代码，然后单击 ➡️Run 按钮运行。

```
library(ggplot2)
data <- economics                      # 加载 economics 数据集

# 绘制复杂折线图
ggplot(data,aes(x=date)) +             # 设置 x 轴为日期
  # 绘制表示失业人数的折线图，并设置颜色标签
  geom_line(aes(y=unemploy,colour="Unemployment")) +
  # 绘制表示个人消费支出的折线图，并设置颜色标签
  geom_line(aes(y=pce,colour="Personal Consumption Expenditures")) +
  labs(
    title="Trends in Unemployment and Personal Consumption Expenditures",
                                                    # 设置主标题
    subtitle="Data from the 'economics' dataset",   # 设置副标题
    x="Date",                                       # 设置 x 轴标签
    y="Value",                                      # 设置 y 轴标签
    colour="Variable"                               # 设置颜色
  ) +
  # theme_minimal() +                               # 使用简洁主题
  theme(
    plot.title=element_text(hjust=0.5,size=14),
                          # 设置主标题居中，对齐方式为 0.5，字体大小为 14 磅
    plot.subtitle=element_text(hjust=0.5,size=10),
                          # 设置副标题居中，对齐方式为 0.5，字体大小为 10 磅
```

```
        legend.position="top"      # 设置图例位置为顶部
) +
# 手动设置颜色，失业人数为蓝色，个人消费支出为红色
scale_colour_manual(values=c("Unemployment"="blue",
                             "Personal Consumption Expenditures"="red")) +
# 在指定位置添加注释文本
annotate("text",x=as.Date("2000-01-01"),y=15000,label="Y2K",
         size=4,colour="black",angle=90,vjust=-0.5)
```

输出结果如图 5-5 所示。

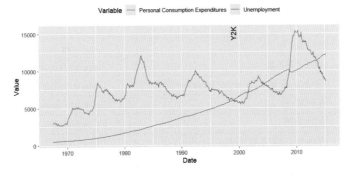

图 5-5　复杂折线图

5.3　柱状图

柱状图通常用于展示分类数据的频率或数值大小。在 ggplot2 中，geom_bar() 函数用于
创建柱状图（条形图），该函数的语法结构如下：

```
geom_bar(mapping=NULL,data=NULL,stat="count", position="stack",...,
         width=NULL, na.rm=FALSE,show.legend=NA,inherit.aes=TRUE)
```

geom_bar() 函数各参数的含义如表 5-4 所示。

表5-4　geom_bar()函数各参数的含义

参　　数	含　　义	示　　例
mapping	设置美学映射，通常通过aes()指定	aes(x=factor)
data	数据集，用于覆盖ggplot对象中的默认数据	data=mydata
stat	统计变换，默认值为"count"，可以是"identity"等	stat="identity"

（续表）

参　数	含　义	示　例
position	位置调整，默认值为"stack"，可以是"stack"、"dodge"、"fill"等	position="dodge"
width	柱子的宽度，取值范围为0～1之间	width=0.7
na.rm	是否移除缺失值，TRUE表示移除，FALSE表示保留	na.rm=TRUE
show.legend	是否在图例中显示图层，TRUE表示显示，FALSE表示不显示	show.legend=FALSE
inherit.aes	是否继承全局的美学映射，TRUE表示继承，FALSE表示不继承	inherit.aes=TRUE
...	其他参数，用于控制图层外观，如颜色、填充等	colour="blue", fill="lightblue"

geom_bar() 函数的美学映射参数如表 5-5 所示。

表5-5　美学映射参数

参　数	说　明	示　例
x	x轴上的变量	aes(x=factor)
y	y轴上的变量，在stat="identity"时使用	aes(y=value)
fill	填充颜色	aes(fill=category)
colour	边框颜色	aes(colour=category)
alpha	透明度，取值范围为0～1	aes(alpha=0.5)
group	分组变量	aes(group=category)
linetype	线型	aes(linetype=category)
size	线条或点的大小	aes(size=value)
weight	权重，用于调整柱子的高度	aes(weight=weight_var)

【例 5-5】绘制柱状图示例。

在代码编辑器中输入以下代码，然后单击 ➡ Run 按钮运行。

```
library(ggplot2)
library(patchwork)

# 当不提供 y 变量时，geom_bar() 默认统计每个类别的频数（stat="count"）
data <- data.frame(
    category=c("A","A","B","C","C","C","D","D","D","D"))

# 创建频数柱状图
P1 <- ggplot(data,aes(x=category)) +
    geom_bar() +
    labs(title="Frequency bar chart")

data <- data.frame(category=c("A","B","C","D"),
                   count=c(23,17,35,29))
```

```
# 创建基本柱状图
p2 <- ggplot(data,aes(x=category,y=count)) +
  geom_bar(stat="identity") +
  labs(title="Basic Bar Plot: Customize colors and borders")

# 自定义颜色和边框
p3 <- ggplot(data,aes(x=category,y=count)) +
  geom_bar(stat="identity",fill="skyblue",colour="black",width=0.7) +
      # theme_minimal() +
  labs(title="Basic Bar Plot",
      x="Category",y="Count")

  data <- data.frame(category=rep(c("A","B","C","D"),each=2),
              subcategory=rep(c("X","Y"),times=4),
              count=c(5,18,12,5,8,27,22,7))

# 创建堆叠柱状图
p4 <- ggplot(data,aes(x=category,y=count,fill=subcategory)) +
  geom_bar(stat="identity") +
  labs(title="Stacked Bar Plot")

# 创建并列柱状图
p5 <- ggplot(data,aes(x=category,y=count,fill=subcategory)) +
  geom_bar(stat="identity",position="dodge") +
  labs(title="Dodged Bar Plot")

# 创建填充柱状图
p6 <- ggplot(data,aes(x=category,y=count,fill=subcategory)) +
  geom_bar(stat="identity",position="fill") +
  labs(title="Filled Bar Plot")

P1 + p2 + p3 + p4 + p5 + p6
```

输出结果如图 5-6 所示。

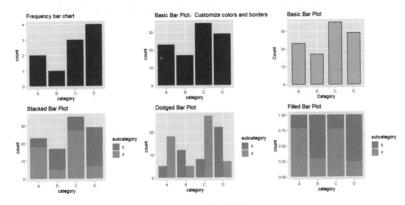

图 5-6　柱状图

【例 5-6】结合颜色填充、位置调整和标签创建复杂的柱状图示例。

在代码编辑器中输入以下代码，然后单击 ➡ Run 按钮运行。

```
library(ggplot2)
# 使用内置数据集
data <- data.frame(category=rep(c("A","B","C","D"),each=2),
                   subcategory=rep(c("X","Y"),times=4),
                   count=c(5,18,12,5,8,27,22,7))

# 高级柱状图
ggplot(data,aes(x=category,y=count,fill=subcategory)) +
  geom_bar(stat="identity",position="dodge",colour="black",width=0.7) +
  labs(title="Count by Category and Subcategory",
       x="Category",y="Count",
       fill="Subcategory") +
    # theme_minimal() + theme(plot.title=element_text(hjust=0.5),
      legend.position="top")
```

输出结果如图 5-7 所示。

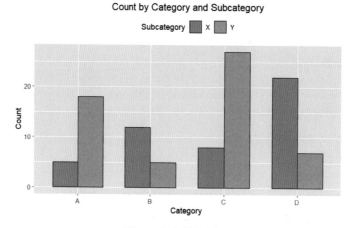

图 5-7　复杂的柱状图

在 ggplot2 中，还可以利用 geom_col() 函数绘制柱状图。它与 geom_bar() 类似，但要求明确的 y 值（用于绘制柱子的高度），而 geom_bar() 则基于计数统计。该函数的语法结构如下：

```
geom_col(mapping=NULL,data=NULL,
         position="stack",...,width=NULL,
         na.rm=FALSE,show.legend=NA,inherit.aes=TRUE)
```

geom_col() 函数各参数的含义如表 5-6 所示。

表5-6 geom_col()函数各参数的含义

参　数	含　义	示　例
mapping	设置美学映射，通常使用aes()函数指定	aes(x=variable1,y=variable2)
data	数据源，默认使用ggplot()中指定的数据	data=dataset
position	图层位置调整。常见值有"stack"、"dodge"、"fill"等	position="dodge"
width	柱子的宽度。默认值是0.9	width=0.7
na.rm	是否移除缺失值。默认值是FALSE	na.rm=TRUE
show.legend	是否显示图例。默认值是NA，自动确定	show.legend=TRUE
inherit.aes	是否继承ggplot()中的美学映射。默认值是TRUE	inherit.aes=FALSE
...	其他图层设置参数，例如color、fill、alpha、linetype等	fill="blue",colour="black",alpha=0.7

geom_col() 函数的美学映射参数如表 5-7 所示。

表5-7 美学映射参数

参　数	说　明	示　例
x	x轴上的变量	aes(x=variable1)
y	y轴上的变量，用于指定柱子的高度	aes(y=variable2)
fill	填充颜色	aes(fill=category)
colour	边框颜色	aes(colour=category)
alpha	透明度	aes(alpha=0.7)
linetype	线型	aes(linetype=category)
size	柱子的大小	aes(size=value)
group	分组变量	aes(group=category)

【例 5-7】绘制柱状图示例。

在代码编辑器中输入以下代码，然后单击 ➡ Run 按钮运行。

```
library(ggplot2)
library(patchwork)

# 计算每类汽车的平均城市燃油效率
avg_cty <- aggregate(cty ~ class,data=mpg,FUN=mean)

# 绘制基本柱状图
# 使用ggplot2中自带的 mpg 数据集，绘制各类汽车的平均城市燃油效率（cty）柱状图
P1 <- ggplot(avg_cty,aes(x=class,y=cty)) +
  geom_col() +
  labs(title="Average City MPG by Car Class",
      x="Car Class",y="Average City MPG")
```

```
# 计算每类汽车的平均城市燃油效率，并按驱动方式分组
avg_cty_drv <- aggregate(cty ~ class + drv,data=mpg,FUN=mean)

# 绘制带颜色的柱状图，通过 fill 参数根据驱动方式（drv）填充颜色
p2 <- ggplot(avg_cty_drv,aes(x=class,y=cty,fill=drv)) +
  geom_col(position="dodge") +
  labs(title="Average City MPG by Car Class and Drive Type",
      x="Car Class",y="Average City MPG",
      fill="Drive Type")

# 绘制带颜色和透明度的柱状图，设置 fill 和 alpha 参数
p3 <- ggplot(avg_cty_drv,aes(x=class,y=cty,fill=drv)) +
  geom_col(position="dodge",alpha=0.7) +
  labs(title="Average City MPG by Car Class and Drive Type",
     x="Car Class",y="Average City MPG",
     fill="Drive Type")

# 绘制带边框颜色的柱状图，设置 colour 参数
p4 <- ggplot(avg_cty_drv,aes(x=class,y=cty,fill=drv,colour=drv)) +
  geom_col(position="dodge") +
  labs(title="Average City MPG by Car Class and Drive Type",
      x="Car Class",y="Average City MPG",
      fill="Drive Type",colour="Drive Type")

P1 + p2 + p3 + p4
```

输出结果如图 5-8 所示。

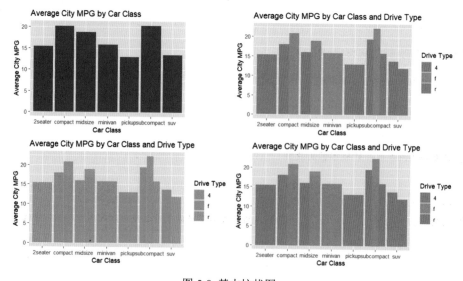

图 5-8 基本柱状图

【例 5-8】使用 geom_col() 函数绘制清晰且信息丰富的柱状图示例。

在代码编辑器中输入以下代码，然后单击 ➡ Run 按钮运行。

```
library(ggplot2)

# 计算每类汽车的平均城市燃油效率，并按驱动方式分组
avg_cty_drv <- aggregate(cty ~ class + drv,data=mpg,FUN=mean)

# 绘制详细的柱状图
ggplot(avg_cty_drv,aes(x=class,y=cty,fill=drv)) +
  geom_col(position="dodge",colour="black",alpha=0.7,width=0.7) +
  labs(
    title="Average City MPG by Car Class and Drive Type",
    subtitle="Data from the 'mpg' dataset in ggplot2",
    x="Car Class",
    y="Average City MPG",
    fill="Drive Type"
  ) +
       # theme_minimal() +
  theme(
    plot.title=element_text(hjust=0.5,size=16),      # 主标题居中，字体大小为 16 磅
    plot.subtitle=element_text(hjust=0.5,size=12),   # 副标题居中，字体大小为 12 磅
     legend.position="right"                         # 图例位置在右侧
  ) +
  scale_fill_brewer(palette="Set1")                  # 使用 RColorBrewer 的调色板
```

输出结果如图 5-9 所示。

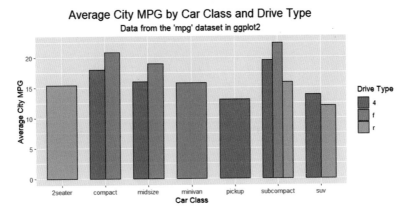

图 5-9　详细的柱状图

5.4 阶梯图

阶梯图（step plot）是一种特殊的折线图，用于显示在每个 x 值处 y 值的阶梯变化。在 ggplot2 中，利用 geom_step() 函数可以绘制阶梯图，该函数的语法结构如下：

```
geom_step(mapping=NULL,data=NULL,stat="identity",
          position="identity",...,
          direction="hv",lineend="butt",
          na.rm=FALSE,show.legend=NA,inherit.aes=TRUE)
```

geom_step() 函数各参数的含义如表 5-8 所示。

表5-8 geom_step()函数各参数的含义

参　　数	含　　义	示　　例
mapping	设置美学映射，包括x、y等	aes(x=x_var,y=y_var)
data	数据框，默认为主数据集	data=mydata
stat	统计变换方法，默认值是"identity"	stat="identity"
position	调整对象的位置，默认值是"identity"	position="identity"
direction	阶梯的方向，取值可以是"hv"（水平-垂直）、"vh"（垂直-水平）、"mid"（中间阶梯）	direction="vh"
lineend	线条的端点样式，取值可以是"butt"、"round"、"square"，默认值是"butt"	lineend="round"
na.rm	是否移除缺失值，默认值为FALSE	na.rm=TRUE
show.legend	是否显示图例，默认值为NA	show.legend=FALSE
inherit.aes	是否继承全局美学映射，默认值为TRUE	inherit.aes=FALSE
...	其他参数	

geom_step() 函数的美学映射参数如表 5-9 所示。

表5-9 美学映射参数

参　　数	说　　明	示　　例
x	x轴上的变量	aes(x=time)
y	y轴上的变量	aes(y=value)
colour	线条颜色	aes(colour=factor(group))
size	线条粗细	aes(size=1.5)
linetype	线条类型	aes(linetype="solid")
alpha	透明度	aes(alpha=0.5)

【例 5-9】使用 economics 数据集绘制阶梯图示例。

在代码编辑器中输入以下代码，然后单击 ⇒ Run 按钮运行。

```r
library(ggplot2)
library(patchwork)

# 基本阶梯图
p1 <- ggplot(economics,aes(x=date,y=unemploy)) +
  geom_step() +
  labs(title="Basic Step Plot",
          x="Date",y="Number of Unemployed")

# 添加颜色映射
p2 <- ggplot(economics,aes(x=date,y=unemploy,
                            colour=factor(cut(unemploy,breaks=4)))) +
  geom_step() +
  labs(title="Step Plot with Color",
          x="Date",y="Number of Unemployed",
          colour="Unemployment Levels")

# 添加线条类型和粗细映射
p3 <- ggplot(economics,aes(x=date,y=unemploy)) +
  geom_step(aes(linetype=factor(cut(unemploy,breaks=4)),
              size=unemploy / 10000),linetype="solid") +
  labs(title="Step Plot with Line Type and Size",
          x="Date",y="Number of Unemployed",
          linetype="Unemployment Levels",
          size="Unemployment (in millions)")

# 综合应用
p4 <- ggplot(economics,aes(x=date,y=unemploy,
                        colour=factor(cut(unemploy,breaks=4)))) +
  geom_step(aes(linetype=factor(cut(unemploy,breaks=4)),
            size=unemploy / 10000),direction="mid",linetype="solid") +
  labs(title="Comprehensive Step Plot",
          x="Date",y="Number of Unemployed",
          colour="Unemployment Levels",
          linetype="Line Type by Levels",
          size="Size by Unemployment (in millions)")

p1 + p2 + p3 + p4
```

输出结果如图 5-10 所示。

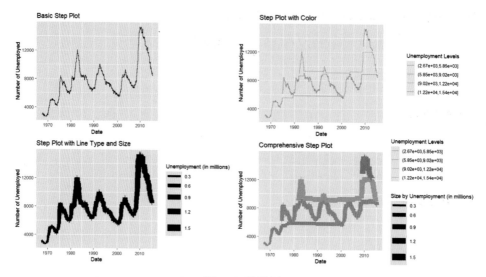

图 5-10 阶梯图

5.5 等高线图

等高线图通常用于显示三维数据的二维等值线。在 ggplot2 中，可以利用 geom_contour()
函数绘制等高线图，该函数的语法结构如下：

```
geom_contour(mapping=NULL,data=NULL,stat="contour",
            position="identity",...,
            lineend="butt",linejoin="round",linemitre=10,
            breaks=NULL,bins=NULL,binwidth=NULL,
            na.rm=FALSE,show.legend=NA,inherit.aes=TRUE)
```

geom_contour() 函数各参数的含义如表 5-10 所示。

表5-10 geom_contour()函数各参数的含义

参　数	含　义	示　例
mapping	设置美学映射，包括x、y和z等	aes(x=x_var,y=y_var,z=z_var)
data	数据框，默认为主数据集	data=mydata
stat	统计变换方法，默认值为"contour"	stat="contour"
position	调整对象的位置，默认值为"identity"	position="identity"
lineend	线条末端的样式，默认值为"butt"	lineend="round"
linejoin	线条连接的样式，默认值为"round"	linejoin="mitre"

参　　数	含　　义	示　　例
linemitre	线条斜接的限制，默认值为10	linemitre=5
breaks	等高线的具体位置	breaks=c(0,10,20,30)
bins	等高线的数量	bins=10
binwidth	等高线的宽度	binwidth=5
na.rm	是否移除缺失值，默认值为FALSE	na.rm=TRUE
show.legend	是否显示图例，默认值为NA	show.legend=FALSE
inherit.aes	是否继承全局美学映射，默认值为TRUE	inherit.aes=FALSE

geom_contour() 函数美学映射参数如表 5-11 所示。

表5-11　美学映射参数

参　　数	说　　明	示　　例
x	x轴上的变量	aes(x=longitude)
y	y轴上的变量	aes(y=latitude)
z	等高线变量	aes(z=elevation)
colour	线条颜色	aes(colour=factor(level))
size	线条粗细	aes(size=level)
linetype	线条类型	aes(linetype=factor(level))

【例 5-10】使用 volcano 数据集绘制等高线图示例。

在代码编辑器中输入以下代码，然后单击 ➡ Run 按钮运行。

```
library(ggplot2)
library(reshape2)
library(patchwork)

# 准备数据集
volcano_data <- melt(volcano)
colnames(volcano_data) <- c("x","y","z")

# 基本等高线图
p1 <- ggplot(volcano_data,aes(x=x,y=y,z=z)) +
  geom_contour() +
  labs(title="Basic Contour Plot",
       x="X axis",y="Y axis",
       fill="Elevation")

# 设置等高线的数量
p2 <- ggplot(volcano_data,aes(x=x,y=y,z=z)) +
  geom_contour(bins=15) +
  labs(title="Contour Plot with Specified Bins",
```

```
                 x="X axis",y="Y axis",
                 fill="Elevation")

# 设置等高线的具体位置
p3 <- ggplot(volcano_data,aes(x=x,y=y,z=z)) +
  geom_contour(breaks=seq(90,200,by=10)) +
  labs(title="Contour Plot with Specified Breaks",
                 x="X axis",y="Y axis",
                 fill="Elevation")

# 添加颜色映射
p4 <- ggplot(volcano_data,aes(x=x,y=y,z=z,colour=..level..)) +
  geom_contour() +
  scale_colour_gradient(low="blue",high="red") +
  labs(title="Contour Plot with Color Gradient",
                 x="X axis",y="Y axis",
                 colour="Elevation")

# 综合应用
p5 <- ggplot(volcano_data,aes(x=x,y=y,z=z)) +
  geom_contour(aes(colour=..level..),bins=10,size=1) +
  scale_colour_viridis_c() +
  labs(title="Comprehensive Contour Plot",
                 x="X axis",y="Y axis",
                 colour="Elevation")

p1 + p2 + p3 + p4 + p5
```

输出结果如图 5-11 所示。

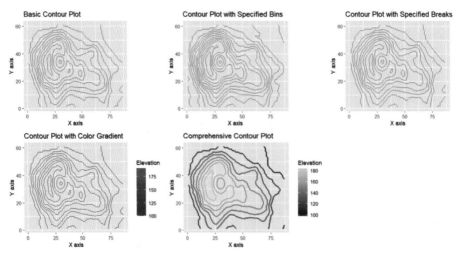

图 5-11 等高线图

5.6 核密度图

核密度估计图是一种平滑的数据分布图，它通过估算数据的概率密度来展示数据的分布。在 ggplot2 中，geom_density() 用于绘制数据的核密度估计图。该函数的语法结构如下：

```
geom_density(mapping=NULL,data=NULL,stat="density",
             position="identity",...,bw="nrd0",adjust=1,
             kernel="gaussian",trim=FALSE,na.rm=FALSE,
             show.legend=NA,inherit.aes=TRUE)
```

geom_density() 函数各参数的含义如表 5-12 所示。

表5-12　geom_density()函数各参数的含义

参　数	含　义	示　例
mapping	设置美学映射，包括x、y等	aes(x=x_var)
data	数据框，默认为主数据集	data=mydata
stat	统计变换方法，默认值为"density"	stat="density"
position	调整对象的位置，默认值为"identity"	position="identity"
bw	核密度估计的带宽，默认值为"nrd0"	bw="nrd0"
adjust	调整带宽的参数，默认值为1	adjust=1.5
kernel	核密度估计的核函数，默认值为"gaussian"	kernel="epanechnikov"
trim	是否在数据范围外进行裁剪，默认值为FALSE	trim=TRUE
na.rm	是否移除缺失值，默认值为FALSE	na.rm=TRUE
show.legend	是否显示图例，默认值为NA	show.legend=FALSE
inherit.aes	是否继承全局美学映射，默认值为TRUE	inherit.aes=FALSE

geom_density() 函数的美学映射参数如表 5-13 所示。

表5-13　美学映射参数

参　数	说　明	示　例
x	x轴上的变量	aes(x=value)
y	y轴上的变量	aes(y=..density..)
colour	线条颜色	aes(colour=factor(group))
fill	填充颜色	aes(fill=factor(group))
size	线条粗细	aes(size=1.5)
linetype	线条类型	aes(linetype="solid")
alpha	透明度	aes(alpha=0.5)

【例 5-11】使用 mpg 数据集绘制核密度图示例。

在代码编辑器中输入以下代码，然后单击 ➡ Run 按钮运行。

```
library(ggplot2)
library(patchwork)

# 基本核密度图
p1 <- ggplot(mpg,aes(x=hwy)) +
  geom_density() +
  labs(title="Basic Density Plot",
       x="Highway Miles per Gallon",y="Density")

# 添加颜色映射
p2 <- ggplot(mpg,aes(x=hwy,colour=factor(cyl))) +
  geom_density() +
  labs(title="Density Plot with Color",
       x="Highway Miles per Gallon",y="Density",
       colour="Number of Cylinders")

# 填充颜色
p3 <- ggplot(mpg,aes(x=hwy,fill=factor(cyl))) +
  geom_density(alpha=0.5) +
  labs(title="Density Plot with Fill Color",
       x="Highway Miles per Gallon",y="Density",
       fill="Number of Cylinders")

# 调整带宽
p4 <- ggplot(mpg,aes(x=hwy)) +
  geom_density(bw=2) +
  labs(title="Density Plot with Adjusted Bandwidth",
       x="Highway Miles per Gallon",y="Density")

p1 + p2 + p3 + p4
```

输出结果如图 5-12 所示。

继续输入以下代码并运行：

```
# 使用不同核函数
p5 <- ggplot(mpg,aes(x=hwy)) +
  geom_density(kernel="epanechnikov") +
  labs(title="Density Plot with Epanechnikov Kernel",
       x="Highway Miles per Gallon",y="Density")

# 综合应用
p6 <- ggplot(mpg,aes(x=hwy,fill=factor(cyl),colour=factor(cyl))) +
  geom_density(alpha=0.3,adjust=1.5,kernel="gaussian",size=1) +
  labs(title="Comprehensive Density Plot",
```

```
x="Highway Miles per Gallon",y="Density",
fill="Number of Cylinders",
colour="Number of Cylinders")

p5 + p6
```

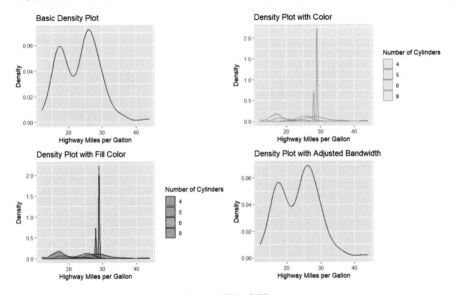

图 5-12 核密度图 1

输出结果如图 5-13 所示。

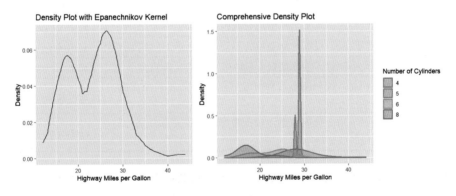

图 5-13 核密度图 2

二维密度图可以展示两个连续变量的联合分布情况，特别适用于探索两个变量之间的关系及其分布密度。在 ggplot2 中，利用 geom_density2d() 函数可以绘制二维密度图。该函数的语法结构如下：

```
geom_density2d(mapping=NULL,data=NULL,stat="density2d",
               position="identity",...,
               na.rm=FALSE,show.legend=NA,inherit.aes=TRUE)
```

geom_density2d() 函数各参数的含义如表 5-14 所示。

表5-14 geom_density2d()函数各参数的含义

参　　数	含　　义	示　　例
mapping	设置美学映射，包括x、y等	aes(x=var1,y=var2)
data	数据框，默认为主数据集	data=mydata
stat	统计变换方法，默认值为"density2d"	stat="density2d"
position	调整对象的位置，默认值为"identity"	position="identity"
...	其他传递给layer()的参数	
na.rm	是否移除缺失值，默认值为FALSE	na.rm=TRUE
show.legend	是否显示图例，默认值为NA	show.legend=TRUE
inherit.aes	是否继承全局美学映射，默认值为TRUE	inherit.aes=FALSE

geom_density2d() 函数的美学映射参数如表 5-15 所示。

表5-15 美学映射参数

参　　数	说　　明	示　　例
x	x轴上的变量	aes(x=var1)
y	y轴上的变量	aes(y=var2)
colour	颜色映射，根据数据变量的不同水平显示不同颜色	aes(colour=factor_var)
fill	填充颜色映射，用来填充图形元素内部的颜色	aes(fill=..level..)
linetype	线条类型映射，根据数据变量的不同水平显示不同线条类型	aes(linetype=factor_var)
size	线条的大小映射，根据数据变量的值来调整元素的大小	aes(size=numeric_var)
alpha	透明度映射，控制图形元素的透明程度，0表示完全透明，1表示完全不透明	aes(alpha=numeric_var)
group	分组映射，用于分组数据，根据数据的分组变量分别绘制不同组的线条或区域	aes(group=group_var)

【例5-12】通过自定义包含两个连续变量的数据集绘制二维密度图示例。

在代码编辑器中输入以下代码，然后单击 Run 按钮运行。

```
library(ggplot2)
library(patchwork)

# 自定义数据集
```

```
set.seed(123)
mydata <- data.frame(x=rnorm(100),y=rnorm(100,mean=2))

# 绘制基本的二维密度图
p1 <- ggplot(mydata,aes(x=x,y=y)) +
  geom_density2d() +
  labs(title="Basic 2D Density Plot",
       x="X",y="Y")

# 调整带宽参数
p2 <- ggplot(mydata,aes(x=x,y=y)) +
  geom_density2d(h=0.2) +                    # 减小带宽
  labs(title="Density Plot with Bandwidth Adjustment",
       x="X",y="Y")

# 添加填充颜色映射
p3 <- ggplot(mydata,aes(x=x,y=y,fill=stat(level))) +
  geom_density2d() +
  labs(title= "Density Plot with Fill Color Mapping",
       x="X",y="Y",
       fill="Density Level")

# 调整美学映射参数
p4<- ggplot(mydata,aes(x=x,y=y,colour=stat(level))) +
  geom_density2d(size=1.2) +
  labs(title= "Density Plot with Color and Line Type",
       x="X",y="Y",
       colour="Density Level",linetype="Density Level")

p1 + p2 + p3 + p4
```

输出结果如图 5-14 所示。

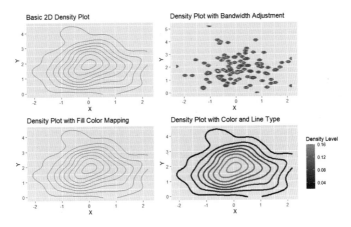

图 5-14　二维密度图

5.7 面积图

面积图通过填充两条曲线之间的区域来展示变量随时间或其他连续变量变化的情况。在 ggplot2 中，利用 geom_area() 函数可以绘制面积图。该函数的语法结构如下：

```
geom_area(mapping=NULL,data=NULL,stat="identity",
          position="stack",...,
          na.rm=FALSE,orientation=NA,show.legend=NA,inherit.aes=TRUE)
```

geom_area() 函数各参数的含义如表 5-16 所示。

表5-16 geom_area()函数各参数的含义

参　数	含　义	示　例
mapping	设置美学映射，包括x、y等	aes(x=time,y=value)
data	数据框，默认为主数据集	data=mydata
stat	统计变换方法，默认值为"identity"	stat="identity"
position	调整对象的位置，默认值为"stack"	position="stack"
na.rm	是否移除缺失值，默认值为FALSE	na.rm=TRUE
orientation	图形的方向，默认值为NA，可以设置为"x"或"y"	orientation="x"
show.legend	是否显示图例，默认值为NA	show.legend=TRUE
inherit.aes	是否继承全局美学映射，默认值为TRUE	inherit.aes=FALSE
...	其他参数	

geom_area() 函数的美学映射参数如表 5-17 所示。

表5-17 美学映射参数

参　数	说　明	示　例
x	x轴上的变量	aes(x=time)
y	y轴上的变量	aes(y=value)
colour	线条颜色映射，根据数据变量的不同水平显示不同颜色	aes(colour=group)
fill	填充颜色映射，用来填充图形元素内部的颜色	aes(fill=group)
linetype	线条类型映射，根据数据变量的不同水平显示不同线条类型	aes(linetype=group)
size	线条的大小映射，根据数据变量的值来调整元素的大小	aes(size=value)
alpha	透明度映射，控制图形元素的透明程度，0表示完全透明，1表示完全不透明	aes(alpha=value)
group	分组映射，用于分组数据，根据数据的分组变量分别绘制不同组的线条或区域	aes(group=group)

【例 5-13】绘制面积图示例。

在代码编辑器中输入以下代码，然后单击 ➡ Run 按钮运行。

```
library(ggplot2)
library(patchwork)

# 自定义数据集
set.seed(123)
time <- seq(1,100,by=1)
value1 <- cumsum(rnorm(100))
value2 <- cumsum(rnorm(100))
mydata <- data.frame(time=time,value1=value1,value2=value2)

# 示例 1: 基本面积图
p1 <- ggplot(mydata,aes(x=time,y=value1)) +
  geom_area() +
  labs(title="Basic Area Plot",x="Time",y="Value")

# 示例 2: 堆积面积图
mydata_long <- reshape2::melt(mydata,id.vars="time")
p2 <- ggplot(mydata_long,aes(x=time,y=value,fill=variable)) +
  geom_area(position="stack") +
  labs(title="Stacked Area Plot",x="Time",y="Value",fill="Variable")

# 示例 3: 调整透明度
p3 <- ggplot(mydata,aes(x=time,y=value1)) +
  geom_area(alpha=0.5) +
  labs(title="Area Plot with Transparency",x="Time",y="Value")

# 示例 4: 添加颜色映射
p4 <- ggplot(mydata_long,aes(x=time,y=value,fill=variable)) +
  geom_area(alpha=0.5) +
  labs(title="Area Plot with Color Fill",
       x="Time",y="Value",
       fill="Variable")

p1 + p2 + p3 + p4
```

输出结果如图 5-15 所示。

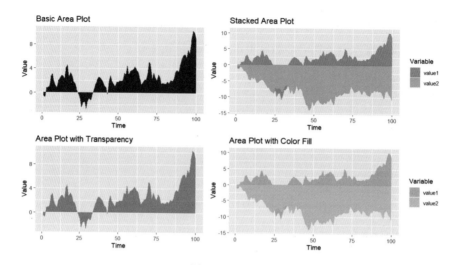

图 5-15 面积图

5.8 频率多边图

频率多边形图类似于直方图，但使用线条连接各个频率点，使得各组的频率分布更加明显。在 ggplot2 中，利用 geom_freqpoly() 函数可以绘制频率多边形图（频率直方图的变体），用来显示一个或多个分组的分布情况。该函数的语法结构如下。

```
geom_freqpoly(mapping=NULL,data=NULL,stat="bin",
              position="identity",...,
              binwidth=NULL,bins=NULL,
              na.rm=FALSE,orientation=NA,show.legend=NA,inherit.aes=TRUE)
```

geom_freqpoly() 函数各参数的含义如表 5-18 所示。

表5-18 geom_freqpoly()函数各参数的含义

参 数	含 义	示 例
mapping	设置美学映射，通常通过aes()函数来指定	aes(x=variable)
data	要使用的具体数据集（如果不同于ggplot中定义的默认数据）	data=mydata
stat	统计变换使用的统计方法，默认值是"bin"	stat="bin"
position	位置调整，通常是"identity"、"stack"、"dodge"等	position="identity"
binwidth	每个bin的宽度	binwidth=0.5
bins	bins的数量	bins=30

参　数	含　义	示　例
...	其他传递给图层的参数，包括美学映射、图形参数等	color="blue",size=1
na.rm	如果值为TRUE，则会忽略缺失值	na.rm=TRUE
orientation	设置图形的方向，可以是"x"或"y"	orientation="x"
show.legend	是否显示图例	show.legend=TRUE
inherit.aes	如果值为FALSE，则覆盖默认美学	inherit.aes=FALSE

geom_freqpoly() 函数的美学映射参数如表 5-19 所示。

表5-19 美学映射参数

参　数	说　明	示　例
x	*x*轴上的变量	aes(x=variable)
y	*y*轴上的变量，通常自动计算频率	aes(y=..count..)
colour	线条颜色	aes(colour=factor(group_variable))
linetype	线条类型	aes(linetype=factor(group_variable))
size	线条粗细	aes(size=factor(group_variable))

【例5-14】绘制频率多边形图示例。

在代码编辑器中输入以下代码，然后单击 ➡ Run 按钮运行。

```
library(ggplot2)
library(patchwork)

# 自定义数据集
set.seed(123)
mydata <- data.frame(group=rep(c("A","B"),each=100),
                     value=c(rnorm(100,mean=3),rnorm(100,mean=5)))

# 基本频率多边形图
p1 <- ggplot(mydata,aes(x=value)) +
  geom_freqpoly(binwidth=0.1) +
  labs(title="Basic Frequency Polygon",
       x="Value",y="Count")

# 调整 bin 宽度
p2 <- ggplot(mydata,aes(x=value)) +
  geom_freqpoly(binwidth=0.3) +
  labs(title="Frequency Polygon with Adjusted Bin Width",
       x="Value",y="Count")

# 频率多边形图，按组区分颜色
```

```
p3 <- ggplot(mydata,aes(x=value,colour=group)) +
  geom_freqpoly(binwidth=0.2) +
  labs(title="Frequency Polygon with Color by Group",
       x="Value",y="Count",colour="Group")

# 频率多边形图，按组区分颜色并调整线条类型和粗细
p4 <- ggplot(mydata,aes(x=value,linetype=group,
                        size=group,colour=group)) +
      geom_freqpoly(binwidth=0.3) +
  labs(title="Frequency Polygon with Line Type and Size",
       x="Value",y="Count",linetype="Group",size="Group")

(p1 | p2) / (p3 | p4)
```

输出结果如图 5-16 所示。

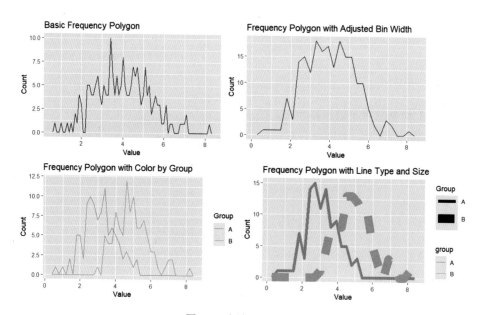

图 5-16 频率多边形图

5.9 栅格图

栅格图在二维空间中显示离散数据或连续数据，每个数据点对应一个矩形区域，颜色或填充表示数据值。在 ggplot2 中，利用 geom_raster() 函数可以绘制栅格图。该函数的语法结构如下：

```
geom_raster(mapping=NULL,data=NULL,stat="identity",
            position="identity",...,
            hjust=0.5,vjust=0.5,interpolate=FALSE,
            na.rm=FALSE,show.legend=NA,inherit.aes=TRUE)
```

geom_raster() 函数各参数的含义如表 5-20 所示。

表5-20　geom_raster()函数各参数的含义

参　数	含　义	示　例
mapping	设置美学映射，通常由aes()函数提供	aes(x=var1,y=var2,fill=var3)
data	要显示的图层数据，默认使用主数据集	data=data.frame(x=c(1,2),y=c(3,4))
stat	统计变换要使用的统计方法	stat="identity"
position	位置调整	position="identity"
...	其他参数，传递给图层	
hjust	水平对齐，介于0和1之间	hjust=0.5
vjust	垂直对齐，介于0和1之间	vjust=0.5
interpolate	是否插值	interpolate=TRUE
na.rm	如果值为TRUE，则会忽略缺失值	na.rm=TRUE
show.legend	是否显示图例	show.legend=TRUE
inherit.aes	如果值为FALSE，则覆盖默认美学	inherit.aes=FALSE

geom_raster() 函数的美学映射参数如表 5-21 所示。

表5-21　美学映射参数

参　数	说　明	示　例
x	x轴上的变量	aes(x=var1)
y	y轴上的变量	aes(y=var2)
fill	填充颜色，表示数据值	aes(fill=var3)

【例 5-15】绘制栅格图示例 1。

在代码编辑器中输入以下代码，然后单击 ➡ Run 按钮运行。

```
library(ggplot2)
library(patchwork)

# 自定义数据集
set.seed(123)
x <- seq(-3,3,length.out=20)
y <- seq(-3,3,length.out=20)
data <- expand.grid(x=x,y=y)
data$z <- with(data,exp(-(x^2 + y^2)))
```

```
# 基本栅格图
p1 <- ggplot(data,aes(x=x,y=y,fill=z)) +
  geom_raster() +
    labs(title="Basic Raster Plot", x="X",y="Y",fill="Z")

# 调整水平和垂直对齐
p2 <- ggplot(data,aes(x=x,y=y,fill=z)) +
  geom_raster(hjust=0.1,vjust=0.1) +
    labs(title="Raster Plot with Adjusted Alignment",
            x="X",y="Y",fill="Z")

# 使用插值
p3 <- ggplot(data,aes(x=x,y=y,fill=z)) +
  geom_raster(interpolate=TRUE) +
    labs(title="Raster Plot with Interpolation",
            x="X",y="Y",fill="Z")

# 栅格图，带有调色板
p4 <- ggplot(data,aes(x=x,y=y,fill=z)) +
  geom_raster() +
    scale_fill_gradient(low="blue",high="red") +
    labs(title="Raster Plot with Color Gradient",
            x="X",y="Y",fill="Z")

(p1 | p2) / (p3 | p4)
```

输出结果如图 5-17 所示。

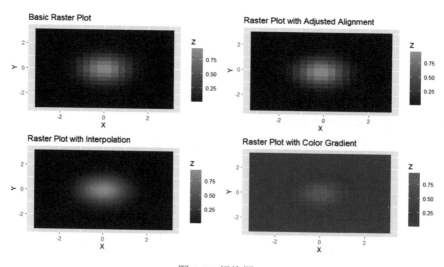

图 5-17 栅格图 1

【例 5-16】绘制栅格图示例 2。

在代码编辑器中输入以下代码，然后单击 ➡ Run 按钮运行。

```r
library(ggplot2)
library(patchwork)

# 自定义数据集
set.seed(123)
mydata <- data.frame(x=rep(1:10,each=10),
  y=rep(1:10,times=10),z=runif(100))

# 绘制基本栅格图
p1 <- ggplot(mydata,aes(x=x,y=y,fill=z)) +
  geom_raster() +
  labs(title="Basic Raster Plot",x="X",y="Y") +
  scale_fill_gradient(low="white",high="blue")

# 绘制调整对齐方式的栅格图
p2 <- ggplot(mydata,aes(x=x,y=y,fill=z)) +
  geom_raster(hjust=1,vjust=1) +
  labs(title="Raster Plot with Adjusted Alignment",x="X",y="Y") +
  scale_fill_gradient(low="white",high="red")

# 绘制启用颜色插值的栅格图
p3 <- ggplot(mydata,aes(x=x,y=y,fill=z)) +
  geom_raster(interpolate=TRUE) +
  labs(title="Raster Plot with Interpolation",x="X",y="Y") +
  scale_fill_gradient(low="white",high="green")

# 在数据集中引入缺失值
mydata_with_na <- mydata
mydata_with_na$z[sample(1:100,10)] <- NA

# 绘制去除缺失值的栅格图
p4 <- ggplot(mydata_with_na,aes(x=x,y=y,fill=z)) +
  geom_raster(na.rm=TRUE) +
  labs(title="Raster Plot with NA Removed",x="X",y="Y") +
  scale_fill_gradient(low="white",high="purple")

# 绘制带有图例的栅格图
p5 <- ggplot(mydata,aes(x=x,y=y,fill=z)) +
  geom_raster(show.legend=TRUE) +
  labs(title="Raster Plot with Legend",x="X",y="Y") +
  scale_fill_gradient(low="blue",high="orange")

(p1 | p2 | p3) / (p4 | p5)
```

输出结果如图 5-18 所示。

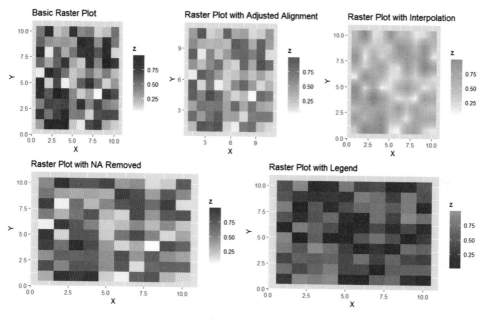

图 5-18 栅格图 2

5.10 本章小结

　　本章介绍了如何使用 ggplot2 包创建各种基本图表，包括散点图、折线图、柱状图、阶梯图、等高线图、核密度图、面积图、频率多边图和栅格图。每种图表类型都有其独特的用途和优点，根据数据特点和分析需求选择合适的图表类型，可以更好地展示数据特征和发现数据中的隐藏信息。希望通过学习本章内容，读者能够灵活运用 ggplot2 包，创建出符合需求的高质量数据图表。

第 **6** 章

创建统计图表

在数据分析过程中，统计图表是一种有效的工具，用于展示数据的分布、集中趋势和离散程度等统计特征。本章将介绍如何使用 ggplot2 包创建多种常见的统计图表，包括直方图、二维直方图、箱线图、小提琴图、分组点图，以及如何添加误差条。通过这些图表，我们能够更深入地了解数据的分布情况和统计特征，识别数据中的异常值和趋势，为后续的分析和决策提供有力的支持。掌握这些图表的创建和应用技巧，将极大提升自身的数据分析和可视化能力。

6.1 直方图

直方图是一种用来展示数据分布的图表，通过将数据分为若干个区间（bin），并统计每个区间内的数据点数量，从而展示数据的频率分布。在 ggplot2 中，geom_histogram() 函数用于创建直方图，该函数的语法结构如下：

```
geom_histogram(mapping=NULL,data=NULL,stat="bin",
               position="stack",...,
               bins=NULL,binwidth=NULL,
               na.rm=FALSE,show.legend=NA,inherit.aes=TRUE)
```

该函数各参数的含义如表 6-1 所示。

表6-1 geom_histogram()函数各参数的含义

参　数	含　义	示　例
mapping	设置美学映射，通常使用aes()函数指定	aes(x=cty,fill=drv)
data	数据源，可选。默认使用ggplot()中指定的数据	data=mpg
stat	统计转换方法，默认值为"bin"，表示对数据进行分箱	stat="bin"
position	图层位置调整。常见值有"stack"、"dodge"等	position="stack"
bins	直方图的区间数	bins=30
binwidth	每个区间的宽度	binwidth=0.5
na.rm	是否移除缺失值。默认值为FALSE	na.rm=TRUE
show.legend	是否显示图例。默认值为NA，自动确定	show.legend=TRUE
inherit.aes	是否继承ggplot()中的美学映射。默认值为TRUE	inherit.aes=FALSE
...	其他图层设置参数，例如color、fill、alpha等	fill="blue",colour="black", alpha=0.7

geom_histogram() 函数的美学映射参数如表 6-2 所示。

表6-2 美学映射参数

参　数	说　明	示　例
x	x轴上的变量	aes(x=cty)
y	y轴上的变量，通常不需要指定	aes(y=..count..)
fill	填充颜色	aes(fill=drv)
colour	边框颜色	aes(colour=drv)
alpha	透明度	aes(alpha=0.7)
linetype	线型	aes(linetype=drv)
size	点或线的大小	aes(size=displ)
group	分组变量	aes(group=class)

【例 6-1】绘制直方图示例。

在代码编辑器中输入以下代码，然后单击 ➡ Run 按钮运行。

```
library(ggplot2)
library(patchwork)

data <- mpg                                         # 使用 mpg 数据集

# 使用 mpg 数据集绘制基本直方图，展示汽车城市燃油效率（cty）的分布
# 绘制基本直方图
p1 <- ggplot(data,aes(x=cty)) + geom_histogram() +
    labs(title="Histogram of City MPG",
```

```
        x="City MPG",y="Count")

# 绘制指定区间数的直方图，通过设置 bins 参数来指定区间数
p2 <- ggplot(data,aes(x=cty)) +
  geom_histogram(bins=20) +
    labs(title="Histogram of City MPG with 20 Bins",
        x="City MPG",y="Count")

# 绘制指定区间宽度的直方图，通过设置 binwidth 参数来指定每个区间的宽度
p3 <- ggplot(data,aes(x=cty)) +
  geom_histogram(binwidth=1) +
    labs(title="Histogram of City MPG with Binwidth of 1",
        x="City MPG",y="Count")

# 绘制带颜色和透明度的直方图，通过设置 fill、colour 和 alpha 参数实现
p4 <- ggplot(data,aes(x=cty)) +
  geom_histogram(fill="blue",colour="black",alpha=0.7) +
    labs(title="Histogram of City MPG with Color and Transparency",
        x="City MPG",y="Count")

# 绘制按类别分组的堆叠直方图，使用 fill 美学属性，通过类别变量（如驱动方式 drv）进行分组
p5 <- ggplot(data,aes(x=cty,fill=drv)) +
  geom_histogram(position="stack") +
    labs(title="Stacked Histogram of City MPG by Drive Type",
        x="City MPG",y="Count",
        fill="Drive Type")

p1 + p2 + p3 + p4 + p5
```

输出结果如图 6-1 所示。

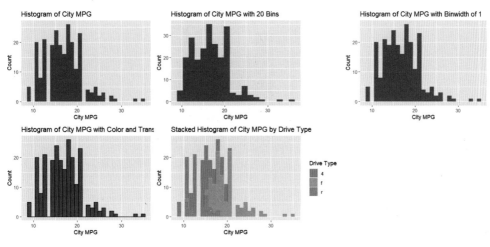

图 6-1　基本直方图

【例 6-2】使用 geom_histogram() 函数绘制信息丰富的直方图。

在代码编辑器中输入以下代码，然后单击 ➡️Run 按钮运行。

```r
library(ggplot2)

data <- mpg                                        # 使用 mpg 数据集

# 绘制详细的直方图
ggplot(data,aes(x=cty,fill=drv)) +
  geom_histogram(bins=15,colour="black",alpha=0.7) +
  labs(
    title="Histogram of City MPG by Drive Type",    # 主标题
    subtitle="Data from the 'mpg' dataset in ggplot2",  # 副标题
    x="City MPG",                                   # x 轴标签
    y="Count",                                      # y 轴标签
    fill="Drive Type"                               # 填充颜色图例标题
  ) +
  # theme_minimal() +
  theme(
    plot.title=element_text(hjust=0.5,size=16),     # 主标题居中，字体大小为 16 磅
    plot.subtitle=element_text(hjust=0.5,size=12),  # 副标题居中，字体大小为 12 磅
    legend.position="right"                         # 图例位置在右侧
  ) +
  scale_fill_brewer(palette="Set1")                 # 使用 RColorBrewer 的调色板
```

输出结果如图 6-2 所示。

图 6-2 详细的直方图

6.2 二维直方图

二维直方图将数据分成一个个小的矩形单元格，每个单元格表示该区域内的数据点的数

量。这在展示大数据集的密度和分布时非常有用。在 ggplot2 中，利用 geom_bin2d() 函数可以绘制二维直方图。该函数的语法结构如下：

```
geom_bin2d(mapping=NULL,data=NULL,stat="bin2d",
           position="identity",...,
           bins=30,binwidth=NULL,drop=TRUE,
           na.rm=FALSE,show.legend=NA,inherit.aes=TRUE)
```

该函数各参数的含义如表 6-3 所示。

表6-3　geom_bin2d()函数各参数的含义

参　　数	含　　义	示　　例
mapping	设置美学映射，包括x、y等	aes(fill=..count..)
data	数据框，默认为主数据集	data=mydata
stat	使用的统计变换，默认值为bin2d	stat="identity"
position	位置调整，默认值为identity	position="identity"
bins	水平方向和垂直方向的箱数	bins=20
binwidth	指定箱的宽度（x轴方向和y轴方向）	binwidth=c(0.5,0.5)
drop	是否丢弃没有数据的箱，默认值为TRUE	drop=FALSE
na.rm	是否移除缺失值	na.rm=TRUE
show.legend	是否显示图例，默认值为NA	show.legend=TRUE
inherit.aes	是否继承全局美学映射，默认值为TRUE	inherit.aes=FALSE
...	其他传递给图层的参数	

geom_bin2d() 函数的美学映射参数如表 6-4 所示。

表6-4　美学映射参数

参　　数	说　　明	示　　例
x	x轴数据	aes(x=x)
y	y轴数据	aes(y=y)
fill	填充颜色	aes(fill=..count..)
alpha	透明度	aes(alpha=0.5)

【例 6-3】绘制二维直方图示例。

在代码编辑器中输入以下代码，然后单击 ➡ Run 按钮运行。

```
library(ggplot2)
library(patchwork)

# 自定义数据集
set.seed(123)
mydata <- data.frame(x=rnorm(1000),
```

```
            y=rnorm(1000,mean=2))

    # 基本的二维直方图
    p1 <- ggplot(mydata,aes(x=x,y=y)) +
      geom_bin2d() +
      labs(title="Basic 2D Bin Plot",
           x="X",y="Y")

    # 调整 bin 的数量
    p2 <- ggplot(mydata,aes(x=x,y=y)) +
      geom_bin2d(bins=20) +
      labs(title="2D Bin Plot with 20 Bins",
           x="X",y="Y")

    # 调整 bin 的宽度
    p3 <- ggplot(mydata,aes(x=x,y=y)) +
      geom_bin2d(binwidth=c(0.2,0.2)) +
      labs(title="2D Bin Plot with Binwidth=0.2",
           x="X",y="Y")

    # 添加填充颜色映射
    p4 <- ggplot(mydata,aes(x=x,y=y)) +
      geom_bin2d(aes(fill=..count..)) +
      labs(title="2D Bin Plot with Fill Color Mapping",
           x="X",y="Y",
           fill="Count")

    # 调整透明度
    p5 <- ggplot(mydata,aes(x=x,y=y)) +
      geom_bin2d(alpha=0.7) +
      labs(title="2D Bin Plot with Transparency",
           x="X",y="Y")

    # 添加颜色映射
    p6 <- ggplot(mydata,aes(x=x,y=y)) +
      geom_bin2d(aes(fill=..count..),bins=25,alpha=0.6) +
      scale_fill_gradient(low="orange",high="blue") +
      labs(title="Comprehensive 2D Bin Plot with Color",
        x="X",y="Y",
        fill="Count")

    (p1 + p2 + p3) / (p4 + p5 + p6)
```

输出结果如图 6-3 所示。

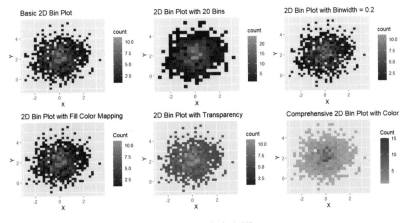

图 6-3　二维直方图

6.3　箱线图

箱线图（也称为盒须图）是用来显示一组数据分布情况的统计图形。箱线图展示了数据的 5 个统计量：最小值（最下端）、第一四分位数（下四分位数，Q1）、中位数（Q2）、第三四分位数（上四分位数，Q3）和最大值（最上端）。此外，箱线图还可以展示异常值（离群值）。

在 ggplot2 中，geom_boxplot() 函数用于绘制箱线图，该函数的语法结构如下：

```
geom_boxplot(mapping=NULL,data=NULL,stat="boxplot",
             position="dodge",...,
             outlier.colour=NULL,outlier.shape=19,
             outlier.size=1.5,outlier.stroke=0.5,
             notch=FALSE,notchwidth=0.5,varwidth=FALSE,
             na.rm=FALSE,show.legend=NA,inherit.aes=TRUE)
```

该函数各参数的含义如表 6-5 所示。

表6-5　geom_boxplot()函数各参数的含义

参　数	含　义	示　例
mapping	设置美学映射，通常使用aes()函数指定	aes(x=factor,y=value)
data	数据源，可选。默认使用ggplot()中指定的数据	data=dataset
stat	统计转换方法，默认值为"boxplot"	stat="boxplot"
position	图层位置调整。常见值有"dodge"、"stack"、"fill"等	position="dodge"
outlier.colour	离群点颜色	outlier.colour="red"

（续表）

参　数	含　义	示　例
outlier.shape	离群点形状	outlier.shape=19
outlier.size	离群点大小	outlier.size=1.5
outlier.stroke	离群点边框宽度	outlier.stroke=0.5
notch	是否显示凹槽以比较中位数	notch=TRUE
notchwidth	凹槽宽度	notchwidth=0.5
varwidth	是否根据组的大小调整箱子的宽度	varwidth=TRUE
na.rm	是否移除缺失值。默认值为FALSE	na.rm=TRUE
show.legend	是否显示图例。默认值为NA，自动确定	show.legend=TRUE
inherit.aes	是否继承ggplot()中的美学映射。默认值为TRUE	inherit.aes=FALSE
...	其他图层设置参数，例如color、fill、alpha等	fill="blue",colour="black", alpha=0.7

geom_boxplot() 函数的美学映射参数如表 6-6 所示。

表6-6　美学映射参数

参　数	说　明	示　例
x	x轴上的变量（分类变量）	aes(x=factor)
y	y轴上的变量（数值变量）	aes(y=value)
fill	填充颜色	aes(fill=group)
colour	边框颜色	aes(colour=group)
alpha	透明度	aes(alpha=0.7)
linetype	线型	aes(linetype=group)
size	箱线图线条的大小	aes(size=value)
group	分组变量	aes(group=group)

【例6-4】利用 geom_boxplot() 函数绘制箱线图示例。

在代码编辑器中输入以下代码，然后单击 ⇥Run 按钮运行。

```
library(ggplot2)
library(patchwork)

# 自定义数据集
set.seed(123)                              # 设置随机种子以便重现结果
data <- data.frame(
    group=rep(c("A","B","C"),each=100),    # 创建 3 个组，每组 100 个数据点
    value=c(rnorm(100,mean=5,sd=2),        # 组 A 的数据，均值为 5，标准差为 2
            rnorm(100,mean=10,sd=5),       # 组 B 的数据，均值为 10，标准差为 5
            rnorm(100,mean=15,sd=3)))      # 组 C 的数据，均值为 15，标准差为 3
```

```
)
# 绘制基本箱线图
p1 <- ggplot(data,aes(x=group,y=value)) +
  geom_boxplot() +
  labs(title="Basic Boxplot",x="Group",y="Value")

# 使用填充颜色表示组别,使用 fill 美学属性
p2 <- ggplot(data,aes(x=group,y=value,fill=group)) +
  geom_boxplot() +
  labs(title="Boxplot with Fill",
       x="Group",y="Value",
       fill="Group")

# 设置离群点颜色、形状和大小
p3 <- ggplot(data,aes(x=group,y=value)) +
  geom_boxplot(outlier.colour="red",outlier.shape=8,outlier.size=3) +
  labs(title="Boxplot with Custom Outliers",
       x="Group",y="Value")

# 显示凹槽以比较中位数
p4 <- ggplot(data,aes(x=group,y=value)) +
  geom_boxplot(notch=TRUE) +
  labs(title="Boxplot with Notch",
       x="Group",y="Value")

p1 + p2 + p3 + p4
```

输出结果如图 6-4 所示。

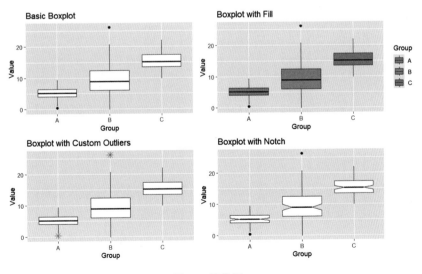

图 6-4　箱线图 1

继续输入以下代码并运行：

```
# 根据组的大小调整箱线图宽度
p5 <- ggplot(data,aes(x=group,y=value)) +
  geom_boxplot(varwidth=TRUE) +
  labs(title="Variable Width Boxplot",
       x="Group",y="Value")

# 改变箱线图的线条颜色和填充颜色
p6 <- ggplot(data,aes(x=group,y=value)) +
  geom_boxplot(colour="blue",fill="lightblue") +
  labs(title="Boxplot with Custom Colours",
       x="Group",y="Value")

# 去除缺失值
p7 <- ggplot(data,aes(x=group,y=value)) +
  geom_boxplot(na.rm=TRUE) +
  labs(title="Boxplot with NA Removed",
       x="Group",y="Value")

# 综合使用多个参数的箱线图
p8 <- ggplot(data,aes(x=group,y=value,fill=group)) +
  geom_boxplot(outlier.colour="red",outlier.shape=19,
                  outlier.size=2,notch=TRUE,varwidth=TRUE) +
  labs(title="Comprehensive Boxplot",
    subtitle="Value by Group",
    x="Group",y="Value",fill="Group") +
    # theme_minimal() +
  theme(
    plot.title=element_text(hjust=0.5,size=16),
    plot.subtitle=element_text(hjust=0.5,size=12),
    legend.position="right"
) +
  scale_fill_brewer(palette="Set3")

p5 + p6 + p7 + p8
```

输出结果如图 6-5 所示。

在 ggplot2 中，还可以利用 geom_crossbar() 函数绘制带有中位线和误差范围的箱线图几何对象（类箱线图，不需要线和离群点）。该函数的语法结构如下：

```
geom_crossbar(mapping=NULL,data=NULL,stat="identity",
              position="identity",...,width=0.5,
              na.rm=FALSE,show.legend=NA,inherit.aes=TRUE)
```

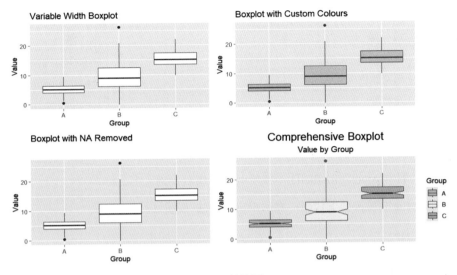

图 6-5　箱线图 2

该函数各参数的含义如表 6-7 所示。

表6-7　geom_crossbar()函数各参数的含义

参　　数	含　　义	示　　例
mapping	设置美学映射，包括x、y、ymin、ymax和颜色等	aes(x=group,y=mean, ymin=lower,ymax=upper)
data	数据框，默认为主数据集	data=mydata
stat	统计变换方法，默认值为"identity"	stat="identity"
position	调整对象的位置，默认值为"identity"	position="dodge"
width	横杆的宽度，默认值为0.5	width=0.7
na.rm	是否移除缺失值，默认值为FALSE	na.rm=TRUE
show.legend	是否显示图例，默认值为NA	show.legend=FALSE
inherit.aes	是否继承全局美学映射，默认值为TRUE	inherit.aes=FALSE

geom_crossbar() 函数的美学映射参数如表 6-8 所示。

表6-8　美学映射参数

参　　数	说　　明	示　　例
x	x轴上的变量	aes(x=group)
y	y轴上的变量	aes(y=mean)
ymin	y轴下限	aes(ymin=lower)
ymax	y轴上限	aes(ymax=upper)

参　数	说　明	示　例
colour	线条颜色	aes(colour=group)
fill	填充颜色	aes(fill=group)
alpha	透明度	aes(alpha=0.5)
size	线条粗细	aes(size=1.5)
linetype	线条类型	aes(linetype="solid")

【例 6-5】利用 geom_crossbar() 函数绘制类箱线图示例。

在代码编辑器中输入以下代码，然后单击 ➡Run 按钮运行。

```r
library(ggplot2)
library(patchwork)

# 自定义数据集
set.seed(123)                           # 设置随机种子以便重现结果
data <- data.frame(group=c("A","B","C"),mean=c(5,10,15),
                   lower=c(4,8,13),upper=c(6,12,17))

# 基本 geom_crossbar()
p1 <- ggplot(data,aes(x=group,y=mean,ymin=lower,ymax=upper)) +
  geom_crossbar() +
    labs(title="Basic Crossbar Plot", x="Group",y="Value")

# 设置颜色和填充
p2 <- ggplot(data,aes(x=group,y=mean,ymin=lower,ymax=upper)) +
  geom_crossbar(colour="blue",fill="lightblue") +
    labs(title="Crossbar Plot with Colour and Fill",
            x="Group",y="Value")

# 设置横杆宽度
p3 <- ggplot(data,aes(x=group,y=mean,ymin=lower,ymax=upper)) +
  geom_crossbar(width=0.7) +
    labs(title="Crossbar Plot with Custom Width",
            x="Group",y="Value")

# 使用dodge调整位置
p4 <- ggplot(data,aes(x=group,y=mean,
                   ymin=lower,ymax=upper,fill=group)) +
  geom_crossbar(position=position_dodge(width=0.75)) +
    labs(title="Dodge Position Adjusted Crossbar Plot",
            x="Group",y="Value")

# 综合使用多个参数的 crossbar 图
p5 <- ggplot(data,aes(x=group,y=mean,
```

```
                    ymin=lower,ymax=upper,fill=group)) +
  geom_crossbar(colour="black",width=0.5,size=0.7,
                position=position_dodge(width=0.75)) +
  geom_point(aes(y=mean),size=3,colour="red",
                position=position_dodge(width=0.75)) +
  labs(title="Comprehensive Crossbar Plot",
    subtitle="Mean,lower and upper bounds by group",
            x="Group",y="Value",fill="Group") +
        # theme_minimal() +
  theme(plot.title=element_text(hjust=0.5,size=16),
    plot.subtitle=element_text(hjust=0.5,size=12),
    legend.position="right")

p1 + p2 + p3 + p4 + p5
```

输出结果如图 6-6 所示。

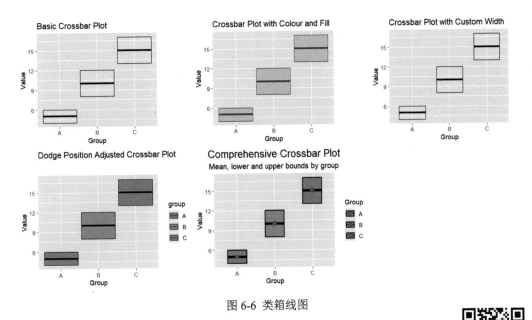

图 6-6 类箱线图

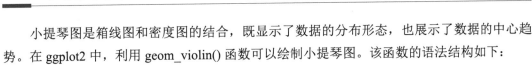

6.4 小提琴图

　　小提琴图是箱线图和密度图的结合，既显示了数据的分布形态，也展示了数据的中心趋势。在 ggplot2 中，利用 geom_violin() 函数可以绘制小提琴图。该函数的语法结构如下：

```
geom_violin(mapping=NULL,data=NULL,stat="ydensity",
            position="dodge",...,
            draw_quantiles=NULL,trim=TRUE,scale="area",
            na.rm=FALSE,show.legend=NA,inherit.aes=TRUE)
```

该函数各参数的含义如表 6-9 所示。

表6-9 geom_violin()函数各参数的含义

参　　数	含　　义	示　　例
mapping	设置美学映射，包括x、y等	aes(x=factor_var,y=numeric_var)
data	数据框，默认为主数据集	data=mydata
stat	统计变换方法，默认值为"ydensity"	stat="ydensity"
position	调整对象的位置，默认值为"dodge"	position="dodge"
draw_quantiles	指定分位数线的列表	draw_quantiles=c(0.25,0.5,0.75)
trim	是否修剪尾部，默认值为TRUE	trim=FALSE
scale	小提琴图的宽度，取值可以是"area"（默认）、"count"或"width"	scale="count"
na.rm	是否移除缺失值，默认值为FALSE	na.rm=TRUE
show.legend	是否显示图例，默认值为NA	show.legend=TRUE
inherit.aes	是否继承全局美学映射，默认值为TRUE	inherit.aes=FALSE
...	其他传递给layer()的参数	

geom_violin() 函数的美学映射参数如表 6-10 所示。

表6-10 美学映射参数

参　　数	说　　明	示　　例
x	x轴上的变量	aes(x=factor_var)
y	y轴上的变量	aes(y=numeric_var)
colour	颜色映射，根据数据变量的不同，水平显示不同颜色	aes(colour=factor_var)
fill	填充颜色映射，用来填充图形元素内部的颜色	aes(fill=factor_var)
linetype	线条类型映射，根据数据变量的不同，水平显示不同线条类型	aes(linetype=factor_var)
size	线条的大小映射，根据数据变量的值来调整元素的大小	aes(size=numeric_var)
alpha	透明度映射，控制图形元素的透明程度，0表示完全透明，1表示完全不透明	aes(alpha=numeric_var)
group	分组映射，用于分组数据，根据数据的分组变量分别绘制不同组的线条或区域	aes(group=group_var)

【例 6-6】绘制小提琴图示例。

在代码编辑器中输入以下代码，然后单击 ➡ Run 按钮运行。

```
library(ggplot2)
library(patchwork)

# 自定义数据集
set.seed(123)
mydata <- data.frame(
  category=rep(LETTERS[1:4],each=100),
  value=c(rnorm(100),rnorm(100,mean=2),rnorm(100,mean=4),
          rnorm(100,mean=6)))

# 示例 1: 基本的小提琴图
p1 <- ggplot(mydata,aes(x=category,y=value)) +
  geom_violin() +
  labs(title="Basic Violin Plot",
       x="Category",y="Value")

# 示例 2: 添加分位数线
p2 <- ggplot(mydata,aes(x=category,y=value)) +
  geom_violin(draw_quantiles=c(0.25,0.5,0.75)) +
  labs(title="Violin Plot with Quantiles",
       x="Category",y="Value")

# 示例 3: 调整小提琴图的宽度
p3 <- ggplot(mydata,aes(x=category,y=value)) +
  geom_violin(scale="count") +
  labs(title="Violin Plot with Width Adjusted by Count",
       x="Category",y="Value")

# 示例 4: 添加颜色映射
p4 <- ggplot(mydata,aes(x=category,y=value,fill=category)) +
  geom_violin() +
  labs(title="Violin Plot with Color Fill",
       x="Category",y="Value",
       fill="Category")

p1 + p2 + p3 + p4
```

输出结果如图 6-7 所示。

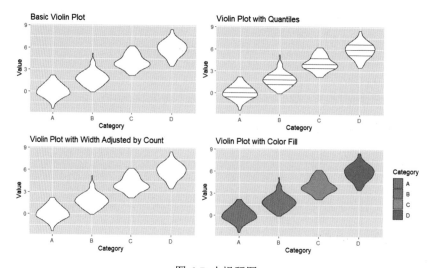

图 6-7 小提琴图

6.5 分组点图

分组点图通过一系列点来展示数据的分布，通常用于展示一维数据的分布情况。在 ggplot2 中，利用 geom_dotplot() 函数可以绘制分组点图（配置显示的分组）。该函数的语法结构如下：

```
geom_dotplot(mapping=NULL,data=NULL,binwidth=NULL,
            bins=NULL,method="dotdensity",binpositions="bygroup",
            stackdir="up",stackratio=1,dotsize=1,
            stackgroups=FALSE,origin=NULL,right=TRUE,width=0.9,
            drop=FALSE,na.rm=FALSE,orientation=NA,
            show.legend=NA,inherit.aes=TRUE,...)
```

该函数各参数的含义如表 6-11 所示。

表6-11 geom_dotplot()函数各参数的含义

参　　数	含　　义	示　　例
mapping	设置美学映射，包括x、y等	aes(x=value)
data	数据框，默认为主数据集	data=mydata
binwidth	每个bin的宽度	binwidth=0.5
bins	bin的个数	bins=30
method	设置点图的方法，取值为"dotdensity"或"histodot"	method="histodot"

（续表）

参　数	含　义	示　例
binpositions	bin位置的方式，取值为"bygroup"或"all"	binpositions="all"
stackdir	堆叠方向，取值为"up"、"down"、"center"或"centerwhole"	stackdir="center"
stackratio	点的堆叠比例	stackratio=1.5
dotsize	点的大小	dotsize=0.8
stackgroups	是否堆叠分组数据	stackgroups=TRUE
origin	数据起始点位置	origin=0
right	是否包括右边界	right=FALSE
width	点的宽度	width=0.8
drop	是否移除空的bin	drop=TRUE
na.rm	是否移除缺失值	na.rm=TRUE
orientation	图形的方向，默认值为NA，可以设置为"x"或"y"	orientation="x"
show.legend	是否显示图例，默认值为NA	show.legend=TRUE
inherit.aes	是否继承全局美学映射，默认值为TRUE	inherit.aes=FALSE
...	其他传递给layer()的参数	

geom_dotplot() 函数的美学映射参数如表 6-12 所示。

表6-12　美学映射参数

参　数	说　明	示　例
x	x轴上的变量	aes(x=value)
y	y轴上的变量，不常用	aes(y=value)
colour	点的颜色映射，根据数据变量的不同，水平显示不同颜色	aes(colour=group)
fill	填充颜色映射，用来填充点的内部颜色	aes(fill=group)
linetype	点的线条类型映射，根据数据变量的不同，水平显示不同线条类型	aes(linetype=group)
size	点的大小映射，根据数据变量的值来调整点的大小	aes(size=value)
alpha	透明度映射，控制点的透明程度，0表示完全透明，1表示完全不透明	aes(alpha=value)
group	分组映射，用于分组数据，根据数据的分组变量分别绘制不同组的点	aes(group=group)

【例 6-7】绘制分组点图示例。

在代码编辑器中输入以下代码，然后单击 ➡ Run 按钮运行。

```
library(ggplot2)
library(patchwork)
```

```
set.seed(123)
mydata <- data.frame(category=rep(LETTERS[1:4],each=50),
                     value=c(rnorm(50),rnorm(50,mean=2),
                     rnorm(50,mean=4),rnorm(50,mean=6)))

# 基本点图
p1 <- ggplot(mydata,aes(x=value)) +
  geom_dotplot() +
  labs(title="Basic Dot Plot",
       x="Value",y="Count")

# 调整 bin 的宽度
p2 <- ggplot(mydata,aes(x=value)) +
  geom_dotplot(binwidth=0.3) +
  labs(title="Dot Plot with Binwidth=0.3",
       x="Value",y="Count")

# 堆叠方向
p3 <- ggplot(mydata,aes(x=value)) +
  geom_dotplot(stackdir="center") +
  labs(title="Dot Plot with Center Stacking",
       x="Value",y="Count")

# 添加颜色映射
p4 <- ggplot(mydata,aes(x=value,fill=category)) +
  geom_dotplot() +
  labs(title="Dot Plot with Color Fill",
       x="Value",y="Count",
       fill="Category")

# 调整点的大小
p5 <- ggplot(mydata,aes(x=value,fill=category)) +
  geom_dotplot(dotsize=1.2) +
  labs(title="Dot Plot with Larger Dots",
       x="Value",y="Count")

(p1 + p2  + p3) / (p4 + p5)
```

输出结果如图 6-8 所示。

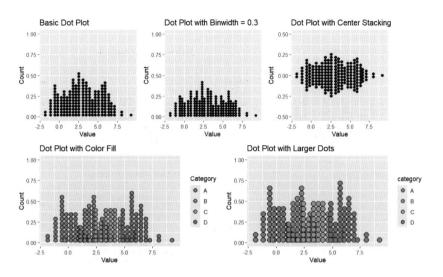

图 6-8　分组点图 1

继续输入以下代码并运行：

```
# 设置 bin 的个数
p6 <- ggplot(mydata,aes(x=value,fill=category)) +
  geom_dotplot(bins=20) +
  labs(title="Dot Plot with 20 Bins",
       x="Value",y="Count")

# 调整堆叠比例
p7 <- ggplot(mydata,aes(x=value,fill=category)) +
  geom_dotplot(stackratio=1.5) +
  labs(title="Dot Plot with Stack Ratio 1.5",
       x="Value",y="Count")

# 水平点图
p8 <- ggplot(mydata,aes(x=value,fill=category)) +
  geom_dotplot(stackdir="center",binwidth=0.3) +
  coord_flip() +
  labs(title="Horizontal Dot Plot",
       x="Value",y="Count")

# 不同的堆叠方法
p9 <- ggplot(mydata,aes(x=value,fill=category)) +
  geom_dotplot(method="histodot",binwidth=0.3) +
  labs(title="Dot Plot with Histogram Method",
       x="Value",y="Count")

 (p6 + p7) / (p8 + p9)
```

输出结果如图 6-9 所示。

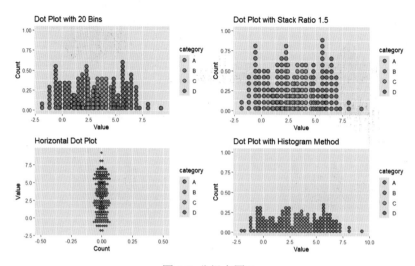

图 6-9 分组点图 2

6.6 添加误差条

误差条常用于表示数据的不确定性或变异性，例如标准误差、置信区间等。在 ggplot2 中，利用 geom_errorbar() 函数可以在图形中添加误差条。该函数的语法结构如下：

```
geom_errorbar(mapping=NULL,data=NULL,stat="identity",
              position="identity",...,width=0.5,
              na.rm=FALSE,orientation=NA,show.legend=NA,inherit.aes=TRUE)
```

该函数各参数的含义如表 6-13 所示。

表6-13 geom_errorbar()函数各参数的含义

参　　数	含　　义	示　　例
mapping	设置美学映射，包括x、y、ymin、ymax等	aes(ymin=lower,ymax=upper)
data	数据框，默认为主数据集	data=mydata
stat	使用的统计变换，默认值为identity	stat="identity"
position	位置调整，默认值为identity	position="dodge"
width	误差条的宽度，默认值为0.5	width=0.2
na.rm	是否移除缺失值	na.rm=TRUE
orientation	设置误差条的方向，默认值为NA，可选值为"x"或"y"	orientation="x"

参　数	含　义	示　例
show.legend	是否显示图例，默认值为NA	show.legend=TRUE
inherit.aes	是否继承全局美学映射，默认值为TRUE	inherit.aes=FALSE
...	其他传递给layer()的参数	

geom_errorbar() 函数的美学映射参数如表 6-14 所示。

表6-14 美学映射参数

参　数	说　明	示　例
x	x轴数据	aes(x=x)
y	y轴数据	aes(y=y)
ymin	误差条的最小值	aes(ymin=ymin)
ymax	误差条的最大值	aes(ymax=ymax)
colour	误差条的颜色	aes(colour=group)
linetype	误差条的线型	aes(linetype=group)
size	误差条的线宽	aes(size=group)
alpha	透明度	aes(alpha=0.5)

【例 6-8】添加误差条示例。

在代码编辑器中输入以下代码，然后单击 ➡ Run 按钮运行。

```
library(ggplot2)
library(patchwork)

# 自定义数据集
set.seed(123)
mydata <- data.frame(group=factor(rep(1:5,each=10)),
                     x=rep(1:5,each=10),y=rnorm(50,20,5),
                     ymin=rnorm(50,18,4),ymax=rnorm(50,22,4))

# 基本的误差条图
p1 <- ggplot(mydata,aes(x=group,y=y,ymin=ymin,ymax=ymax)) +
  geom_errorbar() +
  labs(title="Basic Error Bar Plot",
       x="Group",y="Y")

# 调整误差条的宽度
p2 <- ggplot(mydata,aes(x=group,y=y,ymin=ymin,ymax=ymax)) +
  geom_errorbar(width=0.2) +
  labs(title="Error Bar Plot with Width=0.2",
```

```
                    x="Group",y="Y")

# 添加颜色映射
p3 <- ggplot(mydata,aes(x=group,y=y,
                        ymin=ymin,ymax=ymax,colour=group)) +
  geom_errorbar() +
  labs(title="Error Bar Plot with Color",
       x="Group",y="Y",
       colour="Group")

# 小提琴图上添加误差条
p4 <- ggplot(mydata,aes(x=group,y=y)) +
  geom_violin() +
  geom_errorbar(aes(ymin=ymin,ymax=ymax,colour=group),width=0.2) +
  labs(title="Violin Plot with Error Bars",
       x="Group",y="Y",
       colour="Group")

# 箱线图上添加误差条
p5 <- ggplot(mydata,aes(x=group,y=y)) +
  geom_boxplot() +
  geom_errorbar(aes(ymin=ymin,ymax=ymax,colour=group),width=0.2) +
  labs(title="Box Plot with Error Bars",
       x="Group",y="Y",colour="Group")

# 综合应用
p6 <- ggplot(mydata,aes(x=group,y=y)) +
  geom_violin() +
  geom_boxplot(width=0.1) +
  geom_errorbar(aes(ymin=ymin,ymax=ymax,colour=group),width=0.2) +
  labs(title="Violin and Box Plot with Error Bars",
       x="Group",y="Y",colour="Group")

(p1 + p2 + p3) / (p4 + p5 + p6)
```

输出结果如图 6-10 所示。

水平误差条通常用于表示数据在水平方向上的不确定性或变异性。在 ggplot2 中，利用 geom_errorbarh() 函数可以绘制水平误差条。该函数的语法结构如下：

```
geom_errorbarh(mapping=NULL,data=NULL,stat="identity",
               position="identity",...,height=0.5,
               na.rm=FALSE,orientation=NA,show.legend=NA,inherit.aes=TRUE)
```

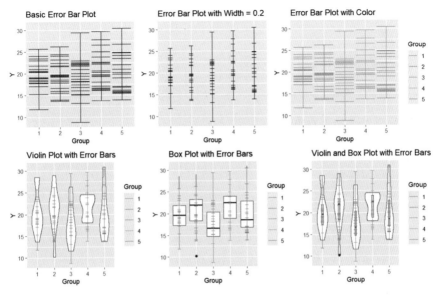

图 6-10　添加误差条

该函数各参数的含义如表 6-15 所示。

表6-15　geom_errorbarh()函数各参数的含义

参　　数	含　　义	示　　例
mapping	设置美学映射，如x、y等	aes(xmin=x_min,xmax=x_max,y=y)
data	数据框，默认为主数据集	data=mydata
stat	使用的统计变换，默认值为identity	stat="identity"
position	位置调整，默认值为identity	position="identity"
height	误差条的高度（水平误差条的宽度）	height=0.2
na.rm	是否移除缺失值	na.rm=TRUE
orientation	设置图形方向，通常自动检测	orientation="x"
show.legend	是否显示图例，默认值为NA	show.legend=TRUE
inherit.aes	是否继承全局美学映射，默认值为TRUE	inherit.aes=FALSE
...	其他传递给layer()的参数	

geom_errorbarh() 函数的美学映射参数如表 6-16 所示。

表6-16　美学映射参数

参　　数	说　　明	示　　例
xmin	水平误差条的最小值	aes(xmin=x_min)
xmax	水平误差条的最大值	aes(xmax=x_max)

（续表）

参　数	说　明	示　例
y	y轴坐标	aes(y=y)
height	误差条的高度（水平误差条的宽度）	aes(height=0.2)
colour	误差条的颜色	aes(colour=factor(group))

【例6-9】绘制水平误差条示例。

在代码编辑器中输入以下代码，然后单击 ➡️Run 按钮运行。

```
library(ggplot2)
library(patchwork)

# 自定义数据集
set.seed(123)
mydata <- data.frame(group=factor(rep(1:4,each=5)),
                      y=rep(1:5,4),x=rnorm(20,10,2),
                      x_min=rnorm(20,9,2),x_max=rnorm(20,11,2))

# 示例 1：基本的水平误差条
p1 <- ggplot(mydata,aes(y=y,xmin=x_min,xmax=x_max,x=x)) +
  geom_point() +
  geom_errorbarh(height=0.2) +
  labs(title="Basic Horizontal Error Bars",
       x="X",y="Y")

# 示例 2：添加颜色映射
p2 <- ggplot(mydata,aes(y=y,xmin=x_min,xmax=x_max,x=x,
                        colour=group)) +
  geom_point() +
  geom_errorbarh(height=0.2) +
  labs(title="Horizontal Error Bars with Color Mapping",
       x="X",y="Y",
       colour="Group")

# 示例 3：调整误差条宽度
p3 <- ggplot(mydata,aes(y=y,xmin=x_min,xmax=x_max,x=x)) +
  geom_point() +
  geom_errorbarh(height=0.5) +
  labs(title="Horizontal Error Bars with Adjusted Width",
       x="X",y="Y")

# 示例 4：与箱线图结合使用
p4 <- ggplot(mydata,aes(x=group,y=y)) +
```

```
geom_boxplot(aes(fill=group)) +
geom_errorbarh(aes(xmin=x_min,xmax=x_max),
               position=position_dodge(width=0.75),height=0.2) +
labs(title="Box Plot with Horizontal Error Bars",
     x="Group",y="Y",
     fill="Group")

(p1 + p2) / (p3 + p4)
```

输出结果如图 6-11 所示。

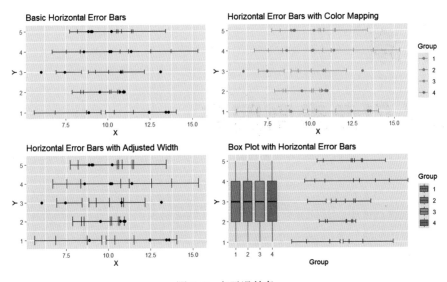

图 6-11　水平误差条

6.7　本章小结

　　本章详细介绍了使用 ggplot2 包创建各种统计图表的方法，包括直方图、二维直方图、箱线图、小提琴图、分组点图，以及添加误差条的技巧。通过这些内容，可以掌握在数据可视化过程中展示数据的分布、集中趋势和离散程度等统计特征的方法与技巧。希望通过对本章内容的学习，读者能够熟练运用这些统计图表，提升数据分析的深度和广度，为研究和决策提供可靠的视觉支持。

第7章

添加几何元素到图表

在数据可视化过程中，几何元素的灵活运用可以帮助我们更直观地展示数据的特征和趋势。本章将详细介绍如何使用 ggplot2 包添加参考线、随机抖动、平滑线、垂直线、带状图、区间线段、多边形、文本标签、边缘短线及空几何对象等。每种几何元素都有其独特的作用，合理地应用这些元素，可以显著提升图表的表现力和可读性，为数据分析和解读提供有力支持。

7.1 指定参考线

在科技绘图中，通常需要在图形中添加直线来作为数据的趋势线或者参考线。通过指定斜率和截距，可以绘制不同的直线。在 ggplot2 中，利用 geom_abline() 函数可以在图形中添加直线。该函数的语法结构如下：

```
geom_abline(mapping=NULL,data=NULL,slope=NULL,intercept=NULL,
            ...
            na.rm=FALSE,show.legend=NA,inherit.aes=TRUE,)
```

该函数各参数的含义如表 7-1 所示。

表7-1 geom_abline()函数各参数的含义

参 数	含 义	示 例
mapping	设置美学映射，包括x、y等	aes(colour="blue")
data	数据框，默认为主数据集	data=mydata
slope	直线的斜率	slope=1
intercept	直线的截距	intercept=0
na.rm	是否移除缺失值	na.rm=TRUE
show.legend	是否显示图例，默认值为NA	show.legend=TRUE
inherit.aes	是否继承全局美学映射，默认值为TRUE	inherit.aes=FALSE
...	其他传递给layer()的参数	

geom_abline() 函数的美学映射参数如表 7-2 所示。

表7-2 美学映射参数

参 数	说 明	示 例
colour	直线颜色	aes(colour="red")
size	直线宽度	aes(size=1.5)
linetype	直线类型	aes(linetype="dashed")
alpha	直线透明度	aes(alpha=0.5)

【例 7-1】 在散点图中添加参考线示例。

在代码编辑器中输入以下代码，然后单击 ➡ Run 按钮运行。

```
library(ggplot2)
library(patchwork)

# 自定义数据集
set.seed(123)
mydata <- data.frame(x=rnorm(100),y=rnorm(100))

# 基本的直线
p1 <- ggplot(mydata,aes(x=x,y=y)) +
  geom_point() +
  geom_abline(slope=1,intercept=0) +
  labs(title="Basic Abline",x="X",y="Y")

# 调整直线颜色
p2 <- ggplot(mydata,aes(x=x,y=y)) +
  geom_point(colour="red") +
  geom_abline(slope=1,intercept=0,colour="blue") +
  labs(title="Abline with Blue Color",x="X",y="Y")
```

```
# 调整直线类型
p3 <- ggplot(mydata,aes(x=x,y=y)) +
  geom_point(colour="green") +
  geom_abline(slope=1,intercept=0,linetype="dashed") +
  labs(title="Abline with Dashed Line",x="X",y="Y")

# 调整直线宽度
p4 <- ggplot(mydata,aes(x=x,y=y)) +
  geom_point() +
  geom_abline(slope=1,intercept=0,size=1.5,colour="Skyblue") +
  labs(title="Abline with Thicker Line",x="X",y="Y")

# 设置透明度
p5 <- ggplot(mydata,aes(x=x,y=y)) +
  geom_point() +
  geom_abline(slope=1,intercept=0,alpha=0.5) +
  labs(title="Abline with Transparency",x="X",y="Y")

# 综合应用
p6 <- ggplot(mydata,aes(x=x,y=y)) +
  geom_point() +
  geom_abline(slope=1,intercept=0,colour="red",
              linetype="dotted",size=1.2,alpha=0.7) +
  labs(title="Comprehensive Abline",x="X",y="Y")

# 显示所有图
p1 + p2 + p3 + p4 + p5 + p6
```

输出结果如图 7-1 所示。

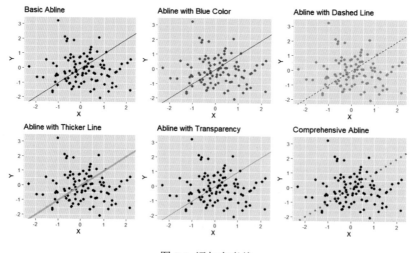

图 7-1 添加参考线

7.2 添加随机抖动

在散点图中添加随机抖动，可以避免点的重叠。使用抖动可以更好地显示数据的分布，特别是在具有大量重复值的数据集中。在 ggplot2 中，利用 geom_jitter() 函数可以在散点图中添加随机抖动。该函数的语法结构如下：

```
geom_jitter(mapping=NULL,data=NULL,stat="identity",
            position="jitter",...,
            width=NULL,height=NULL,
            na.rm=FALSE,orientation=NA,show.legend=NA,inherit.aes=TRUE)
```

该函数各参数的含义如表 7-3 所示。

表7-3　geom_jitter()函数各参数的含义

参　数	含　义	示　例
mapping	设置美学映射，如x、y、colour、size等	aes(x=x,y=y)
data	数据框，默认为主数据集	data=mydata
stat	使用的统计变换，默认值为identity	stat="identity"
position	位置调整，默认值为jitter	position="jitter"
width	抖动的宽度	width=0.2
height	抖动的高度	height=0.2
na.rm	是否移除缺失值	na.rm=TRUE
orientation	设置点的方向，默认值为NA	orientation="x"
show.legend	是否显示图例，默认值为NA	show.legend=TRUE
inherit.aes	是否继承全局美学映射，默认值为TRUE	inherit.aes=FALSE
...	其他传递给layer()的参数	

geom_jitter() 函数的美学映射参数如表 7-4 所示。

表7-4　美学映射参数

参　数	说　明	示　例
x	x轴数据	aes(x=x)
y	y轴数据	aes(y=y)
colour	点的颜色	aes(colour=factor(group))
size	点的大小	aes(size=value)
shape	点的形状	aes(shape=factor(group))
alpha	透明度	aes(alpha=0.5)

【例 7-2】在图表中添加随机抖动示例。

在代码编辑器中输入以下代码，然后单击 ➡Run 按钮运行。

```
library(ggplot2)
library(patchwork)

# 自定义数据集
set.seed(123)
mydata <- data.frame(group=factor(rep(1:5,each=20)),
                     x=rep(1:5,each=20),
                     y=jitter(rep(1:5,each=20),amount=0.2))

# 基本的抖动散点图
p1 <- ggplot(mydata,aes(x=x,y=y)) +
  geom_jitter() +
  labs(title="Basic Jitter Plot", x="X",y="Y")

# 调整抖动的宽度和高度
p2 <- ggplot(mydata,aes(x=x,y=y)) +
  geom_jitter(width=0.3,height=0.3) +
  labs(title="Jitter Plot with Width and Height",x="X",y="Y")

# 添加颜色映射
p3 <- ggplot(mydata,aes(x=x,y=y,colour=group)) +
  geom_jitter() +
  labs(title="Jitter Plot with Color",
          x="X",y="Y",
          colour="Group"
)

p1 + p2 + p3
```

输出结果如图 7-2 所示。

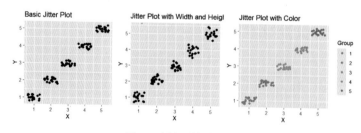

图 7-2 添加随机抖动 1

继续输入以下代码并运行：

```
# 调整点的大小和透明度
p4 <- ggplot(mydata,aes(x=x,y=y)) +
```

```
    geom_jitter(size=3,alpha=0.6) +
    labs(title="Jitter Plot with Size and Transparency",
            x="X",y="Y")

# 先绘制散点图再添加抖动
p5 <- ggplot(mydata,aes(x=x,y=y,colour=group)) +
    geom_point(position=position_jitter(width=0.2,height=0.2)) +
    labs(title="Scatter Plot with Jitter",
            x="X",y="Y",
            colour="Group")

# 先绘制散点图再添加抖动和形状映射
p6 <- ggplot(mydata,aes(x=x,y=y,shape=group)) +
    geom_point(position=position_jitter(width=0.2,height=0.2),size=3) +
    labs(title="Scatter Plot with Jitter and Shape",
            x="X",y="Y",
            shape="Group")

# 综合应用，先绘制散点图再添加抖动
p7 <- ggplot(mydata,aes(x=x,y=y,colour=group,shape=group)) +
    geom_point(position=position_jitter(width=0.3,height=0.3),
            size=3,alpha=0.7) +
    labs(title="Comprehensive Scatter Plot with Jitter",
            x="X",y="Y",
            colour="Group",shape="Group")

p4 + p5 + p6 + p7
```

输出结果如图 7-3 所示。

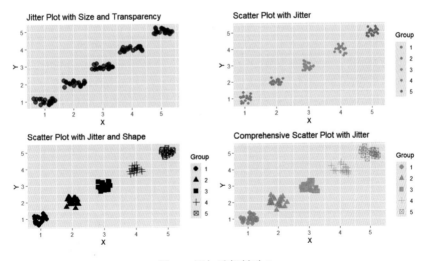

图 7-3　添加随机抖动 2

7.3 平滑线

数据的平滑线可以使用多种平滑方法（如线性模型、广义加性模型等）
来显示数据的趋势。在 ggplot2 中，利用 geom_smooth() 函数可以添加数据的
平滑线和置信区间。该函数的语法结构如下：

```
geom_smooth(mapping=NULL,data=NULL,stat="smooth",
            position="identity",...,
            method="auto",formula=y ~ x,se=TRUE,span=0.75,
            fullrange=FALSE,level=0.95,method.args=list(),
            na.rm=FALSE,orientation=NA,show.legend=NA,inherit.aes=TRUE)
```

该函数各参数的含义如表 7-5 所示。

表7-5 geom_smooth()函数各参数的含义

参　　数	含　　义	示　　例
mapping	设置美学映射，通常通过aes()函数来指定	aes(x=wt,y=mpg)
data	指定用于该图层的数据集	data=mtcars
stat	统计变换，用于计算平滑线的数据	stat="smooth"
position	调整图层的位置	position="identity"
method	指定平滑方法（如"lm"、"glm"、"loess"、"gam"等）	method="lm"
formula	指定用于平滑的公式	formula=y~x
se	是否显示置信区间，默认值为TRUE	se=FALSE
span	当使用loess平滑方法时，设置平滑参数	span=0.5
fullrange	是否平滑整个x范围，默认值为FALSE	fullrange=TRUE
level	设置置信区间的置信水平，默认值为0.95	level=0.99
method.args	传递给平滑方法的其他参数	method.args=list(family="binomial")
na.rm	如果值为TRUE，则会移除缺失值	na.rm=TRUE
orientation	指定图层的方向，可选"x"或"y"	orientation="y"
show.legend	是否在图例中显示该图层	show.legend=FALSE
inherit.aes	如果值为FALSE，则不继承来自主图形的美学映射	inherit.aes=FALSE

geom_smooth() 函数的美学映射参数如表 7-6 所示。

表7-6 美学映射参数

参　　数	说　　明	示　　例
x	用于x轴的数据	aes(x=wt)
y	用于y轴的数据	aes(y=mpg)

参　数	说　明	示　例
colour	设置平滑线的颜色	aes(colour=gear)
linetype	设置平滑线的线型	aes(linetype=cyl)
size	设置平滑线的大小	aes(size=qsec)
fill	设置置信区间的填充颜色	aes(fill=gear)

平滑方法的参数如表 7-7 所示。

表7-7　平滑方法的参数

参　数	说　明	示　例
auto	根据数据量自动选择合适的方法。数据量小于1000时，使用loess；大于1000时，使用gam	geom_smooth(method="auto")
loess	局部加权回归，用于小数据集，可以捕捉非线性关系	geom_smooth(method="loess")
lm	线性模型，适用于线性关系	geom_smooth(method="lm")
glm	广义线性模型，用于二项分布或泊松分布等非正态分布的数据	geom_smooth(method="glm",method.args=list(family="binomial"))
gam	广义加性模型，适用于大数据集和复杂的非线性关系	geom_smooth(method="gam",formula=y~s(x))
rlm	鲁棒线性模型，适用于有异常值的数据。需要MASS包	geom_smooth(method="rlm")

【例 7-3】在图表中添加数据平滑线示例。

在代码编辑器中输入以下代码，然后单击 ➡ Run 按钮运行。

```
library(ggplot2)
library(patchwork)

# 基本平滑曲线
p1 <- ggplot(mtcars,aes(x=wt,y=mpg)) +
  geom_point() +
  geom_smooth() +
  labs(title="Basic Smooth Curve",
       x="Weight",y="Miles Per Gallon")

# 使用线性模型
p2 <- ggplot(mtcars,aes(x=wt,y=mpg)) +
  geom_point() +
  geom_smooth(method="lm") +
  labs(title="Smooth Curve with Linear Model",
       x="Weight",y="Miles Per Gallon")

# 调整置信区间
```

```
p3 <- ggplot(mtcars,aes(x=wt,y=mpg)) +
  geom_point() +
  geom_smooth(se=FALSE) +
  labs(title="Smooth Curve without Confidence Interval",
       x="Weight",y="Miles Per Gallon")

# 使用 loess 平滑方法
p4 <- ggplot(mtcars,aes(x=wt,y=mpg)) +
  geom_point() +
  geom_smooth(method="loess",span=0.5) +
  labs(title="Smooth Curve with LOESS Method",
       x="Weight",y="Miles Per Gallon")

# 使用 gam 平滑方法
p5 <- ggplot(mtcars,aes(x=wt,y=mpg)) +
  geom_point() +
  geom_smooth(method="gam",formula=y ~ s(x)) +
  labs(title="Smooth Curve with GAM Method",
       x="Weight",y="Miles Per Gallon")

# 添加颜色映射
p6 <- ggplot(mtcars,aes(x=wt,y=mpg,colour=factor(gear))) +
  geom_point() +
  geom_smooth() +
  labs(title="Smooth Curve with Color Mapping",
       x="Weight",y="Miles Per Gallon",
       colour="Gears")

# 使用 patchwork 将所有图组合在一幅图上
(p1 | p2 | p3) / (p4 | p5 | p6)
```

输出结果如图 7-4 所示。

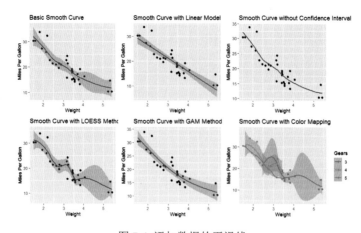

图 7-4 添加数据的平滑线

7.4　垂直线

在绘图过程中，有时需要在图中添加垂直参考线，例如表示某个特定的阈值或事件。在 ggplot2 中，利用 geom_vline() 函数可以绘制垂直线。该函数的语法结构如下：

```
geom_vline(mapping=NULL,data=NULL,stat="identity",
           position="identity",...,xintercept,
           na.rm=FALSE,show.legend=NA,inherit.aes=TRUE)
```

该函数各参数的含义如表 7-8 所示。

表7-8　geom_vline()函数各参数的含义

参　　数	含　　义	示　　例
mapping	设置美学映射，通常由aes()函数提供	aes(colour="red")
data	要显示的图层数据，默认使用主数据集	data.frame(x=c(1,2,3),y=c(4,5,6))
stat	统计变换要使用的统计方法	stat="identity"
position	位置调整	position="identity"
...	其他参数，传递给图层	
xintercept	定义垂直线的横坐标位置	xintercept=2
na.rm	如果值为TRUE，则会忽略缺失值	na.rm=TRUE
show.legend	是否显示图例	show.legend=TRUE
inherit.aes	如果值为FALSE，则覆盖默认美学	inherit.aes=FALSE

geom_vline() 本身不常用美学映射，但在某些情况下，可以通过特定参数（如颜色、线型、大小等）对不同组的数据进行映射。其美学映射参数如表 7-9 所示。

表7-9　美学映射参数

参　　数	说　　明	示　　例
xintercept	定义垂直线的横坐标位置	xintercept=3
colour	设置垂直线的颜色	colour="red"
linetype	设置垂直线的线型	linetype="dashed"
size	设置垂直线的粗细	size=1.5

> 🎮说明　在 ggplot2 中，利用 geom_hline() 函数可以绘制水平参考线，该函数与 geom_vline() 的使用方法一样，这里不再赘述。

【例 7-4】在图表中添加垂直线示例。

在代码编辑器中输入以下代码，然后单击 ➡️ Run 按钮运行。

```
library(ggplot2)
library(patchwork)

# 创建基础散点图
base_plot <- ggplot(mtcars,aes(x=wt,y=mpg)) +
  geom_point() +
  labs(title="Base Scatter Plot",x="Weight",y="Miles Per Gallon")

# 基本垂直线
p1 <- base_plot +
  geom_vline(xintercept=3.5) +
  labs(title="Basic Vertical Line at x=3")

# 垂直线，设置颜色和线型
p2 <- base_plot +
  geom_vline(xintercept=3.5,colour="red",linetype="dotted") +
  labs(title="Vertical Line with Color and Linetype")

# 垂直线，按组区分颜色
p3 <- base_plot +
  geom_vline(aes(xintercept=wt,colour=factor(cyl)),
             data=data.frame(wt=c(2.5,4.5,6.5),cyl=c(4,6,8))) +
  labs(title="Vertical Line with Color by Group",colour="Cylinder")

# 多条垂直线
p4 <- base_plot +
  geom_vline(xintercept=c(2.5,4.5,6.5),colour=c("blue","green","purple"),
             linetype="dashed") +
  labs(title="Multiple Vertical Lines")

(p1 | p2) / (p3 | p4)
```

输出结果如图 7-5 所示。

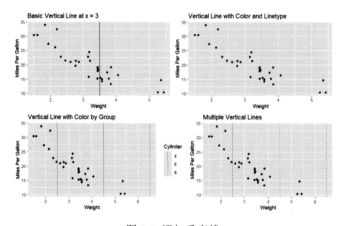

图 7-5 添加垂直线

7.5 带状图

带状图通常用于展示数据的不确定性范围。它通过绘制一个区域来展示一个变量的最小值和最大值之间的变化。在 ggplot2 中，利用 geom_ribbon() 函数可以绘制带状图（置信区间），该函数的语法结构如下：

```
geom_ribbon(mapping=NULL,data=NULL,stat="identity",
            position="identity",...,
            na.rm=FALSE,show.legend=NA,inherit.aes=TRUE)
```

该函数各参数的含义如表 7-10 所示。

表7-10 geom_ribbon()函数各参数的含义

参　　数	含　　义	示　　例
mapping	设置美学映射，通常通过aes()来指定	aes(x=x,ymin=ymin,ymax=ymax)
data	设置数据集，默认值为NULL，表示使用默认数据集	data=mydata
stat	用于计算的数据统计方法，默认值为identity	stat="identity"
position	调整图层的位置，默认值为identity	position="identity"
na.rm	如果值为TRUE，会移除缺失值，默认值为FALSE	na.rm=TRUE
show.legend	是否在图例中显示这一层，默认值为NA，表示自动判断	show.legend=TRUE
inherit.aes	是否从ggplot对象继承全局美学映射，默认值为TRUE	inherit.aes=FALSE
...	其他传递给图形对象的参数	alpha=0.5

geom_ribbon() 函数的美学映射参数如表 7-11 所示。

表7-11 美学映射参数

参　　数	说　　明	示　　例
x	*x*轴数据	aes(x=time)
ymin	最小*y*值	aes(ymin=min_value)
ymax	最大*y*值	aes(ymax=max_value)
fill	填充颜色	aes(fill=category)
alpha	透明度	aes(alpha=0.2)
color	边框颜色	aes(color=category)

【例 7-5】绘制带状图示例。

在代码编辑器中输入以下代码，然后单击 ➡ Run 按钮运行。

```
library(ggplot2)
library(patchwork)
```

```
# 自定义数据集
set.seed(123)
data <- data.frame(x=1:100,y=sin(1:100 / 10) + rnorm(100,sd=0.1),
    ymin=sin(1:100 / 10) - rnorm(100,sd=0.2),
    ymax=sin(1:100 / 10) + rnorm(100,sd=0.2))

# 绘制基本带状图
p1 <- ggplot(data,aes(x=x,ymin=ymin,ymax=ymax)) +
    geom_ribbon(fill="red",alpha=0.5) +
    labs(title="Basic Ribbon Plot",x="X",y="Y")

# 创建带有分类变量的数据集
data$category <- rep(c("A","B"),each=50)

# 绘制带有填充颜色映射的带状图
p2 <- ggplot(data,aes(x=x,ymin=ymin,ymax=ymax,fill=category)) +
    geom_ribbon(alpha=0.5) +
    labs(title="Ribbon Plot with Fill Color Mapping",x="X",y="Y") +
    scale_fill_manual(values=c("A"="skyblue","B"="orange"))

# 绘制带有边框颜色映射的带状图
p3 <- ggplot(data,aes(x=x,ymin=ymin,ymax=ymax,color=category)) +
    geom_ribbon(fill="skyblue",alpha=0.5) +
    labs(title="Ribbon Plot with Border Color Mapping",x="X",y="Y") +
    scale_color_manual(values=c("A"="blue","B"="red"))

# 绘制带有透明度映射的带状图
p4 <- ggplot(data,aes(x=x,ymin=ymin,ymax=ymax,fill=category)) +
    geom_ribbon(alpha=0.5) +
    labs(title="Ribbon Plot with Alpha Mapping",x="X",y="Y") +
    scale_fill_manual(values=c("A"="skyblue","B"="orange"))

# 绘制综合应用的带状图
p5 <- ggplot(data,aes(x=x,ymin=ymin,ymax=ymax,fill=category,
                      color=category)) +
    geom_ribbon(alpha=0.5) +
    labs(title="Comprehensive Ribbon Plot",x="X",y="Y") +
    scale_fill_manual(values=c("A"="skyblue","B"="orange")) +
    scale_color_manual(values=c("A"="blue","B"="red"))

(p1 | p2 | p3) / (p4 | p5)
```

输出结果如图 7-6 所示。

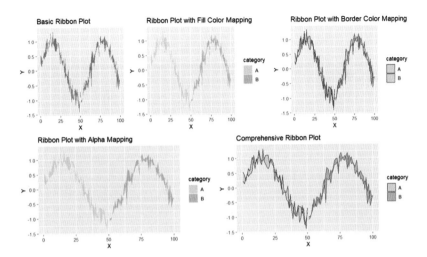

图 7-6 带状图

7.6 区间线段

在 ggplot2 中，geom_linerange() 是用于绘制线段（绘制从 ymin 到 ymax 的垂直线段，或从 xmin 到 xmax 的水平线段）的几何对象函数。该线段通常用于表示数据中的范围或误差。geom_linerange() 函数的语法结构如下：

```
geom_linerange(mapping=NULL,data=NULL,stat="identity",
               position="identity",...,
               na.rm=FALSE,orientation=NA)
```

该函数各参数的含义如表 7-12 所示。

表7-12 geom_linerange()函数各参数的含义

参　　数	含　　义	示　　例
mapping	设置美学映射，通常由aes()函数指定	aes(x=dose,ymin=lower, ymax=upper)
data	使用的数据集，默认值为NULL，表示使用默认数据集	data=mydata
stat	统计变换方法，默认值为"identity"	stat="identity"
position	位置调整方法，默认值为"identity"	position="identity"
...	其他传递给图层的参数，如颜色、线条类型等	colour="blue",size=1
na.rm	逻辑值，是否移除缺失值，默认值为FALSE	na.rm=TRUE
orientation	设置方向，通常值为NA；可以是"x"或"y"，用于强制设定方向	orientation="x"

geom_linerange() 函数的美学映射参数如表 7-13 所示。

表7-13 美学映射参数

参 数	说 明	示 例
x	x轴上的位置	aes(x=dose)
y	y轴上的位置	aes(y=length)
ymin	线段起始y轴上的位置	aes(ymin=lower)
ymax	线段结束y轴上的位置	aes(ymax=upper)
xmin	线段起始x轴上的位置（水平线段）	aes(xmin=lower)
xmax	线段结束x轴上的位置（水平线段）	aes(xmax=upper)
colour/color	线段颜色	aes(colour=group)
size	线段宽度	aes(size=weight)
linetype	线段类型	aes(linetype=type)

【例 7-6】绘制区间线段示例。

在代码编辑器中输入以下代码，然后单击 ➡Run 按钮运行。

```
library(ggplot2)
library(patchwork)

# 创建示例数据集
mydata <- data.frame(dose=c(1,2,3,4,5),
  length=c(2.3,3.1,4.0,4.8,5.6),
  lower=c(1.8,2.5,3.3,4.0,4.7),
  upper=c(2.8,3.7,4.7,5.6,6.5))

# 绘制垂直线段
p1 <- ggplot(mydata,aes(x=dose,y=length)) +
  geom_point() +
  geom_linerange(aes(ymin=lower,ymax=upper),colour="blue",size=1) +
  labs(title="Vertical Line Range",x="Dose",y="Length")

# 绘制水平线段
p2 <- ggplot(mydata,aes(y=dose,x=length)) +
  geom_point() +
  geom_linerange(aes(xmin=lower,xmax=upper),colour="red",size=1) +
  labs(title="Horizontal Line Range",y="Dose",x="Length")

p1 + p2
```

输出结果如图 7-7 所示。

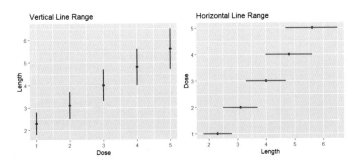

图 7-7　绘制区间线段

7.7　多边形

在 ggplot2 中，geom_polygon() 函数用于绘制多边形，以显示区域、轮廓等。该函数的语法结构如下：

```
geom_polygon(mapping=NULL,data=NULL,stat="identity",
             position="identity",...,
             na.rm=FALSE,show.legend=NA,inherit.aes=TRUE)
```

该函数各参数的含义如表 7-14 所示。

表7-14　geom_polygon()函数各参数的含义

参　数	含　义	示　例
mapping	设置美学映射，通常使用aes()函数指定	aes(x=long,y=lat,group=group,fill=region)
data	要显示的具体数据集	data=mydata
stat	使用的统计变换，默认值为"identity"	stat="identity"
position	位置调整，默认值为"identity"	position="identity"
na.rm	是否移除缺失值，默认值为FALSE	na.rm=TRUE
show.legend	是否显示图例，默认值为NA	show.legend=TRUE
inherit.aes	是否继承全局美学映射，默认值为TRUE	inherit.aes=FALSE
...	其他传递给层的参数，如图形参数等	colour="blue",size=1

geom_polygon() 函数的美学映射参数如表 7-15 所示。

表7-15　美学映射参数

参　数	说　明	示　例
x	x轴上的位置	aes(x=long)
y	y轴上的位置	aes(y=lat)

（续表）

参　数	说　明	示　例
group	多边形分组	aes(group=group)
fill	多边形填充颜色	aes(fill=region)
colour/color	多边形边框颜色	aes(colour=border)
size	多边形边框宽度	aes(size=border_width)
linetype	多边形边框类型	aes(linetype=border_type)
alpha	多边形透明度	aes(alpha=transparency)

【例 7-7】绘制多边形示例。

在代码编辑器中输入以下代码，然后单击 ➡ Run 按钮运行。

```
library(ggplot2)
library(patchwork)

# 创建示例数据集
mydata1 <- data.frame(long=c(1,2,3,2,1),
                      lat=c(1,3,2,1,1),
                      region=c("A","A","A","A","A"))

# 绘制基本多边形
p1 <- ggplot(mydata1,aes(x=long,y=lat,group=region)) +
  geom_polygon(fill="blue",colour="black") +
  labs(title="Basic Polygon",x="Longitude",y="Latitude")

# 扩展示例数据集
mydata2 <- data.frame(long=c(1,2,3,2,1,4,5,6,5,4),
            lat=c(1,3,2,1,1,1,3,2,1,1),
            region=c("A","A","A","A","A","B","B","B","B","B"),
            border=c("red","red","red","red","red",
                  "blue","blue","blue","blue","blue"),
            border_width=c(1,1,1,1,1,2,2,2,2,2))

# 绘制带有填充颜色的多边形
p2 <- ggplot(mydata2,aes(x=long,y=lat,group=region,fill=region)) +
  geom_polygon(colour="black") +
  labs(title="Polygon with Fill",x="Longitude",y="Latitude")

# 绘制带有透明度和线型的多边形
p3 <- ggplot(mydata2,aes(x=long,y=lat,group=region,fill=region)) +
  geom_polygon(colour="black",alpha=0.5,linetype="dashed") +
  labs(title="Polygon with Transparency and Line Type",
       x="Longitude",y="Latitude")

# 绘制带有边框宽度和边框颜色的多边形
p4 <- ggplot(mydata2,aes(x=long,y=lat,group=region,fill=region)) +
```

```
geom_polygon(aes(colour=border,size=border_width)) +
labs(title="Polygon with Border Width and Colour",
    x="Longitude",y="Latitude") +
scale_colour_identity() +
scale_size_identity()
```

```
p1 | p2 / p3 | p4
```

输出结果如图 7-8 所示。

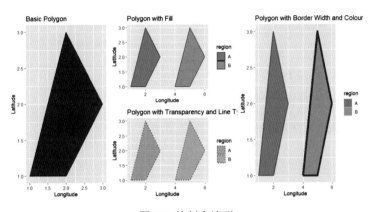

图 7-8　绘制多边形

7.8　文本标签

在 ggplot2 中，geom_text() 函数用于在图形中添加文本标签。通过美学映射可以对文本的内容、位置、颜色、大小、角度等进行控制。geom_text() 函数的语法结构如下：

```
geom_text(mapping=NULL,data=NULL,stat="identity",
        position="identity",...,
        parse=FALSE,nudge_x=0,nudge_y=0,check_overlap=FALSE,
        na.rm=FALSE,show.legend=NA,inherit.aes=TRUE)
```

该函数各参数的含义如表 7-16 所示。

表7-16　geom_text()函数各参数的含义

参　　数	含　　义	示　　例
mapping	设置美学映射，通常使用aes()函数指定	aes(label=value)
data	要显示的具体数据集	data=my_data
stat	使用的统计变换，默认值为"identity"	stat="identity"

（续表）

参　数	含　义	示　例
position	位置调整，默认值为"identity"	position="identity"
parse	如果值为TRUE，则将标签解释为表达式以用于数学标记，默认值为FALSE	parse=TRUE
nudge_x	沿x轴方向的偏移量	nudge_x=0.5
nudge_y	沿y轴方向的偏移量	nudge_y=0.5
check_overlap	如果值为TRUE，则检查并删除重叠的文本标签，默认值为FALSE	check_overlap=TRUE
na.rm	是否移除缺失值，默认值为FALSE	na.rm=TRUE
show.legend	是否显示图例，默认值为NA	show.legend=TRUE
inherit.aes	是否继承全局美学映射，默认值为TRUE	inherit.aes=FALSE
...	其他传递给图层的参数，如文本参数等	colour="blue",size=4

geom_text() 函数的美学映射参数如表 7-17 所示。

表7-17　美学映射参数

参　数	说　明	示　例
x	文本标签的横坐标位置	aes(x=x_variable)
y	文本标签的纵坐标位置	aes(y=y_variable)
label	文本标签的内容	aes(label=label_variable)
colour / color	文本标签的颜色	aes(colour=colour_variable)
size	文本标签的大小	aes(size=size_variable)
angle	文本标签的角度	aes(angle=angle_variable)
hjust	文本标签的水平对齐方式	aes(hjust=hjust_variable)
vjust	文本标签的垂直对齐方式	aes(vjust=vjust_variable)
alpha	文本标签的透明度	aes(alpha=alpha_variable)
family	文本标签的字体家族	aes(family=family_variable)
fontface	文本标签的字体样式，如粗体、斜体	aes(fontface=fontface_variable)

【例 7-8】添加文本标签示例。

在代码编辑器中输入以下代码，然后单击 ➡ Run 按钮运行。

```
library(ggplot2)
library(patchwork)

# 创建示例数据
my_data <- data.frame(x=1:5,y=c(2,3,5,7,11),
            label=c("A","B","C","D","E"),
            colour_variable=c("red","blue","green","orange","purple"),
```

```
                       size_variable=c(3,4,5,6,7),
                       angle_variable=c(0,45,90,135,180),
                       hjust_variable=c(0,0.5,1,0.5,0),
                       vjust_variable=c(1,0.5,0,0.5,1))

# 示例 1：基本的文本标签
p1 <- ggplot(my_data,aes(x=x,y=y)) +
  geom_point() +
  geom_text(aes(label=label),vjust=-1) +
  labs(title="Basic Text Labels",x="X",y="Y")

# 示例 2：带有颜色和大小的文本标签
p2 <- ggplot(my_data,aes(x=x,y=y)) +
  geom_point() +
  geom_text(aes(label=label,colour=colour_variable,size=size_variable),
            vjust=-1) +
  labs(title="Text Labels with Colour and Size",x="X",y="Y")

# 示例 3：带有角度和对齐方式的文本标签
p3 <- ggplot(my_data,aes(x=x,y=y)) +
  geom_point() +
  geom_text(aes(label=label,angle=angle_variable,
                hjust=hjust_variable,vjust=vjust_variable)) +
  labs(title="Text Labels with Angle and Justification",x="X",y="Y")

# 示例 4：带有偏移和检查重叠的文本标签
p4 <- ggplot(my_data,aes(x=x,y=y)) +
  geom_point() +
  geom_text(aes(label=label),nudge_x=0.2,nudge_y=0.2,check_overlap=TRUE) +
  labs(title="Text Labels with Nudge and Overlap Check",x="X",y="Y")

p1 | p4 / p3 | p2
```

输出结果如图 7-9 所示。

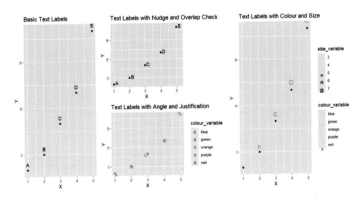

图 7-9 添加文本标签

7.9 边缘短线

在 ggplot2 中，geom_rug() 函数用于在图形的轴上添加短线，以显示数据点的分布。这种方式常用于散点图、密度图等，以帮助理解数据的边缘分布情况。geom_rug() 函数的语法结构如下：

```
geom_rug(mapping=NULL,data=NULL,stat="identity",
         position="identity",...,
         outside=FALSE,sides="bl",length=unit(0.03,"npc"),
         na.rm=FALSE,inherit.aes=TRUE,show.legend=NA)
```

该函数各参数的含义如表 7-18 所示。

表7-18 geom_rug()函数各参数的含义

参　　数	含　　义	示　　例
mapping	设置美学映射，通常使用aes()函数指定	aes(x=x_variable,y=y_variable)
data	要显示的具体数据集	data=my_data
stat	使用的统计变换，默认值为"identity"	stat="identity"
position	位置调整，默认值为"identity"	position="identity"
outside	如果值为TRUE，则将短线绘制在图形外侧，默认值为FALSE	outside=TRUE
sides	指定在哪些轴上绘制短线，默认值为"bl"，表示底部和左侧	sides="tr"
na.rm	是否移除缺失值，默认值为FALSE	na.rm=TRUE
length	短线的长度，默认值为unit(0.03,"npc")	length=unit(0.05,"npc")
inherit.aes	是否继承全局美学映射，默认值为TRUE	inherit.aes=FALSE
show.legend	是否显示图例，默认值为NA	show.legend=TRUE
...	其他参数	colour="blue",size=1

geom_rug() 函数的美学映射参数如表 7-19 所示。

表7-19 美学映射参数

参　　数	说　　明	示　　例
x	短线在x轴上的位置	aes(x=x_variable)
y	短线在y轴上的位置	aes(y=y_variable)
colour / color	短线的颜色	aes(colour=colour_variable)
size	短线的大小	aes(size=size_variable)
linetype	短线的类型	aes(linetype=linetype_variable)
alpha	短线的透明度	aes(alpha=alpha_variable)

【例 7-9】在散点图上绘制边缘短线示例。

在代码编辑器中输入以下代码，然后单击 ➡Run 按钮运行。

```r
library(ggplot2)
library(patchwork)
# 创建示例数据
my_data <- data.frame(
  x=rnorm(100),
  y=rnorm(100),
  colour_variable=sample(c("red","blue","green","orange","purple"),
                         100,replace=TRUE),
  size_variable=runif(100,1,5)
)

# 示例 1：基本的 rug 标签
p1 <- ggplot(my_data,aes(x=x,y=y)) +
  geom_point() +
  geom_rug() +
  labs(title="Basic Rug Labels",x="X",y="Y")

# 示例 2：带有颜色和大小的 rug 标签
p2 <- ggplot(my_data,aes(x=x,y=y)) +
  geom_point() +
  geom_rug(aes(colour=colour_variable,size=size_variable)) +
  labs(title="Rug Labels with Colour and Size",x="X",y="Y")

# 示例 3：在图形外侧的 rug 标签
p3 <- ggplot(my_data,aes(x=x,y=y,colour=colour_variable)) +
  geom_point() +
  geom_rug(aes(colour=colour_variable),outside=TRUE) +
  labs(title="Rug Labels Outside Plot",x="X",y="Y")

# 示例 4：在顶部和右侧的 rug 标签
p4 <- ggplot(my_data,aes(x=x,y=y)) +
  geom_point() +
  geom_rug(sides="tr") +
  labs(title="Rug Labels on Top and Right",x="X",y="Y")

# 示例 5：带有自定义长度的 rug 标签
p5 <- ggplot(my_data,aes(x=x,y=y)) +
  geom_point() +
  geom_rug(length=unit(0.05,"npc")) +
  labs(title="Rug Labels with Custom Length",x="X",y="Y")

 p1 | p2 / p3 | p4 / p5
```

输出结果如图 7-10 所示。

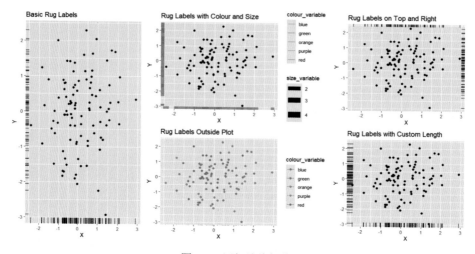

图 7-10 添加边缘短线

7.10 空几何对象

空几何对象对于设置和调整图形布局特别有用，可以用来保留空间而不实际绘制任何内容。它通常用于调试和布局调整。在 ggplot2 中，利用 geom_blank() 函数可以创建空的几何对象。该函数的语法结构如下：

```
geom_blank(mapping=NULL,data=NULL,stat="identity",
           position="identity",...,
             na.rm=FALSE,show.legend=NA,inherit.aes=TRUE)
```

该函数各参数的含义如表 7-20 所示。

表7-20 geom_blank()函数各参数的含义

参　　数	含　　义	示　　例
mapping	设置美学映射，如x、y等	aes(x=x,y=y)
data	数据框，默认为主数据集	data=mydata
stat	使用的统计变换，默认值为identity	stat="identity"
position	位置调整，默认值为identity	position="identity"
na.rm	是否移除缺失值	na.rm=TRUE
show.legend	是否显示图例，默认值为NA	show.legend=TRUE
inherit.aes	是否继承全局美学映射，默认值为TRUE	inherit.aes=FALSE
...	其他传递给layer()的参数	

geom_blank() 函数的美学映射参数如表 7-21 所示。

表7-21　美学映射参数

参　　数	说　　明	示　　例
x	x轴坐标	aes(x=x)
y	y轴坐标	aes(y=y)

【例 7-10】在散点图中添加空几何对象示例。

在代码编辑器中输入以下代码，然后单击 ➡ Run 按钮运行。

```
library(ggplot2)
library(patchwork)

# 自定义数据集
set.seed(123)
mydata <- data.frame(x=rnorm(100),y=rnorm(100))

# 基本的空几何对象
p1 <- ggplot(mydata,aes(x=x,y=y)) +
  geom_point() +
  geom_blank() +
  labs(title="Basic Plot with Blank Geom",
       x="X",y="Y")

# 调整空几何对象的位置
p2 <- ggplot(mydata,aes(x=x,y=y)) +
  geom_point() +
  geom_blank(aes(x=x + 1,y=y + 1)) +
  labs(title="Plot with Adjusted Blank Geom",
       x="X",y="Y")

# 与其他几何对象结合使用
p3 <- ggplot(mydata,aes(x=x,y=y)) +
  geom_point(colour="blue") +
  geom_blank(aes(x=x + 1,y=y + 1)) +
  geom_smooth(method="lm",se=FALSE,colour="red") +
  labs(title="Plot with Smooth Line",
       x="X",y="Y")

p1 + p2 + p3
```

输出结果如图 7-11 所示。

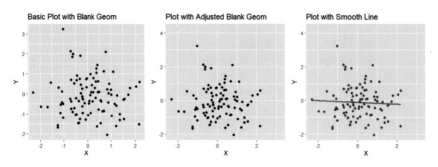

图 7-11　添加空几何对象

7.11　本章小结

本章介绍了如何使用 ggplot2 包向图表中添加多种几何元素，包括参考线、随机抖动、平滑线、垂直线等。这些几何元素的添加和应用，不仅增强了图表的视觉效果，还提高了数据的表达和解释能力。通过灵活运用这些几何元素，可以创建更具信息量和吸引力的数据可视化作品。希望通过对本章内容的学习，读者能够掌握这些技术，并在实际数据分析中熟练应用，提升数据可视化的质量和效果。

第 8 章

统计变换绘图

在数据可视化中，统计变换绘图能够帮助我们深入挖掘和理解数据的分布、趋势和关系。本章将介绍如何利用 ggplot2 包中的各种统计变换函数，创建丰富多样的统计变换图，包括直方图、频率折线图、条形图、密度曲线、置信椭圆等。通过这些统计变换图，可以从数据中提取出更多的有用信息，进一步提升数据分析的深度和广度。第 3 章中已经介绍过添加统计变换的方法，本章会结合前面的内容对统计变换函数进行系统的讲解。

8.1 绘制直方图和频率折线图

在 ggplot2 中，stat_bin() 函数是用于绘制直方图和频率折线图的统计变换函数。它将连续的数值数据分成多个区间（bin），并统计每个区间中的数据点数量。该函数的语法结构如下：

```
stat_bin(mapping=NULL,data=NULL,geom="bar",
         position="stack",...,
         binwidth=NULL,bins=NULL,center=NULL,boundary=NULL,
         breaks=NULL,closed=c("right","left"),pad=FALSE,
         na.rm=FALSE,orientation=NA,show.legend=NA,inherit.aes=TRUE)
```

该函数各参数的含义如表 8-1 所示。

表8-1 stat_bin()函数各参数的含义

参　数	含　义	示　例
mapping	设置美学映射	aes(x=x)
data	设置数据集	data=mydata
geom	指定几何对象	geom="bar"
position	设置位置调整	position="stack"
...	其他参数	color="red"
binwidth	设置每个区间的宽度	binwidth=0.5
bins	设置区间数量	bins=30
center	设置区间中心位置	center=0
boundary	设置区间边界	boundary=0
breaks	设置区间断点	breaks=seq(-3,3,by=0.5)
closed	设置区间的闭合方式（"right"或"left"）	closed="right"
pad	是否填充空区间	pad=TRUE
na.rm	是否移除缺失值	na.rm=TRUE
orientation	设置条形图的方向（"x"或"y"）	orientation="x"
show.legend	是否显示图例	show.legend=TRUE
inherit.aes	是否继承全局美学映射	inherit.aes=TRUE

stat_bin() 函数的美学映射参数如表 8-2 所示。

表8-2 美学映射参数

参　数	说　明	示　例
x	设置x轴上的数据	aes(x=x)
y	设置y轴上的数据	aes(y=..count..)
fill	设置填充颜色	aes(fill=factor(x))
color	设置边框颜色	aes(color=factor(x))
size	设置边框粗细	aes(size=..count..)
alpha	设置透明度	aes(alpha=..count..)
linetype	设置线型	aes(linetype=factor(x))
weight	设置权重	aes(weight=..count..)

【例 8-1】绘制直方图和频率折线图示例。

在代码编辑器中输入以下代码，然后单击 ➡ Run 按钮运行。

```
library(ggplot2)
library(patchwork)

# 自定义数据集
set.seed(123)
data <- data.frame(x=rnorm(1000))

# 使用 stat_bin() 绘制基本直方图
p1 <- ggplot(data,aes(x=x)) +
  stat_bin(binwidth=0.2,fill="skyblue",color="black") +
  labs(title="Basic Histogram",
       x="X",y="Count")

# 使用 stat_bin() 绘制频率折线图
p2 <- ggplot(data,aes(x=x)) +
  stat_bin(binwidth=0.2,geom="line",color="darkgreen",size=1.0) +
  labs(title="Frequency Polygon",
       x="X",y="Count")

# 使用 breaks 参数绘制自定义区间
p3 <- ggplot(data,aes(x=x)) +
  stat_bin(breaks=seq(-3,3,by=0.5),fill="skyblue",color="black") +
  labs(title="Histogram with Custom Breaks",
       x="X",y="Count")

# 添加颜色映射和填充
p4 <- ggplot(data,aes(x=x,fill=..count..)) +
  stat_bin(binwidth=0.2,color="black") +
  scale_fill_gradient(low="lightblue",high="darkblue") +
  labs(title="Histogram with Color",
       x="X",y="Count",
       fill="Count")

# 设置权重和透明度
p5 <- ggplot(data,aes(x=x,weight=..count..,alpha=..count..)) +
  stat_bin(binwidth=0.2,fill="skyblue",color="black") +
  labs(title="Histogram with Weight and Alpha",
       x="X",y="Count")

(p1 | p2 | p3) / (p4 | p5)
```

输出结果如图 8-1 所示。

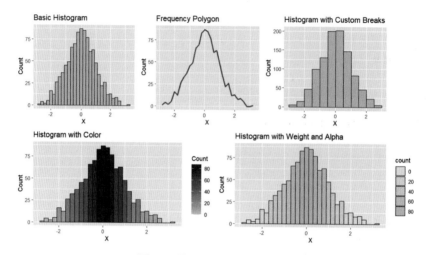

图 8-1 利用 stat_bin() 函数绘图

8.2 绘制条形图

在 ggplot2 中，stat_count() 函数是用于计算和绘制条形图（柱状图）的统计变换函数。该函数的语法结构如下：

```
stat_count(mapping=NULL,data=NULL,geom="bar",
          position="stack",...,
          width=NULL,na.rm=FALSE,show.legend=NA,inherit.aes=TRUE)
```

该函数各参数的含义如表 8-3 所示。

表8-3 stat_count()函数各参数的含义

参　　数	含　　义	示　　例
mapping	设置美学映射，通常使用aes()函数指定	aes(x=category)
data	使用的数据集，默认值为NULL，表示使用ggplot()中指定的数据	data=my_data
geom	使用的几何对象，默认值为"bar"	geom="bar"
position	调整条形的位置，默认值为"stack"，可设置为"dodge"、"fill"等	position="dodge"
width	控制条形的宽度，通常在geom_bar()中使用	width=0.8
na.rm	是否移除缺失值，默认值为FALSE	na.rm=TRUE
show.legend	是否显示图例，默认值为NA	show.legend=TRUE
inherit.aes	是否继承全局美学映射，默认值为TRUE	inherit.aes=FALSE
...	其他参数	

stat_count() 函数的美学映射参数如表 8-4 所示。

表8-4 美学映射参数

参　数	说　明	示　例
x	x轴上的变量	aes(x=category)
y	y轴上的变量（通常省略，由stat_count自动计算）	aes(y=..count..)
fill	填充颜色	aes(fill=category)
color	边框颜色	aes(color=category)
alpha	透明度	aes(alpha=category)
size	条形边框宽度	aes(size=category)
width	条形宽度（与参数width类似）	aes(width=category)
group	分组变量，用于在不同组间分离条形	aes(group=category)
linetype	边框线型	aes(linetype=category)

【例 8-2】绘制条形图示例。

在代码编辑器中输入以下代码，然后单击 ➡ Run 按钮运行。

```r
library(ggplot2)
library(patchwork)

# 自定义数据集
set.seed(123)
data <- data.frame(category=sample(letters[1:5],1000,replace=TRUE))

# 使用 stat_count() 绘制基本柱状图
p1 <- ggplot(data,aes(x=category)) +
  stat_count(fill="skyblue",color="black") +
  labs(title="Basic Bar Plot using stat_count",
       x="Category",y="Count")

# 添加颜色映射
p2 <- ggplot(data,aes(x=category,fill=category)) +
  stat_count(color="black") +
  labs(title="Bar Plot with Color Fill",
       x="Category",y="Count")

# 添加权重
p3 <- ggplot(data,aes(x=category,weight=ifelse(category=="a",2,1))) +
  stat_count(fill="skyblue",color="black") +
  labs(title="Bar Plot with Weights",
       x="Category",y="Weighted Count")

# 设置柱状图的位置
p4 <- ggplot(data,aes(x=category,fill=category)) +
```

```
    stat_count(position="dodge",color="black") +
    labs(title="Dodged Bar Plot",
            x="Category",y="Count")

# 设置透明度
p5 <- ggplot(data,aes(x=category,fill=category)) +
    stat_count(alpha=0.6,color="black") +
    labs(title="Bar Plot with Transparency",
            x="Category",y="Count")

(p1 | p2) / (p3 | p4 | p5)
```

输出结果如图 8-2 所示。

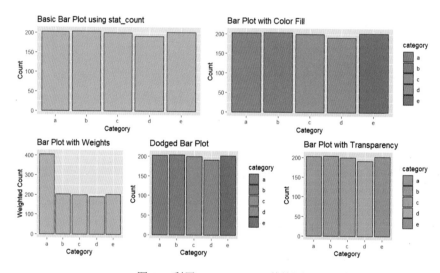

图 8-2 利用 stat_count() 函数绘图

8.3 绘制密度曲线

在 ggplot2 中，stat_density() 函数是用于计算和绘制密度曲线的统计变换函数。该函数的语法结构如下：

```
stat_density(mapping=NULL,data=NULL,geom="density",
        position="identity",...,
        bw="nrd0",adjust=1,kernel="gaussian",n=512,trim=FALSE,
        na.rm=FALSE,show.legend=NA,inherit.aes=TRUE)
```

该函数各参数的含义如表 8-5 所示。

表8-5　stat_density()函数各参数的含义

参　　数	含　　义	示　　例
mapping	设置美学映射，通常通过aes()函数指定	aes(x=value)
data	使用的数据集，默认值为NULL，表示使用ggplot()中指定的数据集	data=my_data
geom	使用的几何对象，默认值为"density"	geom="density"
position	调整图形的位置，默认值为"identity"	position="identity"
bw	带宽选择方法，默认值为"nrd0"，可以是数值或字符	bw="nrd0"
adjust	带宽调整参数，默认值为1，用于缩放或扩展带宽	adjust=0.5
kernel	核密度估计的方法，默认值为"gaussian"	kernel="epanechnikov"
n	用于密度估计的点数，默认值为512	n=1024
trim	是否在数据范围之外截断密度估计，默认值为FALSE	trim=TRUE
na.rm	是否移除缺失值，默认值为FALSE	na.rm=TRUE
show.legend	是否显示图例，默认值为NA	show.legend=TRUE
inherit.aes	是否继承全局美学映射，默认值为TRUE	inherit.aes=FALSE
...	其他参数	

stat_density() 函数的美学映射参数如表 8-6 所示。

表8-6　美学映射参数

参　　数	说　　明	示　　例
x	x轴上的变量	aes(x=value)
y	y轴上的变量（通常省略，由stat_density自动计算）	aes(y=..density..)
fill	填充颜色	aes(fill=group)
color	线条颜色	aes(color=group)
alpha	透明度	aes(alpha=group)
size	线条宽度	aes(size=group)
linetype	线条类型	aes(linetype=group)
group	分组变量，用于在不同组间分离密度曲线	aes(group=group)

【例 8-3】绘制密度曲线示例。

在代码编辑器中输入以下代码，然后单击 ➡ Run 按钮运行。

```
library(ggplot2)
library(patchwork)

# 自定义数据集
set.seed(123)
```

```
data <- data.frame(value=c(rnorm(500,mean=0),rnorm(500,mean=5)),
  group=factor(rep(c("A","B"),each=500)))

# 使用 stat_density() 绘制基本密度图
p1 <- ggplot(data,aes(x=value)) +
  stat_density(fill="skyblue",color="black",alpha=0.5) +
  labs(title="Basic Density Plot",x="Value",y="Density")

# 调整带宽
p2 <- ggplot(data,aes(x=value)) +
  stat_density(bw=0.1,fill="skyblue",color="black",alpha=0.5) +
  labs(title="Density Plot with Adjusted Bandwidth",x="Value",y="Density")

# 添加颜色映射
p3 <- ggplot(data,aes(x=value,fill=group)) +
  stat_density(color="black",alpha=0.5) +
  labs(title="Density Plot with Color Fill",x="Value",y="Density")

# 添加线条类型
p4 <- ggplot(data,aes(x=value,color=group,linetype=group)) +
  stat_density(fill="orange",alpha=0.5,size=0.8) +
  labs(title="Density Plot with Line Type",x="Value",y="Density",
      color="Group",linetype="Group")

# 调整带宽和核密度方法
p5 <- ggplot(data,aes(x=value,fill=group)) +
  stat_density(bw=0.5,kernel="epanechnikov",color="black",alpha=0.5) +
  labs(title="Density Plot with Bandwidth and Kernel Adjustment",
          x="Value",y="Density")

(p1 | p2 | p3) / (p4 | p5)
```

输出结果如图 8-3 所示。

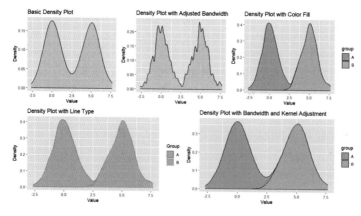

图 8-3 利用 stat_density() 函数绘图

8.4　绘制置信椭圆

在 ggplot2 中，stat_ellipse() 函数是用于绘制数据点的置信椭圆的统计变换函数。该函数的语法结构如下：

```
stat_ellipse(mapping=NULL,data=NULL,geom="path",
            position="identity",...,
            type="t",level=0.95,segments=51,na.rm=FALSE,
            show.legend=NA,inherit.aes=TRUE)
```

该函数各参数的含义如表 8-7 所示。

表8-7　stat_ellipse()函数各参数的含义

参　数	含　义	示　例
mapping	设置美学映射，通常通过aes()函数指定	aes(x=x,y=y)
data	使用的数据集，默认值为NULL，表示使用ggplot()中指定的数据集	data=my_data
geom	使用的几何对象，默认值为"path"	geom="path"
position	调整图形的位置，默认值为"identity"	position="identity"
type	椭圆类型，"t"为t分布，"norm"为正态分布，"euclid"为欧几里得距离	type="norm"
level	置信水平，默认值为0.95	level=0.99
segments	椭圆的线段数，默认值为51	segments=100
na.rm	是否移除缺失值，默认值为FALSE	na.rm=TRUE
show.legend	是否显示图例，默认值为NA	show.legend=TRUE
inherit.aes	是否继承全局美学映射，默认值为TRUE	inherit.aes=FALSE
...	其他传递给图层的参数	

stat_ellipse() 函数的美学映射参数如表 8-8 所示。

表8-8　美学映射参数

参　数	说　明	示　例
x	x轴上的变量	aes(x=x)
y	y轴上的变量	aes(y=y)
color	线条颜色	aes(color=group)
linetype	线条类型	aes(linetype=group)
size	线条宽度	aes(size=group)
group	分组变量，用于在不同组间分离椭圆	aes(group=group)

【例 8-4】在散点图上添加置信椭圆示例。

在代码编辑器中输入以下代码，然后单击 ⇒ Run 按钮运行。

```r
library(ggplot2)
library(patchwork)

# 自定义数据集
set.seed(123)
data <- data.frame(x=rnorm(200,mean=rep(1:2,each=100)),
  y=rnorm(200,mean=rep(c(1,2),each=100)),
  group=factor(rep(c("A","B"),each=100)))

# 基本置信椭圆
p1 <- ggplot(data,aes(x=x,y=y)) +
  geom_point() +                 # 添加散点图
  stat_ellipse() +
  labs(title="Basic Ellipse",x="X",y="Y")

# 调整置信水平
p2 <- ggplot(data,aes(x=x,y=y)) +
  geom_point() +                 # 添加散点图
  stat_ellipse(level=0.99) +
  labs(title="Ellipse with 99% Confidence Level",x="X",y="Y")

# 使用正态分布类型
p3 <- ggplot(data,aes(x=x,y=y)) +
  geom_point() +                 # 添加散点图
  stat_ellipse(type="norm") +
  labs(title="Ellipse using Normal Distribution",x="X",y="Y")

# 使用欧几里得距离类型
p4 <- ggplot(data,aes(x=x,y=y)) +
  geom_point() +                 # 添加散点图
  stat_ellipse(type="euclid") +
  labs(title="Ellipse using Euclidean Distance",x="X",y="Y")

# 添加颜色映射
p5 <- ggplot(data,aes(x=x,y=y,color=group)) +
  geom_point() +                 # 添加散点图
  stat_ellipse() +
  labs(title="Ellipse with Color Mapping",x="X",y="Y",
    color="Group")

# 添加线条类型映射
p6 <- ggplot(data,aes(x=x,y=y,color=group,linetype=group)) +
  geom_point() +                 # 添加散点图
  stat_ellipse(size=1.2) +
```

```
labs(title="Ellipse with Line Type",x="X",y="Y",
    color="Group",linetype="Group")

(p1 | p2 | p3) / (p4 | p5 | p6)
```

输出结果如图 8-4 所示。

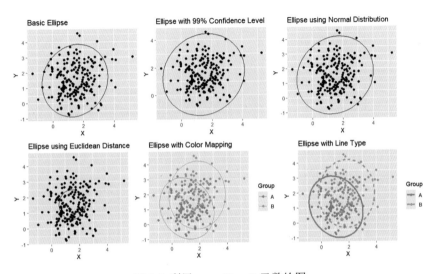

图 8-4　利用 stat_ellipse() 函数绘图

8.5　绘制等高线图

在 ggplot2 中，stat_contour() 函数是绘制等高线图，显示二维数据的等高线的统计变换函数，常用于展示密度分布、地形图或其他类似数据的场景。该函数的语法结构如下：

```
stat_contour(mapping=NULL,data=NULL,geom="contour",
            position="identity",...,
            bins=NULL,binwidth=NULL,breaks=NULL,
            na.rm=FALSE,show.legend=NA,inherit.aes=TRUE))
```

该函数各参数的含义如表 8-9 所示。

表8-9　stat_contour()函数各参数的含义

参　　数	含　　义	示　　例
mapping	设置美学映射，通常通过aes()函数定义	aes(x=x,y=y,z=z)
data	使用的数据集	data=mydata
geom	使用的几何对象	geom="contour"

（续表）

参　数	含　义	示　例
position	位置调整	position="identity"
...	其他参数	colour="blue"
bins	等高线的数量	bins=10
binwidth	等高线之间的距离	binwidth=0.5
breaks	自定义等高线的位置	breaks=seq(0,10,by=1)
na.rm	是否移除缺失值，默认值为FALSE	na.rm=TRUE
show.legend	是否显示图例	show.legend=TRUE
inherit.aes	是否继承全局美学映射，默认值为TRUE	inherit.aes=FALSE

stat_contour() 函数的美学映射参数如表 8-10 所示。

表8-10　美学映射参数

参　数	说　明	示　例
x	x轴数据	aes(x=x)
y	y轴数据	aes(y=y)
z	等高线值（通常为密度或高度）	aes(z=z)
colour	线条颜色	aes(colour=z)
size	线条粗细	aes(size=z)
alpha	透明度	aes(alpha=z)

【例 8-5】绘制等高线图示例。

在代码编辑器中输入以下代码，然后单击 ➡Run 按钮运行。

```
library(ggplot2)
library(patchwork)

# 自定义数据集
set.seed(123)
mydata <- data.frame(x=rnorm(1000),y=rnorm(1000))

# 计算二维密度并添加 z 变量
dens <- with(mydata,MASS::kde2d(x,y,n=50))
dens_data <- data.frame(x=rep(dens$x,each=length(dens$y)),
  y=rep(dens$y,length(dens$x)),
  z=as.vector(dens$z))

# 基本等高线图
p1 <- ggplot(dens_data,aes(x=x,y=y,z=z)) +
  stat_contour() +
    labs(title="Basic Contour Plot",x="X Axis",y="Y Axis")
```

```
# 调整等高线数量
p2 <- ggplot(dens_data,aes(x=x,y=y,z=z)) +
  stat_contour(bins=15) +
  labs(title="Contour Plot with 15 Bins",x="X Axis",y="Y Axis")

# 调整等高线间距
p3 <- ggplot(dens_data,aes(x=x,y=y,z=z)) +
  stat_contour(binwidth=0.01) +
  labs(title="Contour Plot with Binwidth of 0.01",x="X Axis",y="Y Axis")

# 使用填充颜色
p4 <- ggplot(dens_data,aes(x=x,y=y,z=z,fill=..level..)) +
  stat_contour(geom="polygon") +
  scale_fill_gradient(low="blue",high="orange") +          # 自定义填充颜色映射
  labs(title="Contour Plot with Custom Fill Colors",
       x="X Axis",y="Y Axis")

(p1 | p2) / (p3 | p4)
```

输出结果如图 8-5 所示。

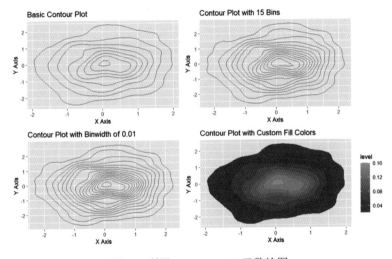

图 8-5　利用 stat_contour() 函数绘图

8.6　绘制箱线图

在 ggplot2 中，stat_boxplot() 函数是创建箱线图的统计变换函数。它可以快速地在图形中添加箱线图，并支持多种参数设置来定制箱线图的外观和显示方式。该函数的语法结构如下：

```
stat_boxplot(mapping=NULL,data=NULL,geom="boxplot",
             position="dodge",...,
             coef=1.5,na.rm=FALSE,
             orientation=NA,show.legend=NA,inherit.aes=TRUE)
```

该函数各参数的含义如表 8-11 所示。

表8-11 stat_boxplot()函数各参数的含义

参　　数	含　　义	示　　例
mapping	设置美学映射，通常通过aes()函数定义	aes(x=factor,y=value)
data	要使用的数据集如果未指定，将使用ggplot初始化时的数据集	data=mydata
geom	使用的几何对象，默认值为"boxplot"	geom="boxplot"
position	调整图层的位置，常见的值有"dodge"和"jitter"	position="dodge"
coef	用于确定异常值的系数。默认值为1.5，表示异常值为大于或小于四分位数距离1.5倍的点	coef=1.5
na.rm	是否移除缺失值，默认值为FALSE	na.rm=TRUE
orientation	该图层的方向（垂直或水平）。默认情况下会自动检测方向	orientation="vertical"
show.legend	是否在图例中显示该图层	show.legend=TRUE
inherit.aes	是否从ggplot初始化时继承美学映射，通常保留为TRUE	inherit.aes=TRUE
...	其他传递给图层的参数	

stat_boxplot() 函数的美学映射参数如表 8-12 所示。

表8-12 美学映射参数

参　　数	说　　明	示　　例
x	x轴上的变量	aes(x=factor)
y	y轴上的变量	aes(y=value)
fill	填充颜色	aes(fill=group)
colour	边框颜色	aes(colour=group)
linetype	线条类型	aes(linetype=group)
size	线条粗细	aes(size=value)
alpha	透明度	aes(alpha=value)
width	箱线图的宽度	aes(width=value)

【例 8-6】绘制箱线图示例。

在代码编辑器中输入以下代码，然后单击 ➡ Run 按钮运行。

```
library(ggplot2)
library(patchwork)

# 自定义数据集
set.seed(123)
mydata <- data.frame(group=rep(letters[1:3],each=100),
                     value=c(rnorm(100,mean=5),
                             rnorm(100,mean=10),rnorm(100,mean=15)))

# 绘制基本箱线图
p1 <- ggplot(mydata,aes(x=group,y=value)) +
  stat_boxplot(geom="errorbar",width=0.2) +
  geom_boxplot() +
  labs(title="Basic Boxplot",x="Group",y="Value")

# 添加颜色映射
p2 <- ggplot(mydata,aes(x=group,y=value,fill=group)) +
  stat_boxplot(geom="errorbar",width=0.2) +
  geom_boxplot() +
  labs(title="Boxplot with Color Mapping",x="Group",y="Value") +
  scale_fill_brewer(palette="Set3")

# 添加多种美学映射
p3 <- ggplot(mydata,aes(x=group,y=value,fill=group,
                        colour=group,linetype=group)) +
  stat_boxplot(geom="errorbar",width=0.2) +
  geom_boxplot(size=1) +
  labs(title="Boxplot with Multiple Aesthetic Mappings",
       x="Group",y="Value") +
  scale_fill_brewer(palette="Set3") +
  scale_colour_brewer(palette="Dark2")

# 调整箱线图的宽度
p4 <- ggplot(mydata,aes(x=group,y=value,fill=group)) +
  stat_boxplot(geom="errorbar",width=0.2) +
  geom_boxplot(width=0.5) +
  labs(title="Boxplot with Adjusted Width",
       x="Group",y="Value") +
  scale_fill_brewer(palette="Set3")

(p1 | p2) / (p3 | p4)
```

输出结果如图 8-6 所示。

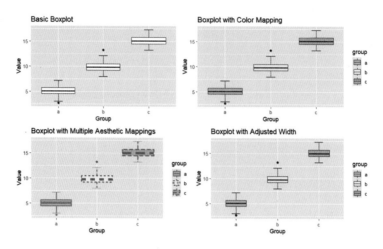

图 8-6 利用 stat_boxplot() 函数绘图

8.7 添加平滑曲线

在 ggplot2 中，stat_smooth() 函数是用于拟合平滑曲线的统计变换函数。它通常与 geom_smooth() 一起使用，能够在数据点之间添加平滑曲线，以帮助识别趋势。该函数的语法结构如下：

```
stat_smooth(mapping=NULL,data=NULL,geom="smooth",
            position="identity",...,
            method="auto",formula=y ~ x,se=TRUE,n=80,span=0.75,
            fullrange=FALSE,level=0.95,method.args=list(),
            na.rm=FALSE,orientation=NA,show.legend=NA,
            inherit.aes=TRUE)
```

> 说明 stat_smooth() 支持多种平滑方法，包括线性模型（lm）、广义加性模型（gam）、局部加权回归（loess）等。

该函数各参数的含义如表 8-13 所示。

表8-13 stat_smooth()函数各参数的含义

参 数	含 义	示 例
mapping	设置美学映射，通常通过aes()来指定	aes(x=wt,y=mpg)
data	数据源，默认值为NULL，表示使用ggplot()中的设置	mtcars
geom	使用的几何对象，默认值为"smooth"	"smooth"
position	调整图层的位置，默认值为"identity"	"identity"

参 数	含 义	示 例
method	平滑方法，默认值为"auto"，可选lm、glm、gam、loess等	"loess"
formula	用于平滑的公式，默认值为y~x	y~poly(x,2)
se	是否显示置信区间，默认值为TRUE	TRUE
n	用于平滑曲线的点数，默认值为80	100
span	当使用loess方法时，设置平滑参数，默认值为0.75	0.5
fullrange	是否在绘图区域的全范围内进行平滑，默认值为FALSE	TRUE
level	置信区间的置信水平，默认值为0.95	0.99
method.args	传递给平滑方法的其他参数	list(family="gaussian")
na.rm	是否移除缺失值，默认值为FALSE	TRUE
orientation	指定图层的方向，通常会自动检测	"x"
show.legend	是否显示图例，默认值为NA	TRUE
inherit.aes	是否继承全局美学映射，默认值为TRUE	FALSE
...	其他传递给图层的参数	

stat_smooth() 函数的美学映射参数如表 8-14 所示。

表8-14 美学映射参数

参 数	说 明	示 例
x	x轴上的变量	aes(x=wt)
y	y轴上的变量	aes(y=mpg)
colour	线条颜色	aes(colour=cyl)
linetype	线条类型	aes(linetype=gear)
size	线条大小	aes(size=hp)
weight	权重	aes(weight=qsec)
group	分组变量	aes(group=gear)
fill	填充颜色	aes(fill=gear)
alpha	透明度	aes(alpha=gear)

【例 8-7】添加平滑曲线示例。

在代码编辑器中输入以下代码，然后单击 ➡ Run 按钮运行。

```
library(ggplot2)
library(patchwork)

# 自定义数据集
set.seed(123)
mydata <- data.frame(x=rnorm(100,mean=5,sd=2),
```

```
                        y=rnorm(100,mean=10,sd=5))

# 基本散点图
base_plot <- ggplot(mydata,aes(x=x,y=y)) + geom_point()

# 使用默认方法（loess）
p1 <- base_plot +
  stat_smooth() +
  labs(title="Default smoothing method: LOESS")

# 使用线性回归方法
p2 <- base_plot +
  stat_smooth(method="lm") +
  labs(title="Smoothing method: Linear Regression")

# 使用广义加性模型（gam）
p3 <- base_plot +
  stat_smooth(method="gam",formula=y ~ s(x,bs="cs")) +
  labs(title="Smoothing method: GAM")

# 改变置信区间
p4 <- base_plot +
  stat_smooth(se=FALSE) +
  labs(title="Smoothing without Confidence Interval")
# 自定义颜色和线型
p5 <- base_plot +
  stat_smooth(color="blue",linetype="dashed",size=1.5) +
  labs(title="Custom color,linetype,and size")

# 组合所有图表
(p1 | p2 | p3) / (p4 | p5)
```

输出结果如图 8-7 所示。

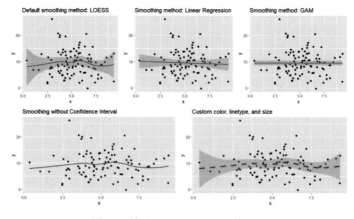

图 8-7 利用 stat_smooth() 函数绘图

8.8　绘制经验累积分布函数图

在 ggplot2 中，stat_ecdf() 函数是用于绘制经验累积分布函数（empirical cumulative distribution function，ECDF）图的统计变换函数。ECDF 用于表示数据点的累积百分比，是探索和理解数据分布的有力工具。stat_ecdf() 函数的语法结构如下：

```
stat_ecdf(mapping=NULL,data=NULL,geom="step",
        position="identity",...
        n=NULL,pad=FALSE,na.rm=FALSE,
        orientation=NA,show.legend=NA,inherit.aes=TRUE)
```

该函数各参数的含义如表 8-15 所示。

表8-15　stat_ecdf()函数各参数的含义

参　　数	含　　义	示　　例
mapping	设置美学映射，通常使用aes()函数定义	aes(x=x)
data	使用的数据集	data=mydata
geom	使用的图层，默认值为"step"	geom="step"
position	位置调整，默认值为"identity"	position="identity"
n	ECDF计算点数，默认是数据点数	n=100
pad	是否在数据的范围之外填充0和1，默认值为FALSE	pad=TRUE
na.rm	是否删除缺失值，默认值为FALSE	na.rm=FALSE
orientation	图表方向，通常自动检测	orientation=NA
show.legend	是否在图例中显示图层，默认值为NA	show.legend=NA
inherit.aes	是否继承全局美学映射，默认值为TRUE	inherit.aes=TRUE
...	其他传递给图层的参数	

stat_ecdf() 函数的美学映射参数如表 8-16 所示。

表8-16　美学映射参数

参　　数	说　　明	示　　例
x	x轴上的变量	aes(x=x)
y	y轴上的变量（可选）	aes(y=y)
color	线条颜色	aes(color=group)
linetype	线条类型	aes(linetype=type)
size	线条粗细	aes(size=value)

【例 8-8】绘制经验累积分布函数图示例。

在代码编辑器中输入以下代码，然后单击 ➡ Run 按钮运行。

```
library(ggplot2)
library(patchwork)

# 自定义数据集
set.seed(123)
mydata <- data.frame(x=rnorm(100,mean=5,sd=2))

# 基本 ECDF 图
p1 <- ggplot(mydata,aes(x=x)) +
  stat_ecdf() +
  labs(title="Basic ECDF")

# 调整 ECDF 计算点数
p2 <- ggplot(mydata,aes(x=x)) +
  stat_ecdf(n=1000) +
  labs(title="ECDF with 1000 Points")

# 使用填充选项
p3 <- ggplot(mydata,aes(x=x)) +
  stat_ecdf(pad=TRUE) +
  labs(title="ECDF with Padding")

# 自定义颜色和线型
p4 <- ggplot(mydata,aes(x=x,color="ECDF Line")) +
  stat_ecdf(size=1.2,linetype="dashed") +
  labs(title="Custom ECDF Line",color="Legend")

# 添加置信区间
p5 <- ggplot(mydata,aes(x=x)) +
  stat_ecdf(geom="step",color="blue") +
  stat_ecdf(geom="ribbon",alpha=0.2,fill="blue",
            aes(ymin=..y.. - 0.05,ymax=..y.. + 0.05)) +
  labs(title="ECDF with Confidence Interval")

# 组合所有图表
(p1 | p2 | p3) / (p4 | p5)
```

输出结果如图 8-8 所示。

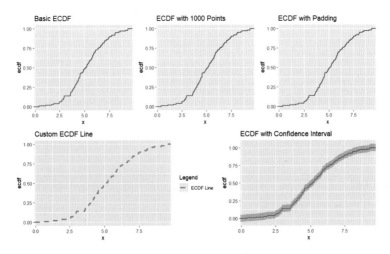

图 8-8　利用 stat_ecdf() 函数绘图

8.9　绘制 Q-Q 图

在 ggplot2 中，stat_qq() 函数是用于绘制 Q-Q 图的统计变换函数。Q-Q 图通过将两个分布的分位数进行比较，来检查它们是否来自相同的分布。stat_qq() 函数的语法结构如下：

```
stat_qq(mapping=NULL,data=NULL,geom="point",
        position="identity",...,
        distribution=stats::qnorm,dparams=list(),
        na.rm=FALSE,show.legend=NA,inherit.aes=TRUE)
```

该函数各参数的含义如表 8-17 所示。

表8-17　stat_qq()函数各参数的含义

参　　数	含　　义	示　　例
mapping	设置美学映射，通常通过aes()函数来指定	aes(sample=your_variable)
data	要使用的数据集	data=your_data
geom	用于绘图的几何对象，默认值为"point"	geom="line"
position	调整图形的位置	position="identity"
distribution	分布函数，用于生成理论分布的分位数。默认值为stats::qnorm（标准正态分布）	distribution=stats::qunif
dparams	传递给distribution的额外参数	dparams=list(df=5)
na.rm	是否删除缺失值	na.rm=TRUE

（续表）

参　数	含　义	示　例
show.legend	是否在图例中显示该图层	show.legend=TRUE
inherit.aes	如果值为FALSE，则覆盖默认美学，必须明确指定	inherit.aes=FALSE
...	其他传递给图层的参数	

stat_qq() 函数的美学映射参数如表 8-18 所示。

表8-18 美学映射参数

参　数	说　明	示　例
sample	用于绘制Q-Q图的样本数据	aes(sample=your_variable)
x	在某些情况下可以指定*x*轴数据（通常不需要）	aes(x=your_variable)
y	在某些情况下可以指定*y*轴数据（通常不需要）	aes(y=your_variable)
colour	数据点的颜色	aes(colour=your_variable)
shape	数据点的形状	aes(shape=your_variable)
size	数据点的大小	aes(size=your_variable)

【例 8-9】绘制 Q-Q 图示例。

在代码编辑器中输入以下代码，然后单击 ➡ Run 按钮运行。

```
library(ggplot2)
library(patchwork)

# 自定义数据集
set.seed(123)
mydata <- data.frame(sample_data=rnorm(100))

# 基本 Q-Q 图
p1 <- ggplot(mydata,aes(sample=sample_data)) +
  stat_qq() +
  stat_qq_line() +
  labs(title="Basic Q-Q Plot",
       x="Theoretical Quantiles",y="Sample Quantiles")

# 使用不同的分布
p2 <- ggplot(mydata,aes(sample=sample_data)) +
  stat_qq(distribution=stats::qunif) +
  stat_qq_line(distribution=stats::qunif) +
  labs(title="Q-Q Plot with Uniform Distribution",
       x="Theoretical Quantiles",y="Sample Quantiles")

# 使用几何对象——线
p3 <- ggplot(mydata,aes(sample=sample_data)) +
```

```
stat_qq(geom="line") +
labs(title="Q-Q Plot with Line Geometry",
        x="Theoretical Quantiles",y="Sample Quantiles")

# 修改点的形状
p4 <- ggplot(mydata,aes(sample=sample_data,
                        colour=factor(round(sample_data)),
                        shape=factor(round(sample_data)))) +
stat_qq() +
stat_qq_line() +
labs(title="Q-Q Plot with Color and Shape",
        x="Theoretical Quantiles",y="Sample Quantiles")

# 带有带宽参数的 Q-Q 图
p5 <- ggplot(mydata,aes(sample=sample_data)) +
stat_qq() +
stat_qq_line() +
labs(title="Q-Q Plot with Bandwidth Adjustment",
    x="Theoretical Quantiles",y="Sample Quantiles")

((p1 + p2) | p3) / (p4 | p5)
```

输出结果如图 8-9 所示。

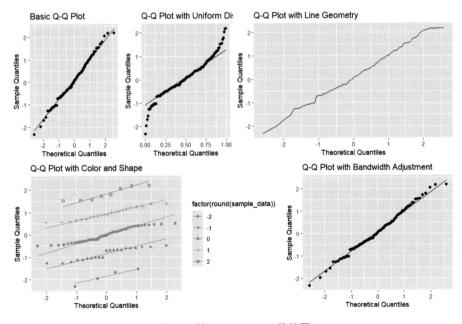

图 8-9 利用 stat_qq() 函数绘图

8.10 绘制分位数线

在 ggplot2 中，stat_quantile() 函数是用于绘制分位数线的统计变换函数。它可以在散点图中添加多个分位数线来显示数据的趋势。该函数的语法结构如下：

```
stat_quantile(mapping=NULL,data=NULL,geom="quantile",
              position="identity",...,
              quantiles=c(0.25,0.5,0.75),formula=y ~ x,
              method="rq",method.args=list(),na.rm=FALSE,
              show.legend=NA,inherit.aes=TRUE)
```

该函数各参数的含义如表 8-19 所示。

表8-19 stat_quantile()函数各参数的含义

参　　数	含　　义	示　　例
mapping	设置美学映射，通常使用aes()来指定	aes(x=x,y=y)
data	数据集，覆盖默认数据集	data=mydata
geom	使用的几何对象，默认值为"quantile"	geom="quantile"
position	位置调整，默认值为"identity"	position="identity"
quantiles	需要绘制的分位数，默认值为c(0.25,0.5,0.75)	quantiles=c(0.1,0.5,0.9)
formula	模型公式，默认值为y~x	formula=y~poly(x,2)
method	用于拟合模型的方法，默认值为rq（分位数回归）	method="rq"
method.args	传递给模型拟合函数的其他参数	method.args=list(tau=c(0.25,0.5,0.75))
na.rm	是否移除缺失值，默认值为FALSE	na.rm=TRUE
show.legend	是否在图例中显示，默认值为NA	show.legend=TRUE
inherit.aes	是否继承全局的美学映射，默认值为TRUE	inherit.aes=FALSE
...	其他传递给图层的参数	

stat_quantile() 函数的美学映射参数如表 8-20 所示。

表8-20 美学映射参数

参　　数	说　　明	示　　例
x	x轴上的变量	aes(x=x)
y	y轴上的变量	aes(y=y)
colour	线条颜色	aes(colour=group)
size	线条大小	aes(size=group)
linetype	线条类型	aes(linetype=group)

【例 8-10】绘制分位数线示例。

在代码编辑器中输入以下代码，然后单击 ➡️ Run 按钮运行。

```
library(ggplot2)
library(patchwork)

# 自定义数据集
set.seed(123)
mydata <- data.frame(x=rnorm(100),y=rnorm(100))

# 基本散点图
base_plot <- ggplot(mydata,aes(x=x,y=y)) + geom_point()

# 基本分位数线
p1 <- base_plot +
  stat_quantile() +
  labs(title="Basic Quantile Plot", x="X",y="Y")

# 修改分位数
p2 <- base_plot +
  stat_quantile(quantiles=c(0.1,0.5,0.9)) +
  labs(title="Quantile Plot with Different Quantiles", x="X",y="Y")

# 使用多项式拟合
p3 <- base_plot +
  stat_quantile(formula=y ~ poly(x,2)) +
  labs(title="Quantile Plot with Polynomial Fit", x="X",y="Y")

# 添加颜色映射
p4 <- base_plot +
  stat_quantile(aes(x=x,y=y,colour=..quantile..)) +
  labs(title="Quantile Plot with Color Mapping",x="X",y="Y",
       colour="Quantile")

# 自定义线条类型
p5 <- base_plot +
  stat_quantile(aes(linetype=factor(..quantile..))) +
  labs(title="Quantile Plot with Custom Line Type and Size",
       x="X",y="Y",linetype="Quantile")

((p1 + p2) | p3) / (p4 | p5)
```

输出结果如图 8-10 所示。

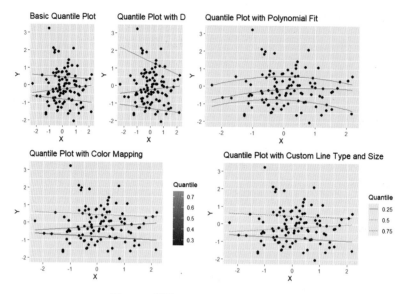

图 8-10 利用 stat_quantile() 函数绘图

8.11 绘制数学函数图

在 ggplot2 中，统计变换函数 stat_function() 用于在图中绘制由用户定义的数学函数，如 sin()、cos()、sqrt()、log()、exp() 等。该函数的语法结构如下：

```
stat_function(mapping=NULL,data=NULL,geom="path",
              position="identity",...,
              fun,n=101,args=list(),xlim=NULL,na.rm=FALSE,
              show.legend=NA,inherit.aes=TRUE)
```

该函数各参数的含义如表 8-21 所示。

表8-21 stat_function()函数各参数的含义

参　　数	含　　义	示　　例
mapping	美学映射，通常使用aes()来指定	aes(x=x)
data	数据集，覆盖默认数据集	data=NULL
geom	使用的几何对象，默认值为"path"	geom="line"
position	位置调整，默认值为"identity"	position="identity"
fun	用户定义的函数，用于生成y值	fun=dnorm
n	用于绘制曲线的点数，默认值为101	n=200

参　数	含　义	示　例
args	传递给函数fun的其他参数	args=list(mean=0,sd=1)
xlim	x轴的范围	xlim=c(-3,3)
na.rm	是否移除缺失值，默认值为FALSE	na.rm=TRUE
show.legend	是否在图例中显示，默认值为NA	show.legend=TRUE
inherit.aes	是否继承全局的美学映射，默认值为TRUE	inherit.aes=FALSE
...	其他传递图层的参数	

stat_function() 函数美学映射数如表 8-22 所示。

表8-22　美学映射参数

参　数	说　明	示　例
x	x轴上的变量	aes(x=x)
y	y轴上的变量，由函数计算	aes(y=y)
colour	线条颜色	aes(colour=..y..)
size	线条大小	aes(size=..y..)
linetype	线条类型	aes(linetype=..y..)

【例 8-11】绘制数学函数图示例。

在代码编辑器中输入以下代码，然后单击 ➡ Run 按钮运行。

```
library(ggplot2)
library(patchwork)

# 绘制基本正态分布曲线
p1 <- ggplot(data.frame(x=c(-3,3)),aes(x=x)) +
  stat_function(fun=dnorm) +
  labs(title="Normal Distribution Curve",x="X",y="Density")

# 调整点数和 x 轴范围
p2 <- ggplot(data.frame(x=c(-5,5)),aes(x=x)) +
  stat_function(fun=dnorm,n=200,xlim=c(-5,5)) +
  labs(title="Normal Distribution Curve with Adjusted Points and Range",
       x="X",y="Density")

# 添加颜色映射
p3 <- ggplot(data.frame(x=c(-3,3)),aes(x=x)) +
  stat_function(fun=dnorm,aes(colour=..y..)) +
  scale_colour_gradient(low="blue",high="red") +
  labs(title="Normal Distribution Curve with Color Mapping",
       x="X",y="Density",colour="Density")
```

```
# 绘制多个函数
p4 <- ggplot(data.frame(x=c(-3,3)),aes(x=x)) +
  stat_function(fun=dnorm,args=list(mean=0,sd=1),colour="red") +
  stat_function(fun=dnorm,args=list(mean=0,sd=2),colour="blue") +
  labs(title="Normal Distribution Curves with Different SD",
       x="X",y="Density")

# 绘制用户自定义函数
custom_fun <- function(x) { 4*x^2 + x^2 + 3 * x + 2 }

p5 <- ggplot(data.frame(x=c(-3,3)),aes(x=x)) +
  stat_function(fun=custom_fun) +
  labs(title="Custom Function Curve",x="X",y="Y")

((p1 + p2) | p3) / (p4 | p5)
```

输出结果如图 8-11 所示。

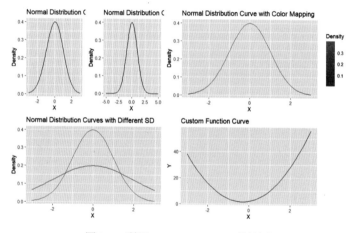

图 8-11 利用 stat_function() 函数绘图

8.12 绘制重复点数量图

在 ggplot2 中，stat_sum() 函数是一个用于计算和绘制重复点数量的统计变换函数。它特别适用于散点图，当数据中存在重复点时，使用 stat_sum() 可以显示这些点的数量。该函数的语法结构如下：

```
stat_sum(mapping=NULL,data=NULL,geom="point",
         position="identity",...,
         na.rm=FALSE,show.legend=NA,inherit.aes=TRUE)
```

该函数各参数的含义如表 8-23 所示。

表8-23　stat_sum()函数各参数的含义

参　　数	含　　义	示　　例
mapping	美学映射，通常使用aes()函数定义	aes(x=x_var,y=y_var,size=..n..)
data	传递给图层的数据集	data=mydata
geom	用于绘制统计变换结果的几何对象。默认值为"point"	geom="point"
position	调整图层位置，默认值为"identity"	position="identity"
na.rm	逻辑值，指示是否删除缺失值。默认值为FALSE	na.rm=TRUE
show.legend	逻辑值或命名向量，指示是否显示图例	show.legend=TRUE
inherit.aes	逻辑值，指示是否继承默认美学映射，默认值为TRUE	inherit.aes=FALSE
...	其他传递给图层的参数	

stat_sum() 函数的美学映射参数如表 8-24 所示。

表8-24　美学映射参数

参　　数	说　　明	示　　例
x	x轴上的变量	aes(x=x_var)
y	y轴上的变量	aes(y=y_var)
size	点的大小，通常映射到..n..，表示重复点的数量	aes(size=..n..)
colour	点的颜色	aes(colour=..n..)
fill	点的填充颜色	aes(fill=..n..)
shape	点的形状	aes(shape=factor(round(..n..)))

【例 8-12】绘制重复点数量图示例。

在代码编辑器中输入以下代码，然后单击 ➡ Run 按钮运行。

```
library(ggplot2)
library(patchwork)

# 自定义数据集
set.seed(123)
mydata <- data.frame(x=sample(1:10,100,replace=TRUE),
                     y=sample(1:10,100,replace=TRUE))

# 基本 stat_sum 图
p1 <- ggplot(mydata,aes(x=x,y=y)) +
  stat_sum() +
  labs(title="Basic stat_sum Plot",
       x="X",y="Y")
```

```
# 使用 size 映射显示重复点的数量
p2 <- ggplot(mydata,aes(x=x,y=y,size=..n..)) +
  stat_sum() +
  labs(title="stat_sum Plot with Size Mapping",
       x="X",y="Y") +
  scale_size_continuous(name="Number of Points")

# 使用颜色映射显示重复点的数量
p3 <- ggplot(mydata,aes(x=x,y=y,colour=..n..)) +
  stat_sum() +
  labs(title="stat_sum Plot with Colour Mapping",
       x="X",y="Y") +
  scale_colour_continuous(name="Number of Points")

# 综合使用 size、colour 和 shape 映射
p4 <- ggplot(mydata,aes(x=x,y=y,size=..n..,colour=..n..,
                        shape=factor(round(..n..)))) +
  stat_sum() +
  labs(title="Comprehensive stat_sum Plot",
       x="X",y="Y") +
  scale_size_continuous(name="Number of Points") +
  scale_colour_continuous(name="Number of Points") +
  scale_shape_manual(values=1:6,name="Number of Points")

(p1 + p2) / (p3 | p4)
```

输出结果如图 8-12 所示。

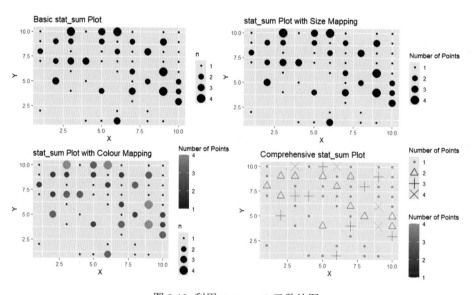

图 8-12 利用 stat_sum() 函数绘图

8.13 绘制数据中的唯一值

在 ggplot2 中，stat_unique() 函数是一个用于绘制数据中的唯一值的统计变换函数。它通常用于处理重复值或寻找数据集中的唯一条目。该函数的语法结构如下：

```
stat_unique(mapping=NULL,data=NULL,geom="point",
            position="identity",...,
            na.rm=FALSE,show.legend=NA,inherit.aes=TRUE)
```

该函数各参数的含义如表 8-25 所示。

表8-25 stat_unique()函数各参数的含义

参　　数	含　　义	示　　例
mapping	设置美学映射，通常使用aes()函数定义	aes(x=x_var,y=y_var)
data	传递给图层的数据集	data=mydata
geom	用于绘制统计变换结果的几何对象，默认值为"point"	geom="point"
position	调整图层位置，默认值为"identity"	position="identity"
na.rm	逻辑值，是否移除缺失值，默认值为FALSE	na.rm=TRUE
show.legend	逻辑值或命名向量，指示是否显示图例	show.legend=TRUE
inherit.aes	逻辑值，指示是否继承默认美学映射，默认值为TRUE	inherit.aes=FALSE
...	其他传递给图层的参数	

stat_unique() 函数的美学映射参数如表 8-26 所示。

表8-26 美学映射参数

参　　数	说　　明	示　　例
x	x轴上的变量	aes(x=x_var)
y	y轴上的变量	aes(y=y_var)
colour	点或线的颜色	aes(colour=factor(group_var))
size	点的大小或线的粗细	aes(size=size_var)
shape	点的形状	aes(shape=factor(shape_var))
fill	点或形状的填充颜色	aes(fill=factor(fill_var))

【例 8-13】绘制数据中的唯一值示例。

在代码编辑器中输入以下代码，然后单击 ➡Run 按钮运行。

```
library(ggplot2)
library(patchwork)

# 自定义数据集，包含重复值
set.seed(123)
mydata <- data.frame(x=sample(1:6,96,replace=TRUE),
                     y=sample(1:6,96,replace=TRUE))

# 基本 stat_unique 图
p1 <- ggplot(mydata,aes(x=x,y=y)) +
  stat_unique() +
  labs(title="Basic stat_unique Plot",
       x="X",y="Y")

# 映射颜色
p2 <- ggplot(mydata,aes(x=x,y=y,colour=factor(y))) +
  stat_unique() +
  labs(title="stat_unique Plot with Colour Mapping",
       x="X",y="Y",
       colour="Y Value")

# 映射大小
p3 <- ggplot(mydata,aes(x=x,y=y,size=y)) +
  stat_unique() +
  labs(title="stat_unique Plot with Size Mapping",
       x="X",y="Y",
       size="Y Value")

# 映射形状
p4 <- ggplot(mydata,aes(x=x,y=y,shape=factor(x))) +
  stat_unique() +
  labs(title="stat_unique Plot with Shape Mapping",
       x="X",y="Y",
       shape="X Value")

# 综合使用颜色、大小和形状映射
p5 <- ggplot(mydata,aes(x=x,y=y,colour=factor(y),
                        size=y,shape=factor(x))) +
  stat_unique() +
  labs(title="Comprehensive stat_unique Plot",
       x="X",y="Y",
       colour="Y Value",size="Y Value",shape="X Value")

((p1 + p2) | p3) / (p4 | p5)
```

输出结果如图 8-13 所示。

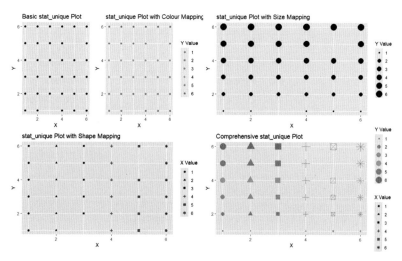

图 8-13　利用 stat_unique() 函数绘图

8.14　显示原始数据

在 ggplot2 中，stat_identity() 是一个用于绘制数据本身而不进行任何统计变换的函数。它直接显示传递给它的原始数据，适用于已经包含统计结果的数据集。该函数的语法结构如下：

```
stat_identity(mapping=NULL,data=NULL,geom="point",
              position="identity",...,
              show.legend=NA,inherit.aes=TRUE)
```

该函数各参数的含义如表 8-27 所示。

表8-27　stat_identity()函数各参数的含义

参　　数	含　　义	示　　例
mapping	设置美学映射，通常使用aes()函数定义	aes(x=x_var,y=y_var)
data	传递给图层的数据集	data=mydata
geom	用于绘制统计变换结果的几何对象，默认值为"point"	geom="point"
position	调整图层位置，默认值为"identity"	position="identity"
show.legend	逻辑值或命名向量，指示是否显示图例	show.legend=TRUE
inherit.aes	逻辑值，指示是否继承默认美学映射，默认值为TRUE	inherit.aes=FALSE
...	其他传递给图层的参数	

stat_identity() 函数的美学映射参数如表 8-28 所示。

表8-28 美学映射参数

参 数	说 明	示 例
x	x轴上的变量	aes(x=x_var)
y	y轴上的变量	aes(y=y_var)
colour	点或线的颜色	aes(colour=factor(group_var))
size	点的大小或线的粗细	aes(size=size_var)
shape	点的形状	aes(shape=factor(shape_var))
fill	点或形状的填充颜色	aes(fill=factor(fill_var))

【例 8-14】在图中显示原始数据示例。

在代码编辑器中输入以下代码，然后单击 ➡Run 按钮运行。

```
library(ggplot2)
library(patchwork)

# 自定义数据集
set.seed(123)
mydata <- data.frame(x=rnorm(100),y=rnorm(100))

# 基本 stat_identity 图
p1 <- ggplot(mydata,aes(x=x,y=y)) +
  stat_identity() +
  labs(title="Basic stat_identity Plot",x="X",y="Y")

# 映射颜色
p2 <- ggplot(mydata,aes(x=x,y=y,colour=y)) +
  stat_identity() +
  labs(title="stat_identity Plot with Colour Mapping",x="X",y="Y") +
  scale_colour_gradient(low="blue",high="red")

# 映射大小
p3 <- ggplot(mydata,aes(x=x,y=y,size=abs(x))) +
  stat_identity() +
  labs(title="stat_identity Plot with Size Mapping",
       x="X",y="Y") +
  scale_size_continuous(name="Absolute X Value")

# 映射形状
p4 <- ggplot(mydata,aes(x=x,y=y,shape=factor(round(y)))) +
  stat_identity() +
  labs(title="stat_identity Plot with Shape Mapping",
       x="X",y="Y") +
  scale_shape_manual(values=1:6,name="Rounded Y Value")

# 综合使用颜色和形状映射
```

```
p5 <- ggplot(mydata,aes(x=x,y=y,colour=y,# size=abs(x),
                        shape=factor(round(y)))) +
  stat_identity() +
  labs(title="Comprehensive stat_identity Plot",
       x="X",y="Y") +
  scale_colour_gradient(low="blue",high="red",name="Y Value") +
  scale_size_continuous(name="Absolute X Value") +
  scale_shape_manual(values=1:6,name="Rounded Y Value")

((p1 + p2) | p3) / (p4 | p5)
```

输出结果如图 8-14 所示。

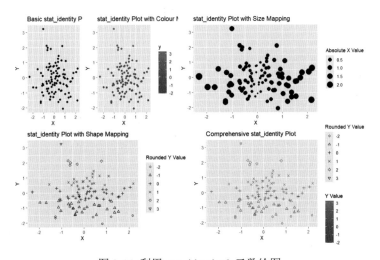

图 8-14　利用 stat_identity() 函数绘图

8.15　其他统计变换函数

在 ggplot2 中，还有其他统计变换函数，如表 8-29 所示。通过这些统计变换函数可以满足不同科技图表绘制的需求。

表8-29　其他统计变换函数

函　　数	说　　明	美学映射参数
stat_bin_2d()	用于在二维网格上进行数据的分箱操作	x,y,fill,count,density
stat_bin_hex()	用于在二维六边形网格上进行数据的分箱操作	x,y,fill,count,density
stat_density_2dv()	用于绘制二维密度图	x,y,color,size,level

（续表）

函　数	说　明	美学映射参数
stat_summary_hex()	在六边形网格上进行汇总统计	x,y,z,fill,value
stat_summary_2d()	在二维网格上进行汇总统计	x,y,z,fill,value
stat_ydensity()	用于绘制垂直方向的密度图	x,y,density,scaled,count,n, violinwidth,width
stat_summary()	对数据进行汇总统计并绘图	
stat_summary_bin()	对分箱后的数据进行汇总统计	

【例 8-15】利用统计变换函数绘图示例。

在代码编辑器中输入以下代码，然后单击 ➡Run 按钮运行。

```
library(ggplot2)
library(patchwork)

# 自定义数据集
set.seed(123)
mydata <- data.frame(x=rnorm(1000),y=rnorm(1000),z=rnorm(1000))

# stat_bin_2d() 示例
p1 <- ggplot(mydata,aes(x,y)) +
    stat_bin_2d(binwidth=c(0.5,0.5)) +
    labs(title="2D Bin Plot")

# stat_bin_hex() 示例
p2 <- ggplot(mydata,aes(x,y,colour=factor(round(z)))) +
    stat_bin_hex(binwidth=0.5) +
    labs(title="Hex Bin Plot")

# stat_density_2d() 示例
p3 <- ggplot(mydata,aes(x,y)) +
    stat_density_2d() +
    labs(title="2D Density Plot")

# stat_summary_hex() 示例
p4 <- ggplot(mydata,aes(x,y,z=z)) +
    stat_summary_hex(fun=mean) +
    labs(title="Hex Summary Plot")

# stat_summary_2d() 示例
p5 <- ggplot(mydata,aes(x,y,z=z)) +
    stat_summary_2d(fun=mean) +
    labs(title="2D Summary Plot")

# stat_ydensity() 示例
p6 <- ggplot(mydata,aes(x,y)) +
    stat_ydensity() +
```

```
    labs(title="Y-Density Plot")
# stat_summary() 示例
p7 <- ggplot(mydata,aes(x,y)) +
    stat_summary(fun.data=mean_cl_normal,geom="point") +
    labs(title="Summary Plot")

# stat_summary_bin() 示例
p8 <- ggplot(mydata,aes(x,y)) +
    stat_summary_bin(fun=mean,bins=30) +
    labs(title="Binned Summary Plot")

(p1 | p2 | p3) / (p4 | p5 | p6) / (p7 | p8)
```

输出结果如图 8-15 所示。

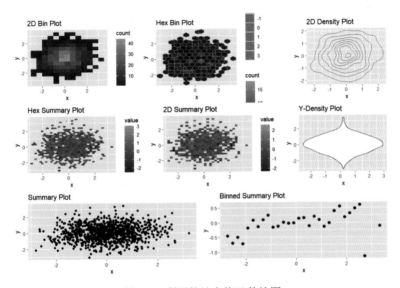

图 8-15 利用统计变换函数绘图

8.16　本章小结

本章详细介绍了 ggplot2 包中的各种统计变换函数及其应用，涵盖了从基础的直方图和频率折线图，到更复杂的密度曲线、置信椭圆、平滑曲线和 Q-Q 图等多种图表类型。每种统计变换都有其独特的功能和应用场景，通过合理使用这些统计变换，可以更全面地分析和展示数据的特征和关系。希望通过学习本章内容，读着能够熟练掌握和灵活应用这些统计变换函数，为数据可视化提供更加丰富和多样化的手段。

第 9 章

标　度

在数据可视化中，标度（scale）的作用是将数据映射到图表的视觉属性上，如坐标位置、颜色、透明度、点形状、点大小、线型和线宽等。本章将详细介绍 ggplot2 包中各种标度的使用方法和应用场景。标度不仅决定了数据如何在图表中呈现，还影响了图表的可读性和准确性。通过合理地设置标度，可以使图表更加直观和易于理解。第 3 章中已经介绍过标度函数，本章会结合前面的内容进行系统的讲解。

9.1　标度概述

在 ggplot2 中，标度函数的命名通常以"scale_"开头，后接需要映射的美学属性，如 x、y、colour、fill 等。例如，scale_x_continuous() 用于定义 x 轴的连续标度，scale_colour_gradient() 用于定义颜色的渐变标度。

标度在数据可视化中具有以下重要作用：

（1）数据转换与映射：标度将原始数据转换为适合在图表上显示的形式。例如，日志标度（logarithmic scale）可以用来更好地展示指数增长的数据。标度决定了数据在图表中的视觉表现，例如不同的颜色、大小和形状。

（2）增强数据解读：选择合适的标度可以突出数据中的趋势和模式，使读者更容易解读图表。通过自定义标度，可以对特定的读者群体和图表类型优化数据展示效果。

（3）数据标准化：标度可以用于标准化不同范围和尺度的数据，使它们在同一图表中具有可比性。例如，在比较不同单位或范围的数据时，可以使用标准化标度使比较更直观。

（4）数据过滤与精简：通过调整标度范围和断点，可以过滤噪声数据或不重要的数据点，从而简化图表。例如，通过设置适当的断点和标签，可以避免图表过于拥挤和混乱。

（5）提高图表美观性：标度的定制化可以增强图表的美观性和专业性，使图表在视觉上更具吸引力。例如，通过选择合适的颜色标度和渐变，可以使图表更加和谐、美观。

在 3.4 节中已经对颜色标度函数、坐标标度函数进行了详细讲解。下面首先对这两类标度进行归纳总结，然后讲解其他标度，包括透明度标度、点形状标度、点大小 / 点粗细标度、线型标度和线宽标度。

9.2 颜色标度

在 ggplot2 中，颜色标度函数用于定义数据在图形中如何映射到颜色。颜色标度函数可以处理不同类型的数据，包括连续型数据、离散型数据、日期和时间数据等。这些函数可以帮助用户控制图形中的颜色，以提高数据的可视化效果。

在 ggplot2 中，包含 scale_color_\<func\>、scale_colour_\<func\>、scale_fill_\<func\>3 个颜色标度函数系列，其功能如表 9-1 所示。

表9-1 颜色标度函数系列

颜色标度函数系列	功　能	示　例
scale_color_\<func\>	用于设置点、线等元素的颜色（美式拼写）	scale_color_brewer(palette="Set3")
scale_colour_\<func\>	用于设置点、线等元素的颜色（英式拼写）	scale_colour_brewer(palette="Set3")
scale_fill_\<func\>	用于设置填充颜色，适用于条形图、箱线图、多边形等几何对象	scale_fill_brewer(palette="Set3")

9.2.1 颜色标度函数汇总

颜色标度函数的 3 个系列，函数名称是一致的，如 scale_color_grey()、scale_colour_grey()、scale_fill_grey()，表 9-2 中仅给出 scale_colour_\<func\> 系列的标度函数及其功能。另外两个系列与此相同。

表9-2 scale_colour_<func>系列标度函数

函 数	功 能	示 例
scale_colour_binned()	将颜色映射到分箱的连续数据	scale_colour_binned(n.breaks=10)
scale_colour_brewer()	使用ColorBrewer调色板进行离散颜色映射	scale_colour_brewer(palette="Set3")
scale_colour_continuous()	将颜色映射到连续数据	scale_colour_continuous(low="blue", high="red")
scale_colour_date()	将颜色映射到日期数据	scale_colour_date(low="blue",high="red")
scale_colour_datetime()	将颜色映射到日期时间数据	scale_colour_datetime(low="blue", high="red")
scale_colour_discrete()	将颜色映射到离散数据	scale_colour_discrete()
scale_colour_distiller()	使用ColorBrewer调色板进行连续颜色映射	scale_colour_distiller(palette="Spectral")
scale_colour_fermenter()	使用ColorBrewer调色板进行离散或分箱的连续颜色映射	scale_colour_fermenter(palette="PuOr")
scale_colour_gradient()	使用线性梯度进行颜色映射	scale_colour_gradient(low="blue", high="red")
scale_colour_gradient2()	使用双向线性梯度进行颜色映射	scale_colour_gradient2(low="blue",mid="white",high="red")
scale_colour_gradientn()	使用多个中断点的渐变色进行颜色映射	scale_colour_gradientn(colours=c("blue","green","yellow","red"))
scale_colour_grey()	使用灰度调色板进行颜色映射	scale_colour_grey(start=0.2,end=0.8)
scale_colour_hue()	使用均匀分布的色调调色板进行颜色映射	scale_colour_hue()
scale_colour_identity()	直接使用数据中的颜色值	scale_colour_identity()
scale_colour_manual()	手动设置颜色映射	scale_colour_manual(values=c("A"="red","B"="blue","C"="green"))
scale_colour_ordinal()	使用定性的顺序调色板进行颜色映射	scale_colour_ordinal(values=c("low","medium","high"))
scale_colour_qualitative()	使用定性的调色板进行颜色映射	scale_colour_qualitative()
scale_colour_steps()	使用分步颜色梯度进行颜色映射	scale_colour_steps(n.breaks=10)
scale_colour_steps2()	使用双向分步颜色梯度进行颜色映射	scale_colour_steps2(low="blue",mid="white",high="red",n.breaks=5)
scale_colour_stepsn()	使用多个中断点的分步颜色梯度进行颜色映射	scale_colour_stepsn(colours=c("blue","green","yellow","red"),n.breaks=4)

函　　数	功　　能	示　　例
scale_colour_viridis_b()	使用Viridis调色板进行离散颜色映射	scale_colour_viridis_b()
scale_colour_viridis_c()	使用Viridis调色板进行连续颜色映射	scale_colour_viridis_c()
scale_colour_viridis_d()	使用Viridis调色板进行离散颜色映射，通常用于颜色渐变较少的情况	scale_colour_viridis_d()

在 ggplot2 中，color 参数用于在美学映射中指定数据点或线条的颜色。该参数可以在 aes() 函数中使用，以将数据变量映射到颜色。颜色标度函数用于控制颜色映射和调整，以此来调整颜色映射的细节，例如自定义颜色、设置颜色渐变等。

具体而言，当在 aes() 函数中使用 color 参数时，ggplot2 会根据数据变量的不同值分配不同的颜色。而颜色标度函数允许用户对这些颜色映射进行细化控制，例如手动设置颜色、定义颜色渐变范围、使用特定调色板等。

【例 9-1】颜色标度函数应用示例。

在代码编辑器中输入以下代码，然后单击 ➡ Run 按钮运行。

```
library(ggplot2)
library(patchwork)

data("mpg")                                    # 数据集
# scale_colour_binned() 示例
p1 <- ggplot(mpg,aes(x=displ,y=hwy,color=hwy)) +
  geom_point() +
  scale_colour_binned(n.breaks=10) +
  labs(title="Binned Colour Scale",
       x="Engine Displacement",y="Highway Miles per Gallon")

# scale_colour_brewer() 示例
p2 <- ggplot(mpg,aes(x=displ,y=hwy,color=class)) +
  geom_point() +
  scale_colour_brewer(palette="Set3") +
  labs(title="Colour Brewer Scale",
       x="Engine Displacement",y="Highway Miles per Gallon")

# scale_colour_gradient() 示例
p3 <- ggplot(mpg,aes(x=displ,y=hwy,color=hwy)) +
  geom_point() +
  scale_colour_gradient(low="blue",high="red") +
  labs(title="Gradient Colour Scale",
```

```
                 x="Engine Displacement",y="Highway Miles per Gallon")
   # scale_colour_manual() 示例
   p4 <- ggplot(mpg,aes(x=displ,y=hwy,color=class)) +
     geom_point() +
     scale_colour_manual(values=c("compact"="red","suv"="blue",
                                    "midsize"="green")) +
     labs(title="Manual Colour Scale",
            x="Engine Displacement",y="Highway Miles per Gallon")

   (p1 | p2) / (p3 | p4)
```

输出结果如图 9-1 所示。

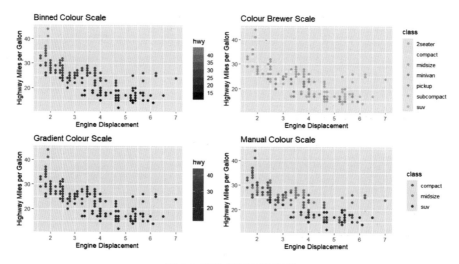

图 9-1 颜色标度函数应用

9.2.2 调色板参数设置

在 ggplot2 中，颜色标度函数允许通过颜色映射对图形的颜色进行自定义设置。颜色标度函数有多种调色板参数设置。

（1）连续型数据的颜色渐变。该种设置通过参数 low 和 high 设置渐变的起始颜色和结束颜色，如函数 scale_color_gradient() 和 scale_fill_gradient()。

```
ggplot(mpg,aes(x=displ,y=hwy,color=cyl)) +
  geom_point(size=3) +
  scale_color_gradient(low="blue",high="red") +
  labs(title="Gradient Color Scale")
```

（2）使用 RColorBrewer 提供的预定义调色板，适用于分类数据。该种设置通过参数 palette 指定调色板的名称，如函数 scale_colour_brewer() 和 scale_fill_brewer()。

```
ggplot(mpg,aes(x=displ,y=hwy,colour=class)) +
  geom_point(size=3) +
  scale_colour_brewer(palette="Set3") +
  labs(title="Brewer Colour Scale")
```

（3）手动指定每个分类的颜色。该种设置通过参数 values 接收一个命名向量，其中名称为分类变量的值，值为对应的颜色，如函数 scale_fill_manual()。

```
ggplot(mpg,aes(x=class,fill=drv)) +
  geom_bar(position="dodge") +
  scale_fill_manual(values=c("4"="blue","f"="green","r"="red")) +
  labs(title="Manual Fill Scale")
```

（4）多种颜色的连续渐变。该种设置通过参数 colors 接收一个颜色向量来实现，如函数 scale_fill_gradientn() 和 scale_colour_gradientn()。

```
ggplot(mpg,aes(x=displ,y=hwy,fill=stat(density))) +
  geom_tile(stat="bin2d") +
  scale_fill_gradientn(colors=c("blue","green","yellow","red")) +
  labs(title="Gradientn Fill Scale")
```

【例9-2】调色板参数设置示例。

在代码编辑器中输入以下代码，然后单击 ⇨ Run 按钮运行。

```
library(ggplot2)
library(patchwork)

data(mpg)                                    # 数据集
# scale_color_gradient() 示例
p1 <- ggplot(mpg,aes(x=displ,y=hwy,color=cyl)) +
  geom_point(size=3) +
  scale_color_gradient(low="blue",high="red") +
  labs(title="Gradient Color Scale")

# scale_colour_brewer() 示例（英式拼写）
p2 <- ggplot(mpg,aes(x=displ,y=hwy,colour=class)) +
  geom_point(size=3) +
  scale_colour_brewer(palette="Set3") +
  labs(title="Brewer Colour Scale")

# scale_fill_manual() 示例
p3 <- ggplot(mpg,aes(x=class,fill=drv)) +
  geom_bar(position="dodge") +
```

```
    scale_fill_manual(values=c("4"="blue","f"="green","r"="red")) +
    labs(title="Manual Fill Scale")

# scale_fill_gradientn() 示例
p4 <- ggplot(mpg,aes(x=displ,y=hwy,fill=stat(density))) +
    geom_tile(stat="bin2d") +
    scale_fill_gradientn(colors=c("blue","green","yellow","red")) +
    labs(title="Gradientn Fill Scale")

(p1 | p2) / (p3 | p4)
```

输出结果如图 9-2 所示。

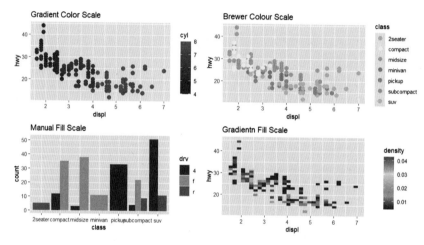

图 9-2 调色板参数设置

9.2.3 RColorBrewer 调色板

RColorBrewer 提供了一组经过优化的调色板，这些调色板特别适合数据可视化。这些调色板的设计旨在确保颜色在各种情况下都能很好地呈现出来，包括黑白打印、色盲友好等。

在 ggplot2 中可以通过 scale_fill_brewer() 和 scale_colour_brewer()（或 scale_color_brewer()）函数使用这些调色板。RColorBrewer 提供了 3 种类型的调色板，如表 9-3 所示。

表9-3 RColorBrewer调色板

调色板类型	功能描述	示例代码
Sequential	顺序型调色板。适用于数值型数据的顺序渐变，颜色通常从浅到深变化，以表示数据值从低到高的渐变。该类调色板常用于表示连续变量，如人口密度、温度等	scale_fill_brewer (palette="Blues")

（续表）

调色板类型	功能描述	示例代码
Diverging	发散型调色板。适用于具有显著中间值的数据，例如表示偏离某个中间点的数据。颜色从两端向中间发散，通常用来表示正负变化或偏离中心的程度，如温度异常、利润损益等	scale_colour_brewer (palette="RdBu")
Qualitative	定性型调色板。适用于分类数据，每种类别使用不同的颜色，颜色之间没有顺序关系。该类调色板常用于表示离散的分类变量，如性别、民族、地区等	scale_fill_brewer (palette="Set3")

使用 RColorBrewer 调色板时，需要安装并加载 RColorBrewer 包，然后使用函数 display.brewer.all() 查看所有可用的调色板。在代码编辑器中输入以下代码并运行：

```
# install.packages("RColorBrewer")
library(RColorBrewer)
display.brewer.all()
```

输出结果如图 9-3 所示。

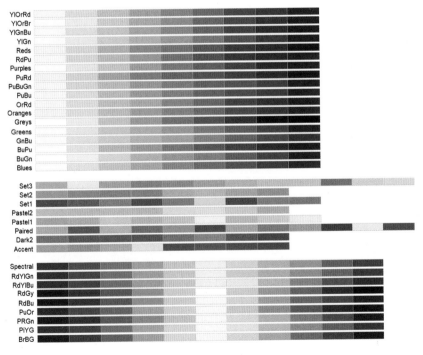

图 9-3　RColorBrewer 调色板

RColorBrewer 调色板类型及具体调色板含义如表 9-4 所示。

表9-4 RColorBrewer调色板类型及具体调色板含义

类　　型	名　　称	含　义
Sequential 顺序型	Blues	蓝色调渐变，从浅蓝到深蓝，用于表示数据从低到高
	BuGn	从蓝色到绿色渐变，用于表示数据值从低到高
	BuPu	从蓝色到紫色渐变，用于表示数据值从低到高
	GnBu	从绿色到蓝色渐变，用于表示数据值从低到高
	Greens	绿色调渐变，从浅绿到深绿，用于表示数据值从低到高
	Greys	灰色调渐变，从浅灰到深灰，用于表示数据值从低到高
	Oranges	橙色调渐变，从浅橙到深橙，用于表示数据值从低到高
	OrRd	从橙色到红色渐变，用于表示数据值从低到高
	PuBu	从紫色到蓝色渐变，用于表示数据值从低到高
	PuBuGn	从紫色到蓝绿色渐变，用于表示数据值从低到高
	PuRd	从紫色到红色渐变，用于表示数据值从低到高
	Purples	紫色调渐变，从浅紫到深紫，用于表示数据值从低到高
	RdPu	从红色到紫色渐变，用于表示数据值从低到高
	Reds	红色调渐变，从浅红到深红，用于表示数据值从低到高
	YlGn	从黄色到绿色渐变，用于表示数据值从低到高
	YlGnBu	从黄色到蓝绿色渐变，用于表示数据值从低到高
	YlOrBr	从黄色到橙色/棕色渐变，用于表示数据值从低到高
	YlOrRd	从黄色到红色渐变，用于表示数据值从低到高
Diverging 发散型	BrBG	从棕色到绿色渐变，用于表示数据偏离中心值的变化
	PiYG	从粉色到绿色渐变，用于表示数据偏离中心值的变化
	PRGn	从紫色到绿色渐变，用于表示数据偏离中心值的变化
	PuOr	从紫色到橙色渐变，用于表示数据偏离中心值的变化
	RdBu	从红色到蓝色渐变，用于表示数据偏离中心值的变化
	RdGy	从红色到灰色渐变，用于表示数据偏离中心值的变化
	RdYlBu	从红色到黄色再到蓝色渐变，用于表示数据偏离中心值的变化
	RdYlGn	从红色到黄色再到绿色渐变，用于表示数据偏离中心值的变化
	Spectral	从红色到黄色再到绿色/蓝色渐变，用于表示数据偏离中心值的变化
Qualitative 定性型	Accent	多种颜色组合，无顺序关系，用于表示不同类别
	Dark2	深色调多种颜色组合，无顺序关系，用于表示不同类别
	Paired	成对的颜色组合，用于表示成对或相关类别
	Pastel1	淡色调多种颜色组合，无顺序关系，用于表示不同类别
	Pastel2	另一种淡色调多种颜色组合，无顺序关系，用于表示不同类别
	Set1	明亮的多种颜色组合，无顺序关系，用于表示不同类别
	Set2	第二种明亮的多种颜色组合，无顺序关系，用于表示不同类别
	Set3	第三种明亮的多种颜色组合，无顺序关系，用于表示不同类别

【例 9-3】 使用不同类型的调色板创建图表。

在代码编辑器中输入以下代码，然后单击 ➡ Run 按钮运行。

```
library(ggplot2)
library(RColorBrewer)
library(patchwork)
    data("diamonds")                          # 使用 diamonds 数据集

# Sequential: 显示数据从低到高的渐变，使用 Blues 调色板从浅蓝色到深蓝色
p1 <- ggplot(diamonds,aes(x=cut,fill=after_stat(count))) +
  geom_bar() +
  scale_fill_distiller(palette="Blues") +
  labs(title="Sequential Palette: Blues")

# Diverging: 显示数据偏离中心值的变化，使用 RdYlBu 从红色到黄色再到蓝色
p2 <- ggplot(diamonds,aes(x=carat,y=price,color=carat)) +
  geom_point(size=1.5) +
  scale_color_distiller(palette="RdYlBu") +
  labs(title="Diverging Palette: RdYlBu")

# Qualitative: 表示不同类别，没有顺序关系，使用 Set3 提供多种明亮颜色
p3 <- ggplot(diamonds,aes(x=cut,fill=clarity,group=clarity)) +
  geom_bar(position="dodge") +
  scale_fill_brewer(palette="Set3") +
  labs(title="Qualitative Palette: Set3")

# Viridis: 提供感知一致的渐变颜色，常用于科学和工程领域
p4 <- ggplot(diamonds,aes(x=carat,y=price,color=clarity)) +
  geom_point(size=1.5) +
  scale_color_viridis_d() +
  labs(title="Viridis Palette")

# Gradient: 通过自定义颜色渐变，展示数据的变化，如从蓝色到红色
p5 <- ggplot(diamonds,aes(x=carat,y=price,color=price)) +
  geom_point(size=1.5) +
  scale_color_gradient(low="blue",high="red") +
  labs(title="Gradient Palette: Blue to Red")

(p1 | p2) / (p3 | p4 | p5)
```

输出结果如图 9-4 所示。

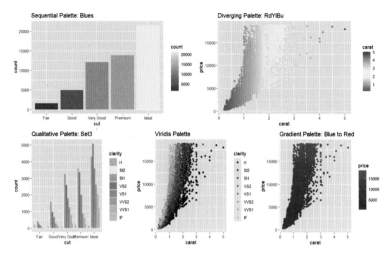

图 9-4 使用不同类型的调色板创建图表

9.3 坐标标度

在 ggplot2 中，坐标标度函数用于控制数据在图形中的映射方式。这些函数允许用户定义数据如何映射到坐标轴上的具体点，并且可以调整图形的显示方式。

在 ggplot2 中，包含 scale_x_<func>、scale_y_<func> 两个坐标标度函数系列，分别实现对 x 轴、y 轴的控制。其中 scale_x_<func> 系列函数如表 9-5 所示，另外一个系列与此类似。

表9-5 scale_x_<func>系列函数

函　数	功　能	示　例
scale_x_binned()	将连续数据分箱显示在x轴上	scale_x_binned(n.breaks=10)
scale_x_continuous()	为x轴提供一个连续刻度	scale_x_continuous(limits=c(0,100))
scale_x_date()	为x轴提供日期刻度	scale_x_date(date_labels="%Y-%m-%d")
scale_x_datetime()	为x轴提供日期和时间刻度	scale_x_datetime(date_labels= "%Y-%m-%d%H: %M:%S")
scale_x_discrete()	为x轴提供离散刻度	scale_x_discrete(limits=c("A","B","C"))
scale_x_log10()	为x轴提供对数刻度（以10为底）	scale_x_log10()
scale_x_reverse()	反转x轴的方向	scale_x_reverse()
scale_x_sqrt()	为x轴提供平方根刻度	scale_x_sqrt()
scale_x_time()	为x轴提供时间刻度（无日期部分）	scale_x_time(time_labels="%H:%M:%S")

【例9-4】坐标标度函数应用示例。

在代码编辑器中输入以下代码，然后单击 ➡Run 按钮运行。

```r
library(ggplot2)
library(patchwork)

data("mpg")                                    # 数据集
# scale_x_binned() 示例
p1 <- ggplot(mpg,aes(x=displ,y=hwy,color=class)) +
  geom_point() +
  scale_x_binned(n.breaks=10) +
  labs(title="Binned Scale for X-Axis",
       x="Engine Displacement (binned)",y="Highway Miles per Gallon")

# scale_x_continuous() 示例
p2 <- ggplot(mpg,aes(x=displ,y=hwy,color=class)) +
  geom_point() +
  scale_x_continuous(limits=c(1,7)) +
  labs(title="Continuous Scale for X-Axis",
       x="Engine Displacement",y="Highway Miles per Gallon")

# scale_x_log10() 示例
p3 <- ggplot(mpg,aes(x=displ,y=hwy,color=class)) +
  geom_point() +
  scale_x_log10() +
  labs(title="Log10 Scale for X-Axis",
       x="Engine Displacement (log10)",y="Highway Miles per Gallon")

# scale_x_reverse() 示例
p4 <- ggplot(mpg,aes(x=displ,y=hwy,color=class)) +
  geom_point() +
  scale_x_reverse() +
  labs(title="Reverse Scale for X-Axis",
       x="Engine Displacement (reversed)",y="Highway Miles per Gallon")

(p1 | p2) / (p3 | p4)
```

输出结果如图9-5所示。

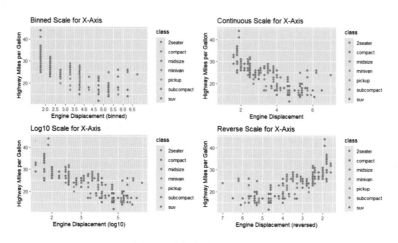

图 9-5　坐标标度函数应用

9.4　透明度标度

在 ggplot2 中，透明度标度用于控制图形中元素的透明度。这在处理重叠的数据点或层次较多的图形时特别有用。透明度标度可以设置为连续的透明度渐变或离散的透明度级别。

透明度标度系列函数 scale_alpha_<func> 中各函数的功能如表 9-6 所示。

表9-6　透明度标度系列函数

函　　数	功　　能	示　　例
scale_alpha()	映射连续型数据到透明度 （同scale_alpha_continuous）	scale_alpha(range=c(0.1,1))
scale_alpha_binned()	将连续型数据分箱映射到透明度	scale_alpha_binned(n.breaks=5)
scale_alpha_continuous()	映射连续型数据到透明度	scale_alpha_continuous(range=c(0.1,1))
scale_alpha_date()	映射日期型数据到透明度	scale_alpha_date()
scale_alpha_datetime()	映射日期时间型数据到透明度	scale_alpha_datetime()
scale_alpha_discrete()	映射离散型数据到透明度	scale_alpha_discrete()
scale_alpha_identity()	直接使用数据中的透明度值	scale_alpha_identity()
scale_alpha_manual()	手动映射数据到透明度	scale_alpha_manual(values=c(0.2,0.4,0.6,0.8,1))
scale_alpha_ordinal()	映射序数型数据到透明度	scale_alpha_ordinal()

在 ggplot2 中，alpha 参数用于在美学映射中指定元素的透明度。该参数可以在 aes() 函数中使用，以将数据变量映射到透明度。透明度的取值范围通常在 0 到 1 之间，其中 0 表示完全

透明，1 表示完全不透明。而透明度标度函数用于控制透明度映射的细节，包括定义透明度的范围、变换等。

具体而言，当在 aes() 函数中使用 alpha 参数时，ggplot2 会根据数据变量的不同值分配不同的透明度。透明度标度函数允许用户对这些透明度映射进行细化控制，例如手动设置透明度、定义透明度的范围等。

以 scale_alpha_continuous() 函数为例，该函数的语法结构如下：

```
scale_alpha_continuous(name=waiver(),breaks=waiver(),
                       labels=waiver(),limits=NULL,range=c(0.1,1),
                       trans="identity",guide="legend")
```

该函数各参数的含义如表 9-7 所示。

表9-7 参数的含义

参　数	含　义	示　例
name	标度的名称，用于图例标题	name="Alpha Scale"
breaks	图例的刻度	breaks=seq(0,1,by=0.2)
labels	图例刻度的标签	labels=c("Low","Medium","High")
limits	数据范围，超出范围的数据将被删除	limits=c(0,1)
range	透明度范围，取值范围为0~1	range=c(0.2,0.8)
trans	变换函数，用于对数据进行变换	trans="log10"
guide	指导器类型，默认值为"legend"	guide="none"

【例 9-5】利用 scale_alpha_continuous() 函数调整透明度示例。

在代码编辑器中输入以下代码，然后单击 ➡ Run 按钮运行。

```
library(ggplot2)
library(patchwork)

# 使用mtcars数据集绘制直方图，并基于mpg变量调整透明度
p1 <- ggplot(mtcars,aes(x=mpg,alpha=..count..)) +
  geom_histogram(binwidth=2,fill="green",color="black") +
  scale_alpha_continuous(range=c(0.1,1)) +
  labs(title="Histogram with scale_alpha_continuous",
       x="Miles Per Gallon (mpg)",y="Count")

# 使用mtcars数据集绘制小提琴图，并基于wt变量调整透明度
p2 <- ggplot(mtcars,aes(x=factor(cyl),y=wt,alpha=..scaled..)) +
  geom_violin(fill="orange",color="black") +
  scale_alpha_continuous(range=c(0.1,1)) +
```

```
    labs(title="Violin Plot with scale_alpha_continuous",
        x="Number of Cylinders",y="Weight (1000 lbs)")

# 使用 mtcars 数据集绘制散点图，并基于 hp 变量调整透明度
p3 <- ggplot(mtcars,aes(x=hp,y=mpg,alpha=hp)) +
  geom_point(color="red") +
  scale_alpha_continuous(range=c(0.1,1)) +
  labs(title="Scatter Plot with scale_alpha_continuous",
        x="Horsepower (hp)",y="Miles Per Gallon (mpg)")

# 使用 mtcars 数据集绘制等高线图，并基于 mpg 和 wt 的密度调整透明度
p4 <- ggplot(mtcars,aes(x=mpg,y=wt)) +
  stat_density_2d(aes(alpha=..level..,fill=..level..),geom="polygon") +
  scale_alpha_continuous(range=c(0.1,1)) +
  scale_fill_continuous(low="blue",high="red") +
  labs(title="Contour Plot with scale_alpha_continuous",
        x="Miles Per Gallon (mpg)",y="Weight (1000 lbs)")

(p1 | p2) / (p3 | p4)
```

输出结果如图 9-6 所示。

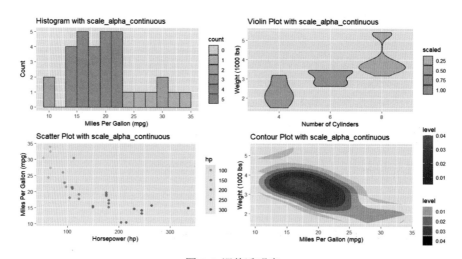

图 9-6 调整透明度

【例 9-6】透明度标度应用示例。

在代码编辑器中输入以下代码，然后单击 ⇥ Run 按钮运行。

```
library(ggplot2)
library(patchwork)

# 生成示例数据
```

```
set.seed(123)
data <- data.frame(x=rnorm(1000),y=rnorm(1000),
  group=sample(letters[1:4],1000,replace=TRUE))

# scale_alpha 直方图
p1 <- ggplot(data,aes(x=x,alpha=..count..)) +
  geom_histogram(binwidth=0.2,fill="blue",color="black") +
  scale_alpha(range=c(0.1,1)) +
  labs(title="scale_alpha - Histogram")

# scale_alpha_binned 小提琴图
p2 <- ggplot(data,aes(x=group,y=y,alpha=..scaled..)) +
  geom_violin(fill="blue",color="black") +
  scale_alpha_binned(n.breaks=5) +
  labs(title="scale_alpha_binned - Violin Plot")

# scale_alpha_continuous 核密度图
p3 <- ggplot(data,aes(x=x,y=y,alpha=..level..)) +
  geom_density2d() +
  scale_alpha_continuous(range=c(0.1,1)) +
  labs(title="scale_alpha_continuous - Density Plot")

# 使用日期数据集 economics 展示 scale_alpha_date
p4 <- ggplot(economics,aes(x=date,y=unemploy,alpha=unemploy)) +
  geom_area(fill="red") +
  scale_alpha(range=c(0.1,1)) +            # 使用常规 scale_alpha
  labs(title="scale_alpha - Area Plot")

 (p1 | p2) / (p3 | p4)
```

输出结果如图 9-7 所示。

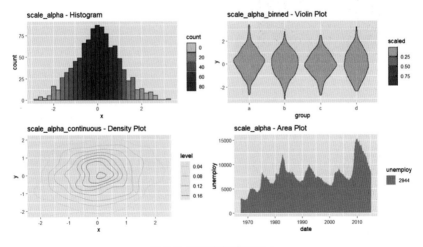

图 9-7 透明度标度应用 1

接着输入以下代码并运行：

```
# scale_alpha_ordinal 等高线图
p5 <- ggplot(data,aes(x=x,y=y,alpha=group)) +
  geom_density2d_filled() +
  scale_alpha_ordinal() +
  labs(title="scale_alpha_ordinal - Contour Plot")

# scale_alpha_discrete 直方图
p6 <- ggplot(data,aes(x=x,fill=group,alpha=group)) +
  geom_histogram(binwidth=0.2,position="dodge") +
  scale_alpha_discrete() +
  labs(title="scale_alpha_discrete - Histogram")

# scale_alpha_manual 核密度图
p7 <- ggplot(data,aes(x=x,y=y,alpha=group)) +
  geom_density2d() +
  scale_alpha_manual(values=c(0.2,0.4,0.6,0.8)) +
  labs(title="scale_alpha_manual - Density Plot")

p5 | (p6 / p7)
```

输出结果如图 9-8 所示。

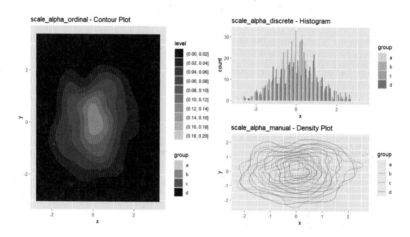

图 9-8 透明度标度应用 2

9.5 点形状标度

在 ggplot2 中，点形状标度用于控制散点图中点的形状。点形状标度系列函数 scale_shape_<func> 中各函数的功能如表 9-8 所示。

表9-8　点形状标度系列函数

函　数	功　能	示　例
scale_shape()	使用默认的点形状标度	scale_shape()
scale_shape_binned()	根据分箱的数值来设置点形状	scale_shape_binned(n.breaks=3)
scale_shape_continuous()	根据连续变量设置点形状	scale_shape_continuous()
scale_shape_discrete()	根据离散变量设置点形状	scale_shape_discrete()
scale_shape_identity()	使用原始数据的点形状	scale_shape_identity()
scale_shape_manual()	手动设置点形状	scale_shape_manual(values=c(1,2,3))

ggplot2 提供了一系列默认的点形状，每个形状都有唯一的编号（0~25），如图 9-9 所示。这些形状可以在使用 geom_point() 绘制散点图时通过美学映射参数 shape 来设置。

图 9-9　默认点形状编号

在 ggplot2 中，shape 参数用于在美学映射中指定点的形状。该参数可以在 aes() 函数中使用，以将数据变量映射到点的形状。点的形状可以用于离散变量（例如分类变量）或连续变量，但通常用于离散变量。而点形状标度函数用于控制点形状映射的细节，包括定义形状的类型、范围等。

具体而言，当在 aes() 函数中使用 shape 参数时，ggplot2 会根据数据变量的不同值分配不同的点形状。点形状标度函数允许用户对这些点形状映射进行细化控制，例如手动设置形状、定义形状的范围等。

【例 9-7】点形状标度应用示例。

在代码编辑器中输入以下代码，然后单击 ➡ Run 按钮运行。

```
library(ggplot2)
library(patchwork)

# 自定义数据集
set.seed(123)
```

```
mydata <- data.frame(category=factor(rep(letters[1:5],
                     each=10)),                           # 类别变量
                     x=rnorm(50),y=rnorm(50) )            # 坐标轴变量

# 使用默认的点形状标度
p1 <- ggplot(mydata,aes(x=x,y=y,shape=category,colour=category)) +
  geom_point(size=3) +                                    # 设置点的大小
  scale_shape(name="Category") +                          # 设置图例名称
  labs(title="Default Shape Scale",x="X-Axis",y="Y-Axis")

# 使用手动设置的点形状标度
p2 <- ggplot(mydata,aes(x=x,y=y,shape=category,colour=category)) +
  geom_point(size=3) +                                    # 设置点的大小
  scale_shape_manual(values=c(15,16,17,18,19),
                     name="Category") +                   # 手动设置形状
  labs(title="Manual Shape Scale",x="X-Axis",y="Y-Axis")

# 创建数据框，包含预定义形状编号
identity_data <- data.frame(x=rnorm(10),y=rnorm(10),
                 shape=sample(0:25,10,replace=TRUE))      # 预定义形状编号

# 使用形状标度保持输入不变
p3 <- ggplot(identity_data,aes(x=x,y=y,shape=shape,colour=shape)) +
  geom_point(size=5) +                                    # 设置点的大小
  scale_shape_identity() +                                # 使用形状标度保持输入不变
  labs(title="Identity Shape Scale",x="X-Axis",y="Y-Axis")

# 创建包含连续变量的数据集
binned_data <- data.frame(x=rnorm(100),y=rnorm(100),
                          value=rnorm(100))               # 连续变量

# 使用分箱的点形状标度
p4 <- ggplot(binned_data,aes(x=x,y=y,shape=value,colour=value)) +
  geom_point(size=3) +                                    # 设置点的大小
  scale_shape_binned(name="Binned Value") +               # 使用分箱的形状标度
  labs(title="Binned Shape Scale",
       x="X-Axis",y="Y-Axis")

(p1 | p2) / (p3 | p4)
```

输出结果如图 9-10 所示。

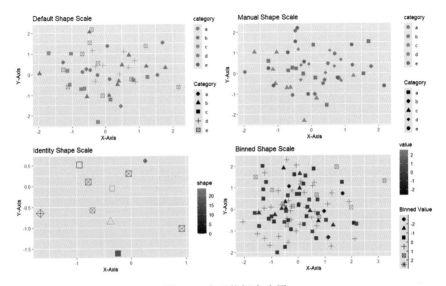

图 9-10　点形状标度应用

9.6　点大小 / 线粗细标度

在 ggplot2 中，点大小 / 线粗细标度系列函数 scale_size_<func> 用于控制点的大小和线的粗细。这些函数支持多种数据类型，包括连续型、离散型、手动设置等。scale_size_<func> 中各函数的功能如表 9-9 所示。

表9-9　点大小/线粗细标度函数

函　数	功　能	示　例
scale_size()	通用大小标度，适用于连续和离散数据	scale_size(name="Size")
scale_size_area()	按面积调整大小，通常用于散点图，以确保点面积与数据值成比例	scale_size_area(max_size=10)
scale_size_binned()	按固定间隔将大小变量分箱	scale_size_binned(name="Binned Size")
scale_size_binned_area()	按面积调整大小并分箱，确保点面积与数据值成比例	scale_size_binned_area(max_size=10)
scale_size_continuous()	连续型大小标度	scale_size_continuous(name="Continuous Size")
scale_size_date()	日期型大小标度	scale_size_date(name="Date Size")
scale_size_datetime()	日期时间型大小标度	scale_size_datetime(name="Datetime Size")

（续表）

函　　数	功　　能	示　　例
scale_size_discrete()	离散型大小标度	scale_size_discrete(name="Discrete Size")
scale_size_identity()	直接使用数据值作为大小	scale_size_identity()
scale_size_manual()	手动设置大小标度	scale_size_manual(values=c(3,4,5,6,7))
scale_size_ordinal()	序数型大小标度	scale_size_ordinal(name="Ordinal Size")

在 ggplot2 中，size 参数用于在美学映射中指定元素的大小。该参数可以在 aes() 函数中使用，以将数据变量映射到元素的大小。在 geom_point() 中，size 控制点的大小；在 geom_line() 中，size 控制线的粗细。而点大小 / 线粗细标度函数用于控制大小映射的细节，包括定义大小的范围、变换等。

具体而言，当在 aes() 函数中使用 size 参数时，ggplot2 会根据数据变量的不同值分配不同的大小。点大小 / 线粗细标度函数允许用户对这些大小映射进行细化控制，例如手动设置大小、定义大小的范围等。

【例 9-8】点大小 / 线粗细标度函数应用示例。

在代码编辑器中输入以下代码，然后单击 ➡ Run 按钮运行。

```
library(ggplot2)
library(patchwork)

# 自定义数据集
set.seed(123)
mydata <- data.frame(
  category=factor(rep(letters[1:5],each=10)),    # 类别变量
  x=rnorm(50),y=rnorm(50),                        # 坐标轴变量
  size_var=runif(50,1,10),                        # 大小变量
  linewidth_var=runif(50,0.5,2) )                 # 线粗细变量

# 使用默认的点大小标度
p1 <- ggplot(mydata,aes(x=x,y=y,size=size_var,colour=size_var)) +
  geom_point() +                                  # 使用默认的点大小标度
  scale_size(name="Size Variable") +              # 设置图例名称
  labs(title="Default Size Scale",
       x="X-Axis",y="Y-Axis")

# 使用手动设置的点大小标度
p2 <- ggplot(mydata,aes(x=x,y=y,size=category,colour=category)) +
  geom_point() +                                  # 使用手动设置的点大小标度
  scale_size_manual(values=c(3,4,5,6,7),name="Category") +    # 手动设置大小
  labs(title="Manual Size Scale",
```

```
                    x="X-Axis",y="Y-Axis")
# 使用分箱的点大小标度
p3 <- ggplot(mydata,aes(x=x,y=y,size=size_var,colour=size_var)) +
    geom_point() +                                # 使用分箱点大小标度
    scale_size_binned(name="Binned Size") +       # 设置图例名称
    labs(title="Binned Size Scale",
        x="X-Axis",y="Y-Axis")


# 使用默认的线类型标度
p4 <- ggplot(mydata,aes(x=x,y=y,linetype=category,colour=category)) +
    geom_line() +                                 # 使用默认的线类型标度
    scale_linetype(name="Category") +             # 设置图例名称
    labs(title="Default Linetype Scale",
        x="X-Axis",y="Y-Axis")


# 使用手动设置的线类型标度
p5 <- ggplot(mydata,aes(x=x,y=y,linetype=category,colour=category)) +
    geom_line() +                                 # 使用手动设置的线类型标度
    scale_linetype_manual(values=c("solid","dashed","dotted",
                            "dotdash","twodash"),
                        name="Category") +        # 手动设置线类型
    labs(title="Manual Linetype Scale",x="X-Axis",y="Y-Axis")


(p1 | p2 | p3) / (p4 | p5)
```

输出结果如图 9-11 所示。

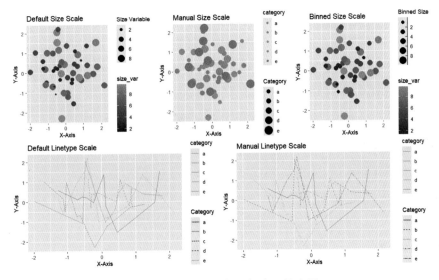

图 9-11　点大小 / 线粗细标度函数应用

9.7 线型标度

在 ggplot2 中，线型标度系列函数 scale_linetype_<func> 用于控制线型的标度。这些函数支持多种数据类型，包括连续型、离散型、手动设置等。scale_linetype_<func> 各函数的功能如表 9-10 所示。

表9-10 线型标度函数

函 数	功 能	示 例
scale_linetype()	通用线型标度，适用于连续型和离散型数据	scale_linetype(name="Linetype")
scale_linetype_binned()	按固定间隔将线型变量分箱	scale_linetype_binned (name="Binned Linetype")
scale_linetype_continuous()	连续型线型标度	scale_linetype_continuous (name="Continuous Linetype")
scale_linetype_discrete()	离散型线型标度	scale_linetype_discrete (name="Discrete Linetype")
scale_linetype_identity()	直接使用数据值作为线型	scale_linetype_identity()
scale_linetype_manual()	手动设置线型标度	scale_linetype_manual (values=c(1,2,3,4,5))

在 ggplot2 中，linetype 参数用于在美学映射中指定线条的类型，例如实线、虚线、点线等。该参数可以在 aes() 函数中使用，以将数据变量映射到线型。线型标度函数用于控制线型的映射和调整，以调整线型映射的细节，例如自定义线型、设置线型的序列等。

具体而言，在 aes() 函数中使用 linetype 时，会根据数据变量的不同值应用不同的线型。而线型标度函数允许对这些映射进行细化控制，例如手动设置线型、分箱处理等。在某些情况下，可能需要将连续变量转换为离散变量来适配 linetype 的使用。

【例 9-9】线型标度函数应用示例 1。

在代码编辑器中输入以下代码，然后单击 ➡ Run 按钮运行。

```
library(ggplot2)
library(patchwork)

# 自定义数据集
set.seed(123)
mydata <- data.frame(
```

```
  category=factor(rep(letters[1:5],each=10)),        # 类别变量
  x=rep(1:10,5),y=runif(50,1,10),                    # 坐标轴变量
  linetype_var=sample(1:5,50,replace=TRUE))          # 线型变量
# 使用默认的线型标度
p1 <- ggplot(mydata,aes(x=x,y=y,linetype=category,
                        group=category,colour=category)) +
  geom_line() +                                      # 使用默认的线型标度
  scale_linetype(name="Linetype") +                  # 设置图例名称
  labs(title="Default Linetype Scale",x="X-Axis",y="Y-Axis")
# 使用分箱的线型标度
p2 <- ggplot(mydata,aes(x=x,y=y,linetype=linetype_var,
                        group=interaction(category,linetype_var),
                        colour=category)) +
  geom_line() +                                      # 使用分箱的线型标度
  scale_linetype_binned(name="Binned Linetype") +    # 设置图例名称
  labs(title="Binned Linetype Scale",x="X-Axis",y="Y-Axis")
# 使用手动设置的线型标度
p3 <- ggplot(mydata,aes(x=x,y=y,linetype=category,
                        group=category,colour=category)) +
  geom_line() +                                      # 使用手动设置的线型标度
  scale_linetype_manual(values=c(1,2,3,4,5),
                        name="Category") +           # 手动设置线型
  labs(title="Manual Linetype Scale",x="X-Axis",y="Y-Axis")
# 使用离散型线型标度
p4 <- ggplot(mydata,aes(x=x,y=y,linetype=category,
                        group=category,colour=category)) +
  geom_line() +                                      # 使用离散型线型标度
  scale_linetype_discrete(name="Discrete Linetype") +  # 设置图例名称
  labs(title="Discrete Linetype Scale",
       x="X-Axis",y="Y-Axis")
(p1 | p2) / (p3 | p4)
```

输出结果如图 9-12 所示。

在 ggplot2 中，利用 linetype 参数可以控制线条的样式。读着可以通过美学映射将数据变量映射到线型属性，也可以在图形对象中直接指定具体的线型样式。linetype 可以接收以下类型的值：

（1）整数值：从 0 到 6，对应不同的线型，含义如表 9-11 所示。

（2）字符串：如 solid（实线）、dashed（虚线）、dotted（点线）、dotdash（点画线）、longdash（长画线）、twodash（双画线）。

（3）自定义线型：使用字符串如"44"，表示线条模式为线段长度和间隔长度的组合。

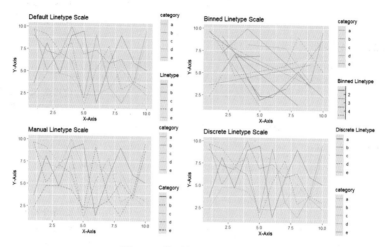

图 9-12 线型标度函数应用 1

表9-11 linetype参数值的含义

整 数 值	字符串值	描 述	整 数 值	字符串值	描 述
0	"blank"	空	4	"dotdash"	点画线
1	"solid"	实线	5	"longdash"	长画线
2	"dashed"	虚线	6	"twodash"	双画线
3	"dotted"	点线			

【例 9-10】线型标度函数应用示例 2。

在代码编辑器中输入以下代码，然后单击 ➡Run 按钮运行。

```
library(ggplot2)
library(patchwork)

data(mtcars)                                        # 使用mtcars数据集

# 直接指定具体线型
p1 <- ggplot(mtcars,aes(x=wt,y=mpg,colour=factor(cyl))) +
  geom_line(aes(linetype="solid")) +                # 指定实线
  labs(title="Line with Solid Linetype",
       x="Weight",y="Miles per Gallon")

# 按变量映射线型
p2 <- ggplot(mtcars,aes(x=wt,y=mpg,linetype=factor(cyl),
                        group=factor(cyl),colour=factor(cyl))) +
  geom_line(size=1) +
```

```
                    scale_linetype_manual(values=c("solid","dashed","dotted"),
                                          name="Cylinders") +
                    labs(title="Linetype Mapped to Cylinders",
                         x="Weight",y="Miles per Gallon")

# 自定义线型模式
p3 <- ggplot(mtcars,aes(x=wt,y=mpg,colour=factor(cyl))) +
      geom_line(aes(linetype="44"),size=1) +                # 自定义线型
      labs(title="Line with Custom Linetype",
           x="Weight",y="Miles per Gallon")

# 映射离散变量
p4 <- ggplot(mtcars,aes(x=wt,y=mpg,linetype=factor(gear),
                        group=factor(gear),colour=factor(gear))) +
      geom_line(size=1) +
      scale_linetype_discrete(name="Gears") +
      labs(title="Linetype Mapped to Gears",
           x="Weight",y="Miles per Gallon")

(p1 | p2) / (p3 | p4)
```

输出结果如图 9-13 所示。

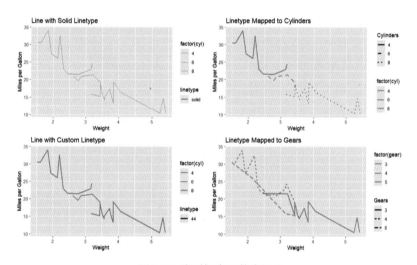

图 9-13　线型标度函数应用 2

9.8　线宽标度

在 ggplot2 中，线宽标度系列函数 scale_linewidth_<func> 用于控制线条的宽度。用户可

以通过美学映射将数据变量映射到线宽属性，也可以在图形对象中直接指定具体的线宽样式。scale_linewidth_<func> 中各函数的含义如表 9-12 所示。

表9-12 scale_linewidth_<func>中各函数的含义

函　　数	含　　义	示　　例
scale_linewidth()	映射连续变量到线宽	scale_linewidth()
scale_linewidth_binned()	将连续变量离散化后映射到线宽	scale_linewidth_binned()
scale_linewidth_continuous()	映射连续变量到线宽，同scale_linewidth	scale_linewidth_continuous()
scale_linewidth_date()	用于日期类型数据的线宽映射	scale_linewidth_date()
scale_linewidth_datetime()	用于日期时间类型数据的线宽映射	scale_linewidth_datetime()
scale_linewidth_discrete()	映射离散变量到 线宽	scale_linewidth_discrete()
scale_linewidth_identity()	直接使用数据中的线宽值	scale_linewidth_identity()
scale_linewidth_manual()	手动设置线宽映射	scale_linewidth_manual(values= c(0.5,1.5,2.5))
scale_linewidth_ordinal()	用于序数变量的线宽映射	scale_linewidth_ordinal()

在 ggplot2 中，linewidth 参数和线宽标度函数（如 scale_linewidth_continuous()）是用于控制线条宽度的两个不同但相关的概念。它们之间的关系和作用如下：

（1）linewidth 参数在 aes() 函数中使用，用于将数据的某个变量映射到线条的宽度上。这意味着线条宽度将根据该变量的值动态调整。例如，将 horsepower（马力）映射到 linewidth，则线条宽度将根据每个数据点的马力值进行调整。

（2）线宽标度函数（如 scale_linewidth_continuous()）用于定义映射的细节和范围。这些函数控制线宽的实际数值范围、刻度、标签等。例如通过 scale_linewidth_continuous(range=c(0.5,2.5))，可以将线宽限制在 0.5 和 2.5 之间。

具体而言，映射是通过 aes(linewidth=<variable>) 将数据变量映射到 linewidth，以确定哪个数据变量将控制线条宽度；标度是通过线宽标度函数定义映射的具体范围和表现形式，确定映射后的具体数值和显示方式。

【例 9-11】线宽标度函数应用示例。

在代码编辑器中输入以下代码，然后单击 ➡Run 按钮运行。

```
library(ggplot2)
library(patchwork)

data(mtcars)                         # 使用 mtcars 数据集
```

```
# scale_linewidth()：映射连续变量到线宽
p1 <- ggplot(mtcars,aes(x=wt,y=mpg,linewidth=hp,colour=hp)) +
  geom_line() +
  scale_linewidth_continuous() +
  labs(title="Line Width Mapped to Horsepower",
       x="Weight",y="Miles per Gallon")

# scale_linewidth_binned()：将连续变量离散化后映射到线宽
p2 <- ggplot(mtcars,aes(x=wt,y=mpg,linewidth=hp,colour=hp)) +
  geom_line() +
  scale_linewidth_binned() +
  labs(title="Binned Line Width Mapped to Horsepower",
       x="Weight",y="Miles per Gallon")

# scale_linewidth_discrete()：映射离散变量到线宽
p3 <- ggplot(mtcars,aes(x=wt,y=mpg,
                        linewidth=factor(cyl),colour=factor(cyl))) +
                        geom_line() +
                        scale_linewidth_discrete() +
                        labs(title="Line Width Mapped to Cylinders",
                        x="Weight",y="Miles per Gallon")

# scale_linewidth_manual()：手动设置线宽映射
p4 <- ggplot(mtcars,aes(x=wt,y=mpg,
                        group=factor(gear),colour=factor(gear))) +
  geom_line(aes(linewidth=factor(gear))) +
  scale_linewidth_manual(values=c(0.5,1.5,2.5)) +
  labs(title="Manual Line Width Mapping to Gears",
       x="Weight",y="Miles per Gallon")

# scale_linewidth_identity()：直接使用数据中的线宽值
# 创建一个新的数据框，其中包含线宽列
mtcars$line_width <- mtcars$hp / 50
p5 <- ggplot(mtcars,aes(x=wt,y=mpg,
                        linewidth=line_width,colour=line_width)) +
                        geom_line() +
                        scale_linewidth_identity() +
                        labs(title="Line Width Identity Mapping",
                        x="Weight",y="Miles per Gallon")

(p1 | p2) / (p3 | p4 | p5)
```

输出结果如图9-14所示。

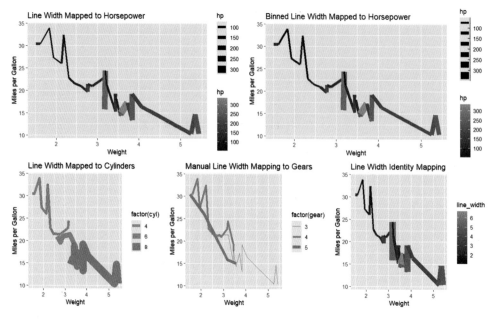

图 9-14 线宽标度函数应用

9.9　本章小结

　　本章深入探讨了 ggplot2 包中的各种标度及其应用，包括颜色标度、坐标标度、透明度标度、点形状标度、点大小 / 线粗细标度、线型标度和线宽标度。通过应用不同的标度映射，可以将数据特征转换为视觉特征，从而提升图表的表达力和信息量。此外，在颜色标度部分，讲解了多种调色板及其参数设置，可以帮助读者在实际应用中选择和配置合适的颜色方案。希望通过对本章内容的学习，读者能够掌握各类标度的使用技巧，在数据可视化过程中游刃有余，绘制出更加专业和美观的图表。

第10章

拓展包 ggpubr

在数据可视化中，ggplot2 是一个强大的工具，但其基础功能有时难以满足复杂的可视化需求。为此，拓展包 ggpubr 应运而生。ggpubr 提供了一系列便捷的函数，使得用户无须编写复杂的代码即可快速创建和调整图形，并达到出版质量。本章将详细介绍 ggpubr 的功能及其在数据可视化中的应用，帮助读者更高效地进行数据展示。

10.1 ggpubr 概述

ggpubr 是一个基于 ggplot2 的拓展包，旨在简化常见图形的创建和美化过程。它的主要特点包括：

（1）简化图形创建：提供了一些封装好的函数（ggscatter()、ggbarplot()、ggboxplot() 等），可以快速创建常见图形。

（2）添加统计测试：内置函数可以方便地在图形上添加统计测试结果和显著性标记。

（3）图形排列和组合：提供方便的函数来排列和组合多个图形，形成复杂的布局。

（4）增强的美化功能：提供了许多简化的函数来调整图例、标题、坐标轴标签等。

【例 10-1】利用 ggpubr 创建和美化图表示例。

在代码编辑器中输入以下代码，然后单击 ➡️Run 按钮运行。

```
library(ggplot2)
library(ggpubr)

# 创建示例数据集
data <- data.frame(group=rep(c("A","B","C"),each=100),
                   value=c(rnorm(100),rnorm(100,1),rnorm(100,2)),
                   time=rep(1:10,30))

# 散点图
p1 <- ggscatter(data,x="time",y="value",color="group",
                add="reg.line",conf.int=TRUE) +
                stat_cor(method="pearson") +
  labs(title="Scatter Plot with Regression Line and Correlation Coefficient")

# 条形图
p2 <- ggbarplot(data,x="group",y="value",
                add="mean_se",color="group",fill="group") +
  labs(title="Bar Plot with Mean and SE")

# 箱线图
p3 <- ggboxplot(data,x="group",y="value",color="group",fill="group") +
  stat_compare_means(method="t.test") +
  labs(title="Box Plot with T-test Comparison")

# 小提琴图
p4 <- ggviolin(data,x="group",y="value",fill="group",add="boxplot") +
  labs(title="Violin Plot with Boxplot")

p1 + p2 + p3 + p4
```

输出结果如图 10-1
所示。

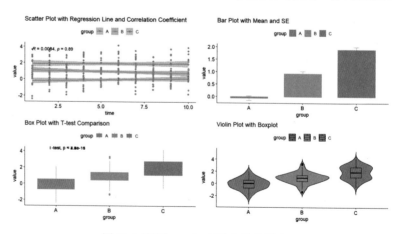

图 10-1 利用 ggpubr 创建和美化图表 1

接着输入以下代码并运行：

```
# 密度图
p5 <- ggdensity(data,x="value",fill="group",alpha=0.7) +
  labs(title="Density Plot")

# 点图
p6 <- ggdotchart(data,x="group",y="value",
                 add="segments",color="group") +
  labs(title="Dot Chart with Mean and SD")

# 线图
p7 <- ggline(data,x="time",y="value",add="mean_se",
             group="group",color="group") +
  labs(title="Line Plot with Mean and SE")

# 点状图
p8 <- ggstripchart(data,x="group",y="value",color="group") +
  labs(title="Strip Chart")

# 使用 ggarrange 进行组合
combined_plot <- ggarrange(p5,p6,p7,p8,ncol=2,nrow=2,labels="AUTO")

# 添加注释到组合图形
annotated_plot <- annotate_figure(
  combined_plot,
  top=text_grob("Combined Plot of ggpubr Examples",
                color="blue",face="bold",size=14),
  bottom=text_grob("Source: Generated Data",
                   color="black",size=10),
  left=text_grob("Different Plots",color="black",size=10,rot=90),
  right=text_grob("ggpubr Package",color="black",size=10,rot=270))

print(annotated_plot)                # 显示带注释的组合图形
```

输出结果如图10-2所示。

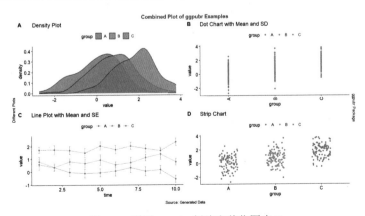

图 10-2　利用 ggpubr 创建和美化图表 2

10.2　快速创建图表

利用 ggpubr 包可以创建各种统计图表，这些图表均在 ggplot2 创建的基础上做了简化，同时提供了一些额外的功能和美化选项。

10.2.1　点图

点图通常用于显示类别变量的分布情况，或者展示数值变量在不同类别间的比较。ggdotplot() 是 ggpubr 包中用于创建点图的函数，该函数的语法结构如下：

```
ggdotplot(data,x,y=NULL,color=NULL,fill=NULL,
        palette=NULL,add=c("none","mean","median"),
        add.params=list(),dotsize=1,binwidth=NULL,
        stack=FALSE,stackratio=1,stacksep=0.5,scale="count",
        position="identity",show.legend=TRUE,xlab=NULL,ylab=NULL,...)
```

ggdotplot() 函数各参数的含义如表 10-1 所示。

表10-1　ggdotplot()函数各参数的含义

参　　数	含　　义	示　　例
data	包含数据的数据框	data=my_data
x	分组变量，通常是分类变量	x="group"
y	想要可视化的数值变量	y="value"
color	按照指定变量分组，并按组别设置颜色	color="group"
fill	按照指定变量分组，并按组别设置填充颜色	fill="group"
palette	调色板名称，用于指定组别的颜色	palette="Set1"
add	在点图上添加的元素，可选项为"none"、"mean"、"median"等	add="mean"
add.params	添加元素的参数	add.params=list(color="blue")
dotsize	点的大小	dotsize=2
binwidth	指定点的宽度，当scale="count"时有效	binwidth=0.5
stack	是否堆叠点，当scale="count"时有效	stack=TRUE
stackratio	堆叠比例，当stack=TRUE时有效	stackratio=0.8
stacksep	堆叠间隔，当stack=TRUE时有效	stacksep=0.2
scale	点的尺度类型，可选"count"、"width"	scale="width"
position	点的位置调整方式	position="jitter"

（续表）

参　数	含　义	示　例
show.legend	是否显示图例	show.legend=TRUE
xlab	*x*轴的标签	xlab="X-axis label"
ylab	*y*轴的标签	ylab="Y-axis label"
...	其他传递给ggplot2函数的参数	geom_dotplot(...)

【例 10-2】利用 ggpubr 绘制点图示例。

在代码编辑器中输入以下代码，然后单击 ➡ Run 按钮运行。

```
library(ggplot2)
library(ggpubr)
library(patchwork)

# 导入数据集
data("ToothGrowth")
df <- ToothGrowth

# 创建基本点图，并添加均值标准差
p1 <- ggdotplot(df,x="dose",y="len",add="mean_sd")

# 将 error.plot 改为 "crossbar"
p2 <- ggdotplot(df,x="dose",y="len",
                add="mean_sd",add.params=list(width=0.5),
                error.plot="crossbar")

# 添加箱线图
p3 <- ggdotplot(df,x="dose",y="len",add="boxplot")

# 添加小提琴图和均值标准差
p4 <- ggdotplot(df,x="dose",y="len",
                add=c("violin","mean_sd"))

# 按组别（"dose"）自定义填充和轮廓颜色，并使用自定义调色板
p5 <- ggdotplot(df,"dose","len",
                add="boxplot",
                color="dose",fill="dose",
                palette=c("#00AFBB","#E7B800","#FC4E07"))

# 按第二个组别（"supp"）改变颜色
p6 <- ggdotplot(df,"dose","len",fill="supp",color="supp",
                palette=c("#00AFBB","#E7B800"))

 (p1 | p2 | p3) / (p4 | p5 | p6)
```

输出结果如图 10-3 所示。

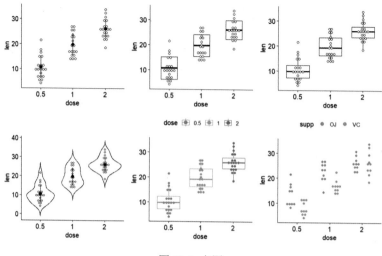

图 10-3 点图

10.2.2 散点图

ggscatter() 是 ggpubr 包中用于创建散点图的函数。它基于 ggplot2，可以用来展示两个数值变量之间的关系，同时支持按组别分色，添加平滑曲线和回归线等功能。该函数的语法结构如下：

```
ggscatter(data,x,y,color=NULL,palette=NULL,
        shape=NULL,size=NULL,alpha=1,title=NULL,
        xlab=NULL,ylab=NULL,add=c("none","reg.line","smooth"),
        conf.int=TRUE,cor.coef=TRUE,cor.method="pearson",
        cor.plot=TRUE,cor.coef.args=list(),
        cor.method.args=list(),cor.plot.args=list(),...)
```

ggscatter() 函数各参数的含义如表 10-2 所示。

表10-2 ggscatter()函数各参数的含义

参　　数	含　　义	示　　例
data	包含数据的数据框	data=my_data
x	x轴上的变量名	x="variable_x"
y	y轴上的变量名	y="variable_y"
color	按照指定变量分组，并按组别设置颜色	color="group"
palette	调色板名称，用于指定组别的颜色	palette="Set1"
shape	按照指定变量分组，并按组别设置点形状	shape="group"

（续表）

参　数	含　义	示　例
size	点的大小	size=3
alpha	点的透明度	alpha=0.8
title	图形的标题	title="Scatter Plot"
xlab	x轴上的标签	xlab="X-axis label"
ylab	y轴上的标签	ylab="Y-axis label"
add	添加附加元素到散点图中，可选项为"none"、"reg.line"、"smooth"等	add="reg.line"
conf.int	是否显示回归线的置信区间	conf.int=FALSE
cor.coef	是否显示相关系数	cor.coef=TRUE
cor.method	相关系数的计算方法，可选"pearson"、"spearman"、"kendall"等	cor.method="spearman"
cor.plot	是否显示相关系数矩阵	cor.plot=TRUE
cor.coef.args	相关系数的附加参数	cor.coef.args=list(digits=2)
cor.method.args	相关系数计算方法的附加参数	cor.method.args=list(na.rm=TRUE)
cor.plot.args	相关系数矩阵的附加参数	cor.plot.args=list(cex=1.2)
...	其他传递给ggplot2函数的参数	geom_point(...)

【例 10-3】利用 ggpubr 绘制散点图示例。

在代码编辑器中输入以下代码，然后单击 ➡ Run 按钮运行。

```
library(ggplot2)
library(ggpubr)
library(patchwork)

# 导入数据集
data("mtcars")
df <- mtcars
df$cyl <- as.factor(df$cyl)
head(df[,c("wt","mpg","cyl")],3)              # 查看数据集的前 3 行

# 基本散点图
p1 <- ggscatter(df,x="wt",y="mpg",
        color="black",shape=21,size=3,        # 设置点的颜色、形状和大小
        add="reg.line",                       # 添加回归线
        add.params=list(color="blue",fill="lightgray"),  # 自定义回归线样式
        conf.int=TRUE,                        # 显示置信区间
        cor.coef=TRUE,                        # 显示相关系数
        cor.coef.args=list(method="pearson",
                        label.x=3,label.sep="\n"))
```

```
# loess 方法：局部回归拟合
p2 <- ggscatter(df,x="wt",y="mpg",
                add="loess",conf.int=TRUE)

# 使用自定义调色板：添加边际 rug
p3 <- ggscatter(df,x="wt",y="mpg",color="cyl",
                palette=c("#00AFBB","#E7B800","#FC4E07"))

# 添加组别椭圆和均值点
# 添加星形图
p4 <- ggscatter(df,x="wt",y="mpg",
                color="cyl",shape="cyl",
                palette=c("#00AFBB","#E7B800","#FC4E07"),
                ellipse=TRUE,mean.point=TRUE,
                star.plot=TRUE)
# 文本注释
df$name <- rownames(df)
p5 <- ggscatter(df,x="wt",y="mpg",
                color="cyl",palette=c("#00AFBB","#E7B800","#FC4E07"),
                label="name",repel=TRUE)

(p1 | p2 | p3) / (p4 | p5)
```

输出结果如图 10-4 所示。

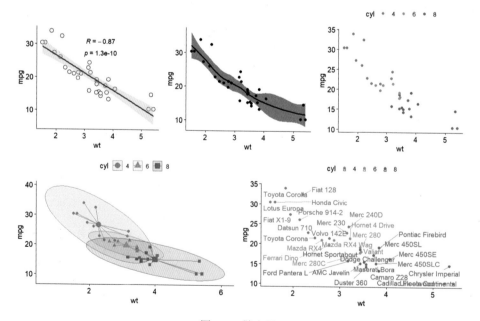

图 10-4 散点图

10.2.3 密度图

ggdensity() 是 ggpubr 包中用于创建密度图的函数。它基于 ggplot2，可以用来可视化单个或多个变量的分布情况，支持分组展示、添加边际毛毯、标签等功能。该函数的语法结构如下：

```
ggdensity(data,x,y="density",
        combine=FALSE,merge=FALSE,color="black",fill=NA,palette=NULL,
        size=NULL,linetype="solid",alpha=0.5,
        title=NULL,xlab=NULL,ylab=NULL,facet.by=NULL,
        panel.labs=NULL,short.panel.labs=TRUE,
        add=c("none","mean","median"),add.params=list(linetype="dashed"),
        rug=FALSE,label=NULL,font.label=list(size=11,color="black"),
        label.select=NULL,repel=FALSE,label.rectangle=FALSE,
        ggtheme=theme_pubr(),...)
```

ggdensity() 函数各参数的含义如表 10-3 所示。

表10-3　ggdensity()函数各参数的含义

参　　数	含　　义	示　　例
data	包含数据的数据框	data=my_data
x	指定绘制密度图的变量	x="variable"
y	y轴上的密度变量名称或位置，默认值为"density"	y="density"
combine	是否合并多幅密度图为一幅，默认值为FALSE	combine=TRUE
merge	是否合并多幅密度图的颜色，默认值为FALSE	merge=TRUE
color	线条颜色	color="blue"
fill	填充颜色	fill="red"
palette	调色板名称，用于指定组别的颜色	palette="viridis"
size	线条宽度	size=1.5
linetype	线型	linetype="dashed"
alpha	线条透明度	alpha=0.7
title	图形的标题	title="Density Plot"
xlab	x轴上的标签	xlab="X-axis"
ylab	y轴上的标签	ylab="Density"
facet.by	按照指定变量分面展示	facet.by="group"
panel.labs	自定义分面标签	panel.labs=c("Group A","Group B")
short.panel.labs	是否使用简短的分面标签	short.panel.labs=FALSE
add	添加附加元素到图形中，可选项为"none"、"mean"、"median"	add="mean"

（续表）

参 数	含 义	示 例
add.params	附加元素的参数	add.params=list(color="red")
rug	是否添加数据的边缘毛毯	rug=TRUE
label	是否添加标签，指定标签变量	label="variable"
font.label	标签的字体设置	font.label=list(size=12, color="black")
label.select	选择特定标签进行标注	label.select=data$variable > 0
repel	是否防止标签重叠	repel=TRUE
label.rectangle	是否在标签周围绘制矩形	label.rectangle=TRUE
ggtheme	图形主题	ggtheme=theme_minimal()
...	其他传递给ggplot2函数的参数	geom_density(...)

【例 10-4】利用 ggpubr 绘制密度图示例。

在代码编辑器中输入以下代码，然后单击 ➡Run 按钮运行。

```
library(ggplot2)
library(ggpubr)
library(patchwork)

set.seed(1234)
# 创建数据框
wdata=data.frame(
    sex=factor(rep(c("F","M"),each=200)),      # 性别因子变量，各200个观测值
    weight=c(rnorm(200,55),rnorm(200,58)))     # 体重数据，均值为55和58的正态分布
head(wdata,4)                                   # 显示数据框的前4行

# 基本密度图：添加平均线和边缘毛毯
p1 <- ggdensity(wdata,x="weight",fill="lightgray",add="mean",rug=TRUE)

# 使用自定义调色板，按组（"sex"）改变轮廓颜色
p2 <- ggdensity(wdata,x="weight", add="mean",rug=TRUE,
                color="sex",palette=c("#00AFBB","#E7B800"))

# 使用自定义调色板，按组（"sex"）改变轮廓和填充颜色
p3 <- ggdensity(wdata,x="weight",add="mean",rug=TRUE,color="sex",
                fill="sex",palette=c("#00AFBB","#E7B800"))

p1 / p2 | p3
```

输出结果如图 10-5 所示。

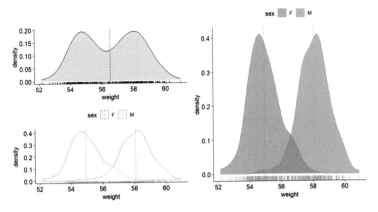

图 10-5　密度图

10.2.4　箱线图

ggboxplot() 是 ggpubr 包中用于创建箱线图的函数。它基于 ggplot2，可以用来可视化数值变量在一个或多个分类变量的不同水平之间的分布情况。该函数的语法结构如下：

```
ggboxplot(data,x,y,color="black",fill=NULL,
          palette=NULL,alpha=0.5,outlier.shape=16,
          notch=FALSE,notchwidth=0.5,width=0.8,add="none",
          add.params=list(),facet.by=NULL,panel.labs=NULL,
          short.panel.labs=TRUE,ggtheme=theme_pubr(),...)
```

ggboxplot() 函数各参数的含义如表 10-4 所示。

表10-4　ggboxplot()函数各参数的含义

参　　数	含　　义	示　　例
data	包含数据的数据框	data=my_data
x	指定用于分组的因子变量	x="group"
y	指定箱线图中的数值变量	y="value"
color	线条颜色	color="blue"
fill	填充颜色	fill="red"
palette	调色板名称，用于指定组别的颜色	palette="viridis"
alpha	线条和填充颜色的透明度	alpha=0.7
outlier.shape	异常值点的形状代码	outlier.shape=19
notch	是否显示缺口（显示中位数的置信区间）	notch=TRUE
notchwidth	缺口的宽度比例	notchwidth=0.8

（续表）

参　数	含　义	示　例
width	箱线图的宽度比例	width=0.6
add	添加附加元素到箱线图中，可选项为"none"、"mean"、"median"、"jitter"、"points"等	add="mean"
add.params	附加元素的参数	add.params=list(color="red")
facet.by	按照指定变量分面展示	facet.by="group"
panel.labs	自定义分面标签	panel.labs=c("Group A","Group B")
short.panel.labs	是否使用简短的分面标签	short.panel.labs=FALSE
ggtheme	图形主题	ggtheme=theme_minimal()
...	其他传递给ggplot2函数的参数	geom_boxplot(...)

【例 10-5】利用 ggpubr 绘制箱线图示例。

在代码编辑器中输入以下代码，然后单击 ➡Run 按钮运行。

```
library(ggplot2)
library(ggpubr)
library(patchwork)

# 导入数据集
data("ToothGrowth")
df <- ToothGrowth

# 基本箱线图：width 改变箱线图的宽度
p1 <- ggboxplot(df,x="dose",y="len",width=0.8)
# 改变方向：水平箱线图
p2 <- ggboxplot(df,"dose","len",orientation="horizontal")
# 带缺口的箱线图
p3 <- ggboxplot(df,x="dose",y="len",notch=TRUE)
# 添加点
p4 <- ggboxplot(df,x="dose",y="len",add="dotplot")
# 添加抖动点并按组改变点的形状
p5 <- ggboxplot(df,x="dose",y="len",add="jitter",shape="dose")
# 选择显示的项目："0.5" 和 "2"
p6 <- ggboxplot(df,"dose","len",select=c("0.5","2"))
# 改变项目的默认顺序
p7 <- ggboxplot(df,"dose","len",order=c("2","1","0.5"))
# 改变轮廓和填充颜色
p8 <- ggboxplot(df,"dose","len",color="black",fill="gray")

# 使用自定义调色板：按组（"dose"）改变轮廓颜色
# 添加抖动点并按组改变点的形状
```

```
p9 <- ggboxplot(df,"dose","len",color="dose",
                palette=c("#00AFBB","#E7B800","#FC4E07"),
                add="jitter",shape="dose")
# 按组（"dose"）改变填充颜色
p10 <- ggboxplot(df,"dose","len",fill="dose",
                 palette=c("#00AFBB","#E7B800","#FC4E07"))

# 多组别的箱线图
# 按第二组别（"supp"）填充或颜色箱线图
p11 <- ggboxplot(df,"dose","len",color="supp",
                 palette=c("#00AFBB","#E7B800"))

(p5 | p6 | p7) / (p9 | p10 | p11 )            # p1~p4 自己查看即可
```

输出结果如图 10-6 所示。

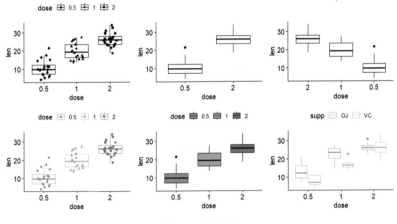

图 10-6　箱线图

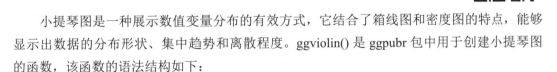

10.2.5　小提琴图

小提琴图是一种展示数值变量分布的有效方式，它结合了箱线图和密度图的特点，能够显示出数据的分布形状、集中趋势和离散程度。ggviolin() 是 ggpubr 包中用于创建小提琴图的函数，该函数的语法结构如下：

```
ggviolin(data,x,y,color=NULL,fill=NULL,palette=NULL,
         add=c("none","mean","median"),add.params=list(),
         violin.width=NULL,width.scale=1,
         scale="area",show.legend=TRUE,xlab=NULL,ylab=NULL,...)
```

ggviolin() 函数各参数的含义如表 10-5 所示。

表10-5 ggviolin()函数各参数的含义

参 数	含 义	示 例
data	包含数据的数据框	data=my_data
x	分组变量，通常是分类变量	x="group"
y	想要可视化的数值变量	y="value"
color	按照指定变量分组，并按组别设置颜色	color="group"
fill	按照指定变量分组，并按组别设置填充颜色	fill="group"
palette	调色板名称，用于指定组别的颜色	palette="Set1"
add	在小提琴图上添加的元素，可选项为"none"、"mean"、"median"等	add="mean"
add.params	添加元素的参数	add.params=list(color="blue")
violin.width	小提琴图的宽度	violin.width=0.8
width.scale	小提琴宽度的缩放比例	width.scale=0.9
scale	小提琴图的尺度类型，可选项为"area"、"count"、"width"	scale="count"
show.legend	是否显示图例	show.legend=TRUE
xlab	x轴上的标签	xlab="X-axis label"
ylab	y轴上的标签	ylab="Y-axis label"
...	其他传递给ggplot2函数的参数	geom_violin(...)

【例 10-6】利用 ggpubr 绘制小提琴图示例。

在代码编辑器中输入以下代码，然后单击 ➥Run 按钮运行。

```
library(ggplot2)
library(ggpubr)
library(patchwork)

data("ToothGrowth")                          # 导入数据集
df <- ToothGrowth

# 基本小提琴图
p1 <- ggviolin(df,x="dose",y="len")
# 改变图形方向：水平小提琴图
p2 <- ggviolin(df,"dose","len",orientation="horiz")
# 添加汇总统计信息：绘制分位数
p3 <- ggviolin(df,"dose","len",add="none",draw_quantiles=0.5)
# 添加箱线图
p4 <- ggviolin(df,x="dose",y="len",add="boxplot")
# 添加点图
p5 <- ggviolin(df,x="dose",y="len",add="dotplot")
# 添加抖动点并按组（"dose"）改变点的形状
```

```
p6 <- ggviolin(df,x="dose",y="len",add="jitter",shape="dose")
# 添加均值标准差和抖动点
p7 <- ggviolin(df,x="dose",y="len",add=c("jitter","mean_sd"))
# 将 error.plot 改为 "crossbar"
p8 <- ggviolin(df,x="dose",y="len",add="mean_sd",error.plot="crossbar")
# 改变轮廓和填充颜色
p9 <- ggviolin(df,"dose","len",color="black",fill="gray")

# 按组（"dose"）改变轮廓颜色，并使用自定义调色板，添加箱线图
p10 <- ggviolin(df,"dose","len",color="dose",
                palette=c("#00AFBB","#E7B800","#FC4E07"),
                add="boxplot")

# 按组（"dose"）改变填充颜色，并使用自定义调色板，添加白色填充的箱线图
p11 <- ggviolin(df,"dose","len",fill="dose",
                palette=c("#00AFBB","#E7B800","#FC4E07"),
                add="boxplot",add.params=list(fill="white"))

# 创建小提琴图，并按照第二个分组变量 "supp" 来填充或着色箱线图
p12 <- ggviolin(df,"dose","len",color="supp",
        palette=c("#00AFBB","#E7B800"),add="boxplot")

(p7 | p8 | p9) / (p10 | p11 | p12 )          # p1~p6 自己查看即可
```

输出结果如图 10-7 所示。

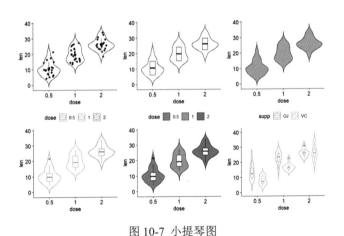

图 10-7　小提琴图

10.2.6　直方图

gghistogram() 是 ggpubr 包中用于创建直方图的函数。它基于 ggplot2，可以用来可视化数值变量的分布情况。该函数的语法结构如下：

```
gghistogram(data,x,bins="Sturges",binwidth=NULL,
            breaks=NULL,center=NULL,color="black",fill=NULL,
            palette=NULL,alpha=0.5,title=NULL,xlab=NULL,ylab=NULL,
            add_density=FALSE,add_normal=FALSE,rug=FALSE,
            facet.by=NULL,panel.labs=NULL,short.panel.labs=TRUE,
            ggtheme=theme_pubr(),...)
```

gghistogram() 函数各参数的含义如表 10-6 所示。

表10-6 gghistogram()函数各参数的含义

参　　数	含　　义	示　　例
data	包含数据的数据框	data=my_data
x	指定绘制直方图的变量	x="variable"
bins	指定直方图的分组数，可以是"Sturges"、"FD"、"Scott"、"sqrt"等方法，或者直接指定数目	bins=20
binwidth	指定直方图的组宽度	binwidth=2
breaks	指定直方图的断点	breaks=c(0,10,20,30)
center	指定密度曲线的中心位置	center=mean(data$x)
color	线条颜色	color="blue"
fill	填充颜色	fill="red"
palette	调色板名称，用于指定组别的颜色	palette="viridis"
alpha	图形元素的透明度	alpha=0.7
title	图形的标题	title="Histogram"
xlab	x轴上的标签	xlab="X-axis"
ylab	y轴上的标签	ylab="Frequency"
add_density	是否添加核密度估计曲线	add_density =TRUE
add_normal	是否添加正态分布曲线	add_normal=TRUE
rug	是否添加数据的边缘毛毯	rug=TRUE
facet.by	按照指定变量分面展示	facet.by="group"
panel.labs	自定义分面标签	panel.labs=c("Group A","Group B")
short.panel.labs	是否使用简短的分面标签	short.panel.labs=FALSE
ggtheme	图形主题	ggtheme=theme_minimal()
...	其他传递给ggplot2函数的参数	geom_histogram(...)

【例 10-7】利用 ggpubr 绘制直方图示例。

在代码编辑器中输入以下代码，然后单击 ➡Run 按钮运行。

```
library(ggplot2)
library(ggpubr)
```

```
library(patchwork)

# 创建数据
set.seed(1234)
wdata=data.frame(
  sex=factor(rep(c("F","M"),each=200)),
  weight=c(rnorm(200,55),rnorm(200,58)))
head(wdata,4)                                    # 显示数据的前 4 行，输出略

# 基本直方图：添加平均线和边缘毛毯
p1 <- gghistogram(wdata,x="weight",fill="lightgray",
                  add="mean",rug=TRUE)

# 使用自定义调色板：按组（"sex"）改变轮廓颜色
p2 <- gghistogram(wdata,x="weight",
                  add="mean",rug=TRUE,
                  color="sex",palette=c("#00AFBB","#E7B800"))

# 使用自定义调色板：按组（"sex"）改变轮廓和填充颜色
p3 <- gghistogram(wdata,x="weight",add="mean",rug=TRUE,
                  color="sex",fill="sex",
                  palette=c("#00AFBB","#E7B800"))

# 将直方图和密度图组合在一起
p4 <- gghistogram(wdata,x="weight",
                  add="mean",rug=TRUE,
                  fill="sex",palette=c("#00AFBB","#E7B800"),
                  add_density=TRUE)

# 加权直方图
p5 <- gghistogram(iris,x="Sepal.Length",weight="Petal.Length")

(p1 / p2) | p3 /  (p4 | p5)
```

输出结果如图 10-8 所示。

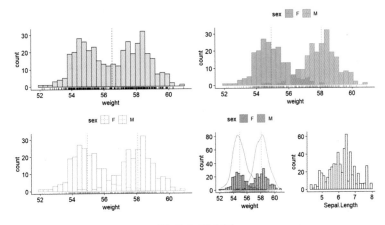

图 10-8　直方图

10.2.7 便捷绘图函数汇总

ggpubr 提供了许多便捷的函数（见表 10-7）来创建常见图表。前面已对其中部分函数进行了较为详细的介绍。

表10-7 ggpubr提供的便捷绘图函数

变量类型	函 数	功能描述	示例用法
连续 单变量	ggdensity()	绘制密度图	ggdensity(data,x="var")
	stat_overlay_normal_density()	在密度图上叠加正态密度曲线	ggplot(data,aes(x=var)) + stat_overlay_normal_density()
	gghistogram()	绘制直方图	gghistogram(data,x="var")
	ggecdf()	绘制经验累积分布函数图	ggecdf(data,x="var")
	ggqqplot()	绘制Q-Q图	ggqqplot(data,x="var")
离散x 连续y	ggboxplot()	绘制箱线图	ggboxplot(data,x="factor",y="var")
	ggviolin()	绘制小提琴图	ggviolin(data,x="factor",y="var")
	ggdotplot()	绘制点图	ggdotplot(data,x="factor",y="var")
	ggstripchart()	绘制条形图	ggstripchart(data,x="factor",y="var")
	ggbarplot()	绘制柱状图	ggbarplot(data,x="factor",y="var")
	ggline()	绘制折线图	ggline(data,x="factor",y="var")
	ggerrorplot()	绘制误差图	ggerrorplot(data,x="factor",y="var")
	ggpie()	绘制饼图	ggpie(data,x="factor",y="var")
	ggdonutchart()	绘制甜甜圈图	ggdonutchart(data,x="factor",y="var")
	ggdotchart() theme_cleveland()	绘制克利夫兰点图	ggdotchart(data,x="factor",y="var")
	ggsummarytable()	在图下方显示汇总统计表	ggsummarytable(data, x="factor", y="var")
	ggsummarystats()	打印汇总统计信息	ggsummarystats(data,x="factor", y="var")
	ggscatter()	绘制散点图	ggscatter(data,x="var1",y="var2")
	stat_cor()	添加相关系数及p值到散点图	ggscatter(data,x="var1",y="var2") + stat_cor()
	stat_regline_equation()	添加回归方程及R平方值到散点图	ggscatter(data,x="var1",y="var2") + stat_regline_equation()

变量类型	函　　数	功能描述	示例用法
连续*x* 连续*y*	stat_stars()	在散点图中添加星号，表示显著性	ggscatter(data,x="var1", y="var2") +stat_stars()
	ggscatterhist()	绘制带边际直方图的散点图	ggscatterhist(data,x="var1",y="var2")
配对数据	ggpaired()	绘制配对数据图	ggpaired(data,x="var1",y="var2")

【例 10-8】利用 ggpubr 绘图示例。

在代码编辑器中输入以下代码，然后单击 ➡ Run 按钮运行。

```r
# 加载所需的库
library(ggplot2)
library(ggpubr)
library(patchwork)

# 加载和准备数据
data("mtcars")
dfm <- mtcars
dfm$cyl <- as.factor(dfm$cyl)        # 将 cyl 变量转换为因子
dfm$name <- rownames(dfm)            # 添加 name 列
head(dfm[,c("name","wt","mpg","cyl")])   # 检查数据

# 有序柱状图：通过分组变量“cyl”改变填充颜色。排序将在全局范围内进行，而不是按组进行
p1 <- ggbarplot(dfm,x="name",y="mpg",
        fill="cyl",              # 按 cyl 变量改变填充颜色
        color="white",           # 将柱边框颜色设置为白色
        palette="jco",           # 使用 Journal of China Oncology(临床肿瘤杂志,
                                 # 简称 JOC) 期刊调色板
        sort.val="desc",         # 按值降序排序
        sort.by.groups=FALSE,    # 不在每组内排序
        x.text.angle=90          # 将 x 轴文本垂直旋转
)

# 对每组中的柱进行排序。使用参数 sort.by.groups=TRUE
p2 <- ggbarplot(dfm,x="name",y="mpg",
        fill="cyl",              # 按 cyl 变量改变填充颜色
        color="white",           # 将柱边框颜色设置为白色
        palette="jco",           # 使用 JOC 期刊调色板
        sort.val="asc",          # 按值升序排序
        sort.by.groups=TRUE,     # 在每组内排序
        x.text.angle=90          # 将 x 轴文本垂直旋转
)
p1 + p2
```

输出结果如图 10-9 所示。

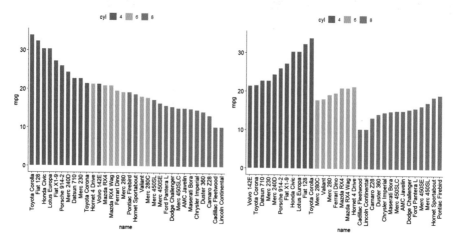

图 10-9 有序柱状图

接着输入以下代码并运行：

```
# 显示定量值与参比值的偏差
dfm$mpg_z <- (dfm$mpg - mean(dfm$mpg))/sd(dfm$mpg)       # 计算 mpg 数据的 z 得分
dfm$mpg_grp <- factor(ifelse(dfm$mpg_z < 0,"low","high"),
                      levels=c("low","high"))            # 将 mpg_z 分为高低两组
head(dfm[,c("name","wt","mpg","mpg_z","mpg_grp","cyl")])  # 检查数据

# 创建一幅有序的柱状图，根据 mpg 级别进行着色
p3 <- ggbarplot(dfm,x="name",y="mpg_z",
        fill="mpg_grp",                    # 按 mpg 级别改变填充颜色
        color="white",                     # 将柱边框颜色设置为白色
        palette="jco",                     # 使用 JCO 期刊调色板
        sort.val="asc",                    # 按值升序排序
        sort.by.groups=FALSE,              # 不在每组内排序
        x.text.angle=90,                   # 将 x 轴文本垂直旋转
        ylab="MPG z-score",                # 设置 y 轴标签
        xlab=FALSE,                        # 隐藏 x 轴标签
        legend.title="MPG Group"           # 设置图例标题
)
# 旋转绘图：使用 rotate=TRUE 和 sort.val="desc"
p4 <- ggbarplot(dfm,x="name",y="mpg_z",
        fill="mpg_grp",                    # 按 mpg 级别改变填充颜色
        color="white",                     # 将柱边框颜色设置为白色
        palette="jco",                     # 使用 JCO 期刊调色板
        sort.val="desc",                   # 按值降序排序
```

```
         sort.by.groups=FALSE,              # 不在每组内排序
         x.text.angle=90,                   # 将 x 轴文本垂直旋转
         ylab="MPG z-score",                # 设置 y 轴标签
         legend.title="MPG Group",          # 设置图例标题
         rotate=TRUE,                        # 旋转绘图
         ggtheme=theme_minimal()            # 使用最小主题
)
p3 + p4
```

输出结果如图 10-10 所示。

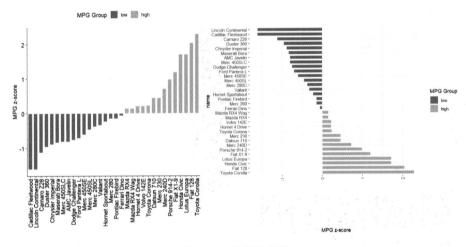

图 10-10 偏差柱状图

接着输入以下代码并运行：

```
# 棒棒糖图：由分组变量 "cyl" 着色的棒棒糖图
p5 <- ggdotchart(dfm,x="name",y="mpg",
         color="cyl",                                   # 按组着色
         palette=c("#00AFBB","#E7B800","#FC4E07"),      # 自定义调色板
         sorting="ascending",                           # 按升序排序
         add="segments",                                # 添加从 y=0 到点的线段
         ggtheme=theme_pubr()                           # 使用 ggpubr 主题
)

# 棒棒糖图：按降序排序
p6 <- ggdotchart(dfm,x="name",y="mpg",
         color="cyl",                                   # 按组着色
         palette=c("#00AFBB","#E7B800","#FC4E07"),      # 自定义调色板
         sorting="descending",                          # 按降序排序
         add="segments",                                # 添加从 y=0 到点的线段
         rotate=TRUE,                                    # 垂直旋转
```

```
                group="cyl",                              # 按组排序
                dot.size=6,                               # 大点大小
                label=round(dfm$mpg),                     # 添加 mpg 值为点标签
                font.label=list(color="white",size=9,
                                vjust=0.5),               # 调整标签参数
                ggtheme=theme_pubr()                      # 使用 ggpubr 主题
)
p5 + p6
```

输出结果如图 10-11 所示。

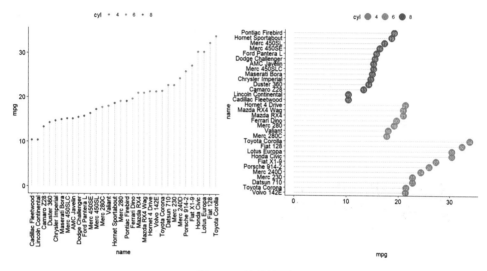

图 10-11 棒棒糖图

接着输入以下代码并运行：

```
# 偏差图
p7 <- ggdotchart(dfm,x="name",y="mpg_z",
        color="cyl",                                      # 按组着色
        palette=c("#00AFBB","#E7B800","#FC4E07"),         # 自定义调色板
        sorting="descending",                             # 按降序排序
        add="segments",                                   # 添加从 y=0 到点的线段
        add.params=list(color="lightgray",size=2),        # 更改线段颜色和大小
        group="cyl",                                      # 按组排序
        dot.size=6,                                        # 大点大小
        label=round(dfm$mpg_z,1),                         # 添加 mpg 值作为点标签
        font.label=list(color="white",size=9,
                        vjust=0.5),                       # 调整标签参数
        ggtheme=theme_pubr()                              # 使用 ggpubr 主题
) +
```

```
    geom_hline(yintercept=0,linetype=2,color="lightgray")      # 添加 y=0 的水平线

# 克利夫兰点状图
p8 <- ggdotchart(dfm,x="name",y="mpg",
        color="cyl",                                           # 按组着色
        palette=c("#00AFBB","#E7B800","#FC4E07"),              # 自定义调色板
        sorting="descending",                                  # 按降序排序
        rotate=TRUE,                                           # 垂直旋转
        dot.size=2,                                            # 点大小
        y.text.col=TRUE,                                       # 按组着色 y 轴文本
        ggtheme=theme_pubr()                                   # 使用 ggpubr 主题
) +
    theme_cleveland()                                          # 添加虚线网格
p7 + p8
```

输出结果如图 10-12 所示。

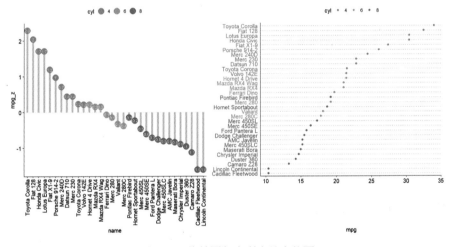

图 10-12　偏差图与克利夫兰点状图

10.3　添加统计标记

在 ggpubr 包中，有多个函数可以用于进行统计分析和显著性测试，并将结果可视化显示在 ggplot 图形中。它们极大地简化了统计结果的可视化过程，在处理多个组间比较时尤为有用。限于篇幅，下面取其中的 3 个函数进行讲解。

10.3.1 添加回归线和相关系数

stat_cor()是 ggpubr 包中的一个统计函数，用于在绘制的图形中添加相关系数文本或符号，以及相关系数的显著性标志。它通常与 ggscatter() 或 ggdotplot() 等函数一起使用，显示变量之间的相关性信息。该函数的语法结构如下：

```
stat_cor(method="pearson",aes=TRUE,
    cor.method=NULL,cor.coef=TRUE,size=4,position="identity",
    hjust=0.5,vjust=0.5,color="black",...)
```

stat_cor() 函数各参数的含义如表 10-8 所示。

表10-8 stat_cor()函数各参数的含义

参　　数	含　　义	示　　例
method	计算相关系数的方法，可选"pearson"、"spearman"、"kendall"等	method="pearson"
aes	是否映射label、cor.coef、cor.method到ggplot的aes()函数	aes=TRUE
cor.method	显示的相关系数方法，如"Pearson"、"Spearman"等	cor.method="Pearson"
cor.coef	是否显示相关系数	cor.coef=TRUE
size	文本大小	size=4
position	文本位置调整方式	position="identity"
hjust,vjust	文本水平和垂直调整位置	hjust=0.5,vjust=0.5
color	文本颜色	color="black"
...	其他传递给geom_text()函数的参数	geom_text(...)

【例 10-9】利用 ggpubr 添加回归线和相关系数示例。

在代码编辑器中输入以下代码，然后单击 ➡Run 按钮运行。

```
library(ggplot2)
library(ggpubr)
library(patchwork)

# 导入数据集
data("mtcars")
df <- mtcars
df$cyl <- as.factor(df$cyl)

# 创建散点图，并添加回归线和相关系数
p1 <- ggscatter(df,x="wt",y="mpg",
        add="reg.line",                               # 添加回归线
        add.params=list(color="blue",fill="lightgray"),   # 自定义回归线
```

```
                     conf.int=TRUE)                          # 添加置信区间
# 添加相关系数
p2 <- p1 + stat_cor(method="pearson",label.x=3,label.y=30)

# 指定相关系数和 p 值的小数精度：p 值使用 3 位小数，相关系数使用两位小数
p3 <- p1 + stat_cor(p.accuracy=0.001,r.accuracy=0.01)

# 只显示相关系数，不显示 p 值
p4 <- p1 + stat_cor(aes(label=..r.label..),label.x=3)

# 使用 R2 替代 R 显示
p5 <- ggscatter(df,x="wt",y="mpg",add="reg.line") +
    stat_cor(aes(label=paste(..rr.label..,..p.label..,sep="~`,`~")),
             label.x=3  )

# 按组别（"cyl"）着色并进行分面
p6 <- ggscatter(df,x="wt",y="mpg",
                color="cyl",palette="jco",
                add="reg.line",conf.int=TRUE) +
                stat_cor(aes(color=cyl),label.x=3)

(p1 | p2 | p3) / (p4 | p5 | p6)
```

输出结果如图 10-13 所示。

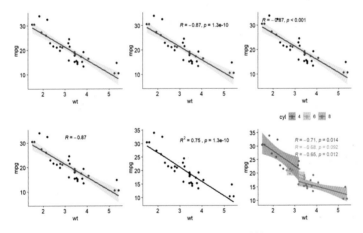

图 10-13　添加回归线和相关系数

10.3.2　添加显著性标记

stat_compare_means() 是 ggpubr 包中的一个统计函数，用于在绘制的图形中添加组间比较的显著性测试结果，比如 t 检验、Wilcoxon 等非参数检验的结果。该函数的语法结构如下：

```
stat_compare_means(method="t.test",comparisons=NULL,
                   label="p.signif",hide.ns=FALSE,size=3,
                   symnum.args=NULL,method.args=list())
```

stat_compare_means() 函数各参数的含义如表 10-9 所示。

表10-9 stat_compare_means()函数各参数的含义

参　数	含　义	示　例
method	显著性检验方法，可以是"t.test"、"wilcox.test"等	method="t.test"
comparisons	指定要比较的组，例如list(c("group1","group2"))	comparisons=list(c("A","B"), c("A","C"))
label	显示显著性水平的标签，可以是"p.signif"、"p.adj"等	label="p.signif"
hide.ns	是否隐藏样本大小	hide.ns=FALSE
size	文本大小	size=3
symnum.args	控制p值的显著性符号	symnum.args=list(cutpoints= c(0,0.001,0.01,0.05,1))
method.args	传递给显著性检验方法的额外参数	method.args=list(alternative= "two.sided")

【例 10-10】利用 ggpubr 添加显著性标记示例 1。

在代码编辑器中输入以下代码，然后单击 ➡ Run 按钮运行。

```
library(ggplot2)
library(ggpubr)
library(patchwork)

data("ToothGrowth")                          # 导入数据集
head(ToothGrowth)

# 两组独立样本
# 创建基本箱线图，按照 "supp" 分组，y 轴为 "len"
P <- ggboxplot(ToothGrowth,x="supp",y="len",
               color="supp",palette="npg",add="jitter")

# 添加显著性检验结果
p1 <- P + stat_compare_means()
# 修改显著性检验方法为 t 检验
p2 <- P + stat_compare_means(method="t.test")
# 成对样本比较
p3 <- ggpaired(ToothGrowth,x="supp",y="len",
               color="supp",line.color="gray",line.size=0.4,
               palette="npg") +
   stat_compare_means(paired=TRUE)
```

```
# 多于两组的情况
# 按 "dose" 分组，创建箱线图
p4 <- ggboxplot(ToothGrowth,x="dose",y="len",
                color="dose",palette="npg") +
  # 添加成对比较的 p 值
  stat_compare_means(comparisons=list(c("0.5","1"),c("1","2"),
                c("0.5","2")),label.y=c(29,35,40)) +
  stat_compare_means(label.y=45)                 # 添加全局 wilcox p 值

# 多组别对一参照组进行多重成对比较
p5 <- ggboxplot(ToothGrowth,x="dose",y="len",
                color="dose",palette="npg") +
  stat_compare_means(method="anova",label.y=40) +  # 添加全局 p 值
  stat_compare_means(aes(label=after_stat(p.signif)),
                method="t.test",ref.group="0.5")

# 多个分组变量
# 按 "dose" 分面创建箱线图
Pb <- ggboxplot(ToothGrowth,x="supp",y="len",
                color="supp",palette="npg",
                add="jitter",
                facet.by="dose",short.panel.labs=FALSE)
# 只显示 p 值，去掉方法名称
p6 <- Pb + stat_compare_means(
  aes(label=paste0("p=",after_stat(p.format))))

(p1 | p2 | p3) / (p4 | p5 | p6)
```

输出结果如图 10-14
所示。

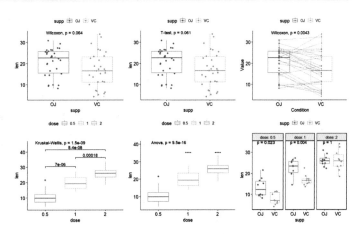

图 10-14　添加显著性标记 1

【例 10-11】利用 ggpubr 添加显著性标记 2。

在代码编辑器中输入以下代码，然后单击 ➡ Run 按钮运行。

```
# 加载所需的库
library(ggplot2)
library(ggpubr)
library(patchwork)

# 加载数据
data("ToothGrowth")              # 加载 ToothGrowth 数据集
df <- ToothGrowth                # 将数据集分配给变量 df
head(df,4)                       # 查看数据集的前 4 行

# 带有抖动点的箱线图：按组变量 'dose' 改变轮廓颜色
# 使用自定义颜色调色板，添加抖动点并按组变量 'dose' 改变形状
p <- ggboxplot(df,x="dose",y="len",
               color="dose",palette=c("#00AFBB","#E7B800","#FC4E07"),
               add="jitter",shape="dose")

# 添加比较组的 p 值：指定要比较的组
my_comparisons <- list(c("0.5","1"),c("1","2"),c("0.5","2"))
p1 <- p +
   stat_compare_means(comparisons=my_comparisons)+      # 添加成对比较的 p 值
   stat_compare_means(label.y=50)                        # 添加全局 p 值

# 带有箱线图的小提琴图：按组变量 'dose' 改变填充颜色，添加带有白色填充颜色的箱线图
p2 <- ggviolin(df,x="dose",y="len",fill="dose",
         palette=c("#00AFBB","#E7B800","#FC4E07"),
         add="boxplot",add.params=list(fill="white"))+
   stat_compare_means(comparisons=my_comparisons,
                  label="p.signif")+                     # 添加显著性水平
   stat_compare_means(label.y=50)                        # 添加全局 p 值

p + p1 + p2
```

输出结果如图 10-15 所示。

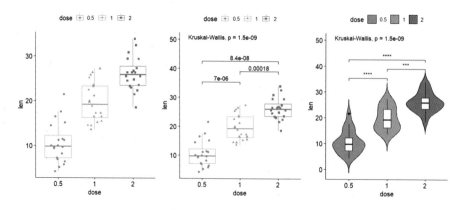

图 10-15 添加显著性标记 2

10.3.3　手动添加显著性标记

stat_pvalue_manual() 是 ggpubr 包中的一个函数，用于在图形上手动添加显著性检验结果。通过这个函数，可以直接在图形上标注 p 值或其他统计信息。该函数的语法结构如下：

```
stat_pvalue_manual(data,label="p",y.position=NULL,
    xmin="group1",xmax="group2",tip.length=0.03,
    remove.bracket=FALSE,label.sep=",",hide.ns=FALSE,
    step.increase=0,step.group.by=NULL,size=4,vjust=0,
    bracket.size=0.3,label.size=size,textsize=size,coord.flip=FALSE,
    position="identity",inherit.aes=TRUE,
    na.rm=FALSE,show.legend=NA,inherit=TRUE,...)
```

stat_pvalue_manual() 函数各参数的含义如表 10-10 所示。

表10-10　stat_pvalue_manual()函数各参数的含义

参　　数	含　　义	示　　例
data	数据框，包含p值和比较组的信息	data=my_stat_tests
label	要显示的标签列名，默认值为"p"	label="p.signif"
y.position	p值标签的y轴位置，可以是单个值或一个与比较次数相同的向量	y.position=c(3,4,5)
xmin	比较组1的位置	xmin="group1"
xmax	比较组2的位置	xmax="group2"
tip.length	括号尖端的长度，默认值为0.03	tip.length=0.05
remove.bracket	是否移除括号，默认值为FALSE	remove.bracket=TRUE
label.sep	标签中的分隔符，默认值为","	label.sep=";"
hide.ns	是否隐藏非显著的p值，默认值为FALSE	hide.ns=TRUE
step.increase	用于调整标签y轴位置的步长	step.increase=0.1
step.group.by	分组变量	step.group.by="dose"
size	标签文本的大小	size=5
vjust	标签文本的垂直对齐方式	vjust=1
bracket.size	括号线的粗细	bracket.size=0.5
label.size	标签文本的大小	label.size=5
textsize	标签文本的大小	textsize=5
coord.flip	是否翻转坐标轴，默认值为FALSE	coord.flip=TRUE
position	调整位置，默认值为"identity"	position="dodge"
inherit.aes	是否继承aes()的属性，默认值为TRUE	inherit.aes=FALSE
na.rm	是否移除缺失值，默认值为FALSE	na.rm=TRUE

（续表）

参　数	含　义	示　例
show.legend	是否显示图例，默认值为NA	show.legend=TRUE
inherit	是否继承图形的默认设置，默认值为TRUE	inherit=FALSE
...	传递给ggplot2::geom_text()或ggplot2::geom_segment()的其他参数	...

【例 10-12】利用 ggpubr 手动添加显著性标记示例。

在代码编辑器中输入以下代码，然后单击 ➡Run 按钮运行。

```
library(ggplot2)
library(ggpubr)
library(patchwork)

# 使用 t 检验进行组间比较
stat.test <- compare_means(
  len ~ dose,data=ToothGrowth,        # 数据集为 ToothGrowth，比较 len 和 dose
  method="t.test" )                   # 使用 t 检验方法
stat.test                             # 输出检验结果（略）

# 创建简单的箱线图
p1 <- ggboxplot(ToothGrowth,x="dose",y="len")   # 按 dose 分组，显示 len 的箱线图

# 再次执行组间 t 检验
stat.test <- compare_means(len ~ dose,data=ToothGrowth,
    method="t.test")
stat.test                                       # 输出检验结果（略）

# 添加 y 轴位置
stat.test <- stat.test %>%
  mutate(y.position=c(29,35,39))                # 为 p 值添加 y 轴位置
p2 <- p1 + stat_pvalue_manual(stat.test,
              label="p.adj")                    # 在图中手动添加 p 值注释

# 使用 glue 表达式自定义标签
p3 <- p1 + stat_pvalue_manual(stat.test,
              label="p={p.adj}")                # 显示自定义 p 值标签

# 分组柱状图
ToothGrowth$dose <- as.factor(ToothGrowth$dose)  # 将 dose 转换为因子类型

# 相对于参考组的比较
stat.test <- compare_means(
  len ~ dose,data=ToothGrowth,group.by="supp",   # 按 supp 分组进行比较
  method="t.test",ref.group="0.5")               # 使用 t 检验方法，参考组为 0.5
stat.test                                        # 输出检验结果（略）

# 创建柱状图
```

```
bp <- ggbarplot(ToothGrowth,x="supp",y="len",
        fill="dose",palette="jco",              # 按 dose 填充颜色，使用 JCO 期刊调色板
        add="mean_sd",add.params=list(group="dose"),    # 添加均值和标准差
        position=position_dodge(0.8))                   # 调整柱状图位置
p4 <- bp + stat_pvalue_manual(
    stat.test,x="supp",y.position=33,           # 在图中手动添加 p 值注释，y 轴位置为 33
    label="p.signif",                           # 显示显著性标记
    position=position_dodge(0.8))               # 调整位置
.(p1 | p2) / (p3 | p4)
```

输出结果如图 10-16 所示。

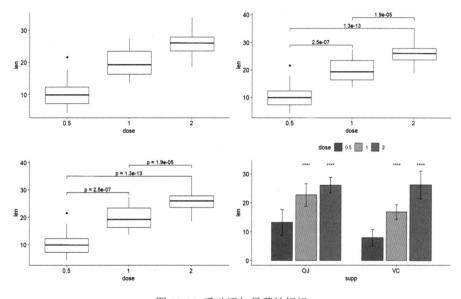

图 10-16 手动添加显著性标记

10.3.4 添加统计标记函数汇总

在 ggpubr 包中，用于进行统计分析和显著性测试的函数如表 10-11 所示，这些函数会将结果可视化显示在 ggplot 图形中。前面已对部分函数进行了较为详细的介绍。

表10-11 添加统计标记的函数

参　数	说　明	示　例
compare_means()	进行组间均值比较，支持多种统计检验方法（如t检验、ANOVA等）	compare_means(len ~ dose, data=ToothGrowth,method="t.test")

（续表）

参　数	说　明	示　例
stat_compare_means()	向ggplot添加用于均值比较的p值	ggplot(data,aes(x,y)) + stat_compare_means(method="t.test")
stat_pvalue_manual()	手动将p值添加到ggplot图形中，通常结合外部计算的p值使用	p + stat_pvalue_manual(stat.test, label="p.adj")
stat_anova_test()	计算并将ANOVA检验的p值添加到ggplot图形中	ggplot(data,aes(x,y)) + stat_anova_test()
stat_kruskal_test()	计算并将Kruskal-Wallis检验的p值添加到ggplot图形中	ggplot(data,aes(x,y)) + stat_kruskal_test()
stat_welch_anova_test()	计算并将Welch单因素ANOVA检验的p值添加到ggplot图形中	ggplot(data,aes(x,y)) + stat_welch_anova_test()
stat_friedman_test()	计算并将Friedman检验的p值添加到ggplot图形中	ggplot(data,aes(x,y)) + stat_friedman_test()
stat_pwc() 或 geom_pwc()	进行多组间的成对比较，并将p值添加到ggplot图形中	ggplot(data,aes(x,y)) + stat_pwc()
stat_bracket() 或 geom_bracket()	向图形中添加带有标签的括号，用于显示显著性比较	ggplot(data,aes(x,y)) + stat_bracket()
ggadjust_pvalue()	对p值进行多重比较校正，并显示校正后的p值	ggadjust_pvalue(stat.test, method="BH")

10.4　图形美化和调整

10.4.1　排列多幅图

　　ggarrange() 是 ggpubr 包中的一个函数，用于排列多幅 ggplot 图。它允许将多幅图按照指定的行数和列数进行排列，并且可以添加标签、共用图例等。该函数的语法结构如下：

```
ggarrange(...,ncol=NULL,nrow=NULL,labels=NULL,
          label.x=0,label.y=1,label.font=list(),
          label.args=list(),hjust=-0.5,vjust=1.5,
          common.legend=FALSE,legend="none",
          align="none",widths=1,heights=1)
```

　　该函数各参数的含义如表 10-12 所示。

表10-12 各参数的含义

参 数	含 义	示 例
...	需要排列的 ggplot 对象	ggarrange(p1,p2,p3)
ncol	图形排列的列数	ncol=2
nrow	图形排列的行数	nrow=2
labels	图形的标签，字符向量	labels=c("A","B","C")
label.x	标签在x轴上的位置	label.x=0.5
label.y	标签在y轴上的位置	label.y=1
label.font	标签字体样式，列表形式，包含大小、样式和颜色	label.font=list(size=14, face="bold",color="red")
label.args	标签的其他参数，以列表形式传递	label.args=list(angle=45)
hjust	标签的水平对齐方式，默认值为-0.5	hjust=0.5
vjust	标签的垂直对齐方式，默认值为1.5	vjust=0.5
common.legend	是否共用图例，逻辑值，默认值为FALSE	common.legend=TRUE
legend	图例的位置，取值为"none"、"top"、"bottom"、"left"或"right"	legend="right"
align	对齐方式，取值为"none"、"h"、"v"或"hv"	align="h"
widths	每列的相对宽度，可以是数值或数值向量	widths=c(2,1)
heights	每行的相对高度，可以是数值或数值向量	heights=c(1,2)

【例 10-13】利用 ggpubr 排列图形示例。

在代码编辑器中输入以下代码，然后单击 ➡ Run 按钮运行。

```
library(ggplot2)
library(ggpubr)
library(patchwork)

# 加载数据集
data("ToothGrowth")
df <- ToothGrowth
df$dose <- as.factor(df$dose)

# 箱线图
bxp <- ggboxplot(df,x="dose",y="len",color="dose",palette="jco")
# 点图
dp <- ggdotplot(df,x="dose",y="len",color="dose",palette="jco")
# 密度图
dens <- ggdensity(df,x="len",fill="dose",palette="jco")
# 柱状图
bp <- ggbarplot(df,x="dose",y="len",
                fill="dose",palette="jco",add="mean_se")
```

```
# 折线图
lp <- ggline(df,x="dose",y="len",
             color="dose",palette="jco",add="mean_se")
# 散点图
sp <- ggscatter(df,x="dose",y="len",
                color="dose",palette="jco",add="reg.line")
# 将图形排列在一起
ggarrange(bxp,dp,dens,bp,lp,sp,
                  labels=c("A","B","C","D","E","F"),
                  ncol=3,nrow=2,
                  common.legend=TRUE,legend="right")
```

输出结果如图 10-17 所示。

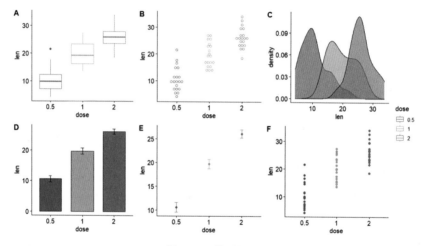

图 10-17 排列图形

10.4.2 调整图例、标题和坐标轴标签

ggpar() 是 ggpubr 包中的一个辅助函数，用于修改 ggplot2 图形中的参数。它允许用户快速更改标题、标签、主题、颜色等，而无须重新编写整个绘图代码。该函数的语法结构如下：

```
ggpar(p,
      title=NULL,subtitle=NULL,caption=NULL,xlab=NULL,ylab=NULL,
      font.title=NULL,font.subtitle=NULL,font.caption=NULL,
      font.x=NULL,font.y=NULL,font.xtickslab=NULL,font.ytickslab=NULL,
      legend="right",legend.title=NULL,font.legend=NULL,legend.lab=NULL,
      palette=NULL,ggtheme=NULL,... )
```

该函数各参数的含义如表 10-13 所示。

表10-13 各参数的含义

参 数	含 义	示 例
p	ggplot2图形对象	p <- ggscatter(mtcars,x="wt",y="mpg")
title	图形标题	title="图形标题"
subtitle	图形副标题	subtitle="图形副标题"
caption	图形注释	caption="数据来源: mtcars"
xlab	x轴标签	xlab="重量(1000磅)"
ylab	y轴标签	ylab="每加仑英里数"
font.title	标题字体参数，格式为c(size,face,color)	font.title=c(16,"bold","darkblue")
font.subtitle	副标题字体参数，格式为c(size,face,color)	font.subtitle=c(14,"bold","purple")
font.caption	注释字体参数，格式为c(size,face,color)	font.caption=c(12,"italic","gray")
font.x	x轴标签字体参数，格式为c(size,face,color)	font.x=c(14,"bold.italic","red")
font.y	y轴标签字体参数，格式为c(size,face,color)	font.y=c(14,"bold.italic","red")
font.xtickslab	x轴刻度标签字体参数，格式为c(size,face,color)	font.xtickslab=c(10,"plain","black")
font.ytickslab	y轴刻度标签字体参数，格式为c(size,face,color)	font.ytickslab=c(10,"plain","black")
legend	图例位置，可选值为"top"、"bottom"、"left"、"right"、"none"	legend="top"
legend.title	图例标题字体参数，格式为c(size,face,color)	legend.title=c(14,"bold","black")
font.legend	图例文本字体参数，格式为c(size,face,color)	font.legend=c(12,"italic","black")
legend.lab	图例标签，字符向量	legend.lab=c("Group 1","Group 2")
palette	调色板，可以是字符向量或预定义调色板	palette="jco"
ggtheme	ggplot2主题	ggtheme=theme_minimal()
...	其他ggplot2的参数	...

【例 10-14】利用 ggpubr 调整图例、标题和坐标轴标签示例。

在代码编辑器中输入以下代码，然后单击 ➡ Run 按钮运行。

```
library(ggplot2)
library(ggpubr)
library(patchwork)

data("ToothGrowth")                          # 加载数据集
df <- ToothGrowth

p <- ggboxplot(df,x="dose",y="len")          # 基础箱线图
p1 <- ggpar(p,orientation="horiz")           # 更改图形方向为水平方向
# 更改主标题和轴标签
```

```
p2 <- ggpar(p,main="Plot of length \n by dose",
            xlab="Dose (mg)",ylab="Length")
# 设置标题和轴标签的字体样式
p3 <- ggpar(p,main="Length by dose",
        font.main=c(14,"bold.italic","red"),
        font.x=c(14,"bold","#2E9FDF"),
        font.y=c(14,"bold","#E7B800"))
p4 <- ggpar(p,xlab=FALSE,ylab=FALSE)                      # 隐藏轴标签

# 更改颜色
pb <- ggboxplot(df,"dose","len",color="dose")            # 按组更改轮廓颜色
p5 <- ggpar(pb,palette=c("#00AFBB","#E7B800","#FC4E07"))  # 使用自定义调色板
p6 <- ggpar(pb,palette="Dark2")                          # 使用 brewer 调色板
p7 <- ggpar(pb,palette="grey")                           # 使用灰色调色板

(p1 | p2 | p3 | p4 ) / (p5 | p6 | p7)
```

输出结果如图 10-18 所示。

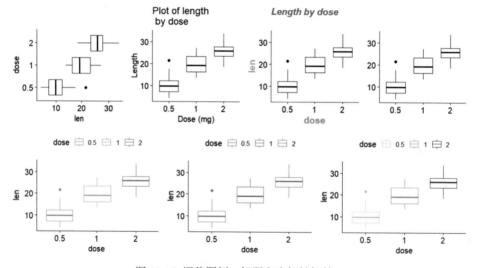

图 10-18 调整图例、标题和坐标轴标签 1

继续输入以下代码并运行：

```
p8 <- ggpar(pb,palette="npg")        # 使用 ggsci 包中的 nature（自然）期刊调色板

# 轴刻度、限制和比例
# 轴刻度标签和旋转
p9 <- ggpar(p,font.tickslab=c(14,"bold","#993333"),
            xtickslab.rt=45,ytickslab.rt=45)
p10 <- ggpar(p,ticks=FALSE,tickslab=FALSE)               # 隐藏轴刻度和刻度标签
```

```
p11 <- ggpar(p,ylim=c(0,50))                    # 轴限制
p12 <- ggpar(p,yscale="log2")                   # 轴比例
p13 <- ggpar(p,yscale="log2",format.scale=TRUE) # 格式化轴比例

# 更改图例位置和标题
p14 <- ggpar(p2,
      legend="right",legend.title="Dose(mg)",
      font.legend=c(10,"bold","red"))

(p8 | p9 | p10 | p11) / (p12 | p13 | p14)
```

输出结果如图 10-19 所示。

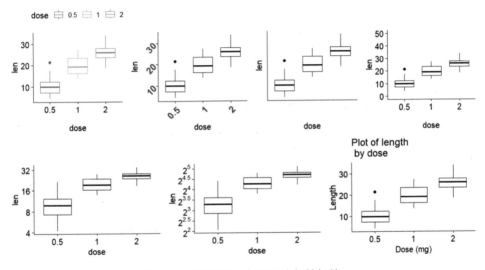

图 10-19 调整图例、标题和坐标轴标签 2

10.4.3 添加注释和文本

annotate_figure() 是 ggpubr 包中的一个函数，用于向合并的图形添加注释、标题、子标题和标签。该函数的语法结构如下：

```
annotate_figure(p,
                top=NULL,bottom=NULL,left=NULL,right=NULL,fig.lab=NULL,
                fig.lab.pos=c("top.left","top.right",
                              "bottom.left","bottom.right"),
                fig.lab.size=14,fig.lab.face="bold",fig.lab.col="black")
```

该函数各参数的含义如表 10-14 所示。

表10-14 参数的含义

参　数	含　义	示　例
p	需要添加注释的ggplot对象或组合的图形对象	p(a ggplot2 object)
top	图形顶部的注释文本	top = "Plot Title"
bottom	图形底部的注释文本	bottom = "Data source: Example Data"
left	图形左侧的注释文本	left = "Left side annotation"
right	图形右侧的注释文本	right = "Right side annotation"
fig.lab	图形标签文本	fig.lab = "Fig 1. An example plot"
fig.lab.pos	图形标签的位置，取值可以是"top.left"、"top.right"、"bottom.left"、"bottom.right"	fig.lab.pos = "top.right"
fig.lab.size	图形标签的字体大小	fig.lab.size = 16
fig.lab.face	图形标签的字体样式，取值可以是"plain"、"italic"、"bold"或"bold.italic"	fig.lab.face = "bold"
fig.lab.col	图形标签的颜色	fig.lab.col = "blue"

【例 10-15】利用 ggpubr 添加注释和文本示例。

在代码编辑器中输入以下代码，然后单击 ➡ Run 按钮运行。

```
library(ggplot2)
library(ggpubr)
library(patchwork)

data("ToothGrowth")                              # 加载数据
df <- ToothGrowth
df$dose <- as.factor(df$dose)

# 箱线图
bxp <- ggboxplot(df,x="dose",y="len",color="dose",palette="jco")
# 点图
dp <- ggdotplot(df,x="dose",y="len",color="dose",palette="jco")
# 密度图
dens <- ggdensity(df,x="len",fill="dose",palette="jco")

# 排列并注释
figure <- ggarrange(bxp,dp,dens,ncol=2,nrow=2)
annotate_figure(figure,
        top=text_grob("Visualizing Tooth Growth",color="red",
                    face="bold",size=14),
        bottom=text_grob("Data source: \n ToothGrowth data set",
                    color="blue",hjust=1,x=1,face="italic",size=10),
        left=text_grob("Figure arranged using ggpubr",
```

```
                          color="green",rot=90),
        right=text_grob(bquote("Superscript: ("*kg~NH[3]~ha^-1~yr^-1*")")),
                              rot=90),
                fig.lab="Figure 1",fig.lab.face="bold")
```

输出结果如图 10-20 所示。

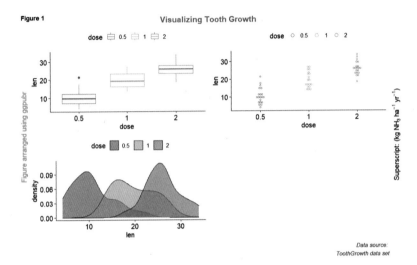

图 10-20　添加注释和文本

10.4.4　导出图形

ggexport() 是 ggpubr 包中的一个函数，用于将多幅 ggplot 图形导出到一个文件中。它可以导出多种格式，如 PDF、PNG、JPEG 等。该函数的语法结构如下：

```
ggexport(...,filename,width=NA,height=NA,
        units=c("in","cm","mm"),res=NA,...)
```

该函数各参数的含义如表 10-15 所示。

表10-15　参数的含义

参　　数	含　　义	示　　例
...	一个或多个 ggplot 对象	ggexport(plot1,plot2)
filename	导出文件的名称，带有扩展名	filename="plots.pdf"
width	图形的宽度，可以是数值或向量（对应多幅图形）	width=960
height	图形的高度，可以是数值或向量（对应多幅图形）	height=600

（续表）

参　数	含　义	示　例
units	宽度和高度的单位，可以是 "in"（英寸）、"cm"（厘米）、"mm"（毫米）	units="in"
res	分辨率，仅适用于导出PNG 格式	res=300
...	其他参数，传递给具体的设备函数（如png()、pdf()等）	compression="lzw"（仅适用于TIFF）

【例 10-16】利用 ggpubr 导出图形示例。

在代码编辑器中输入以下代码，然后单击 ➡ Run 按钮运行。

```
library(ggplot2)
library(ggpubr)
library(patchwork)

# 创建示例图形
p1 <- ggplot(mtcars,aes(x=wt,y=mpg)) +
  geom_point() +
  ggtitle("Scatter Plot")
p2 <- ggplot(mtcars,aes(x=factor(cyl),y=mpg)) +
  geom_boxplot() +
  ggtitle("Box Plot")
p3 <- ggplot(mtcars,aes(x=hp,fill=factor(cyl))) +
  geom_histogram(binwidth=10) +
  ggtitle("Histogram")
p4 <- ggplot(mtcars,aes(x=wt,y=mpg,color=factor(cyl))) +
  geom_point() +
  ggtitle("Colored Scatter Plot")
p5 <- ggplot(mtcars,aes(x=factor(gear),fill=factor(cyl))) +
  geom_bar() +
  ggtitle("Bar Plot")
p6 <- ggplot(mtcars,aes(x=drat,y=mpg)) +
  geom_point() +
  geom_smooth(method="lm") +
  ggtitle("Scatter Plot with Regression Line")

# 将图形排列在一起
p <- ggarrange(p1,p2,p3,p4,p5,p6,
               labels=c("A","B","C","D","E","F"),
               ncol=3,nrow=2,
               common.legend=TRUE,legend="right")

save_path <- "D:/Rdata/plots.pdf"          # 设置保存路径
ggexport(p,filename=save_path)             # 将图形导出到 PDF 文件中
```

```
# 导出到 PNG 文件中
save_path_png <- "D:/Rdata/plots.png"
ggexport(p1,p2,p3,p4,p5,p6,filename=save_path_png,
         width=960,height=600,units="in",res=300)
# 导出到 JPG 文件中
save_path_jpg <- "D:/Rdata/plots.jpg"
ggexport(p,filename=save_path_jpg,
         width=800,height=600,units="in")
```

在保存路径下可以看到输出的结果文件，如图 10-21 所示。打开 PDF 文件，可以看到输出的图形，如图 10-22 所示。

图 10-21 输出的文件

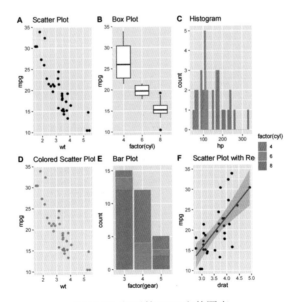

图 10-22 打开的 PDF 文件图表

10.5　本章小结

本章探讨了 ggpubr 包及其在数据可视化中的重要作用，通过实例详细介绍了如何利用 ggpubr 简化常见图形的创建过程，如何添加统计测试结果和显著性标记，以及如何美化图形和组合多个图形。通过这些内容，可以看到 ggpubr 在 ggplot2 的基础上，为数据可视化提供了更高效和用户友好的解决方案。无论是快速生成高质量图形，还是在图形中添加详细的统计信息，ggpubr 都提供了极大的便利性。希望本章的内容能帮助读者在数据分析和报告中更好地利用 ggplot2 和 ggpubr，创建出更具表现力和说服力的图形，为数据分析工作增光添彩。

第11章

其他拓展包

　　ggplot2 是一个极为强大的数据可视化工具包，它基于图形语法的理念，提供了一个直观且灵活的绘图系统，为数据科学家和统计学家在处理数据时带来了极大的便利。然而，ggplot2 并不局限于其基础功能，通过众多扩展包的支持，它的功能得到了进一步的丰富和增强。这些扩展包不仅可以添加新的图形类型，还能增强主题、注释、统计分析等方面的功能。本章将介绍一些典型的 ggplot2 拓展包，帮助读者更全面地掌握数据可视化的高级技巧。

11.1　主题包（ggthemes）

　　ggthemes 包扩展了 ggplot2 的功能，包含了多种主题、调色板和比例尺，能够帮助用户创建与特定风格或品牌一致的图表，使数据可视化更加灵活和美观。该包中的常用函数如表 11-1 所示。

表11-1 ggthemes包中的常用函数

功能类别	函　　数	说　　明
主题	theme_economist()	模仿The Economist（经济学人）杂志风格的主题
	theme_fivethirtyeight()	模仿FiveThirtyEight风格的主题
	theme_tufte()	模仿Edward Tufte风格的简洁主题
	theme_stata()	模仿Stata软件风格的主题
	theme_excel()	模仿Microsoft Excel风格的主题
调色板	scale_color_economist()	使用The Economist杂志风格的调色板
	scale_color_fivethirtyeight()	使用FiveThirtyEight风格的调色板
	scale_color_stata()	使用Stata软件风格的调色板
	scale_color_tableau()	使用Tableau软件风格的调色板
	scale_color_excel()	使用Microsoft Excel风格的调色板
比例尺	scale_x_tufte()	Tufte风格的x轴比例尺
	scale_y_tufte()	Tufte风格的y轴比例尺
	scale_color_colorblind()	色盲友好的调色板
几何对象	geom_rangeframe()	绘制简洁的边框（适用于Tufte风格）
	geom_tufteboxplot()	创建Tufte风格的箱线图
其他扩展	theme_map()	地图主题，用于地图可视化
	theme_pander()	模仿Pandoc的表格风格
	theme_solarized()	使用Solarized调色板
	scale_color_solarized()	Solarized风格的调色板

【例 11-1】主题包 ggthemes 的应用示例。

在代码编辑器中输入以下代码，然后单击 ➡Run 按钮运行。

```
# 加载必要的库
library(ggplot2)
library(ggthemes)
library(patchwork)

# 散点图：使用 theme_economist() 和 scale_color_economist()
p1 <- ggplot(mtcars,aes(x=wt,y=mpg,color=factor(cyl))) +
  geom_point(size=3) +
  labs(title="Miles per Gallon vs. Weight",
       x="Weight (1000 lbs)",y="Miles per Gallon",
       color="Cylinders") +
  theme_economist() +
  scale_color_manual(values=economist_pal()(3))    # 限制颜色数量为 3
```

```
# 柱状图：使用 theme_fivethirtyeight()
p2 <- ggplot(diamonds,aes(x=cut,fill=cut,group=cut)) +
  geom_bar() +
  labs(title="Distribution of Diamond Cuts", x="Cut",y="Count") +
  theme_fivethirtyeight() # + scale_fill_fivethirtyeight()

# 线图：使用 theme_tufte()
p3 <- ggplot(economics,aes(x=date,y=unemploy)) +
  geom_line(size=1) +
  labs(title="Unemployment over Time",
       x="Date",y="Unemployment") +
  theme_tufte()

# 箱线图：使用 theme_stata() 和 scale_color_stata()
p4 <- ggplot(ToothGrowth,aes(x=supp,y=len,fill=supp)) +
  geom_boxplot() +
  labs(title="Tooth Growth by Supplement Type",
       x="Supplement Type",y="Tooth Length",
       fill="Supplement") +
  theme_stata() + scale_fill_stata()

# 密度图：使用 theme_excel()
p5 <- ggplot(mtcars,aes(x=mpg,fill=factor(cyl))) +
  geom_density(alpha=0.7) +
  labs(title="Density Plot of MPG",
       x="Miles per Gallon",
       fill="Cylinders") +
  theme_excel() + scale_fill_excel()

# 使用 geom_rangeframe() 和 theme_tufte()
p6 <- ggplot(mtcars,aes(x=wt,y=mpg)) +
  geom_point() +
  geom_rangeframe() +
  labs(title="Miles per Gallon vs. Weight",
       x="Weight (1000 lbs)",y="Miles per Gallon") +
  theme_tufte()

# 使用 geom_tufteboxplot()
p7 <- ggplot(ToothGrowth,aes(x=supp,y=len)) +
  geom_tufteboxplot() +
  labs(title="Tooth Growth by Supplement Type",
       x="Supplement Type",y="Tooth Length") +
  theme_tufte()

(p1 | p2 / p3 | p4) / (p5 | p6 | p7)
```

输出结果如图 11-1 所示。

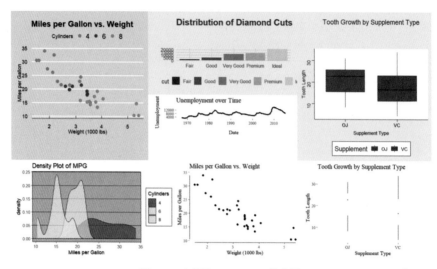

图 11-1 主题包 ggthemes 的应用

11.2 峰峦图（ggridges）

ggridges 扩展包用于创建峰峦图（ridge plots）或堆叠密度图（stacked density plots）。峰峦图是一种视觉上富有表现力的数据展示方式，特别适用于展示不同分组或类别的数据分布情况。ggridges 包中的常用函数如表 11-2 所示。

表11-2 ggridges包中的常用函数

函　　数	说　　明	示　　例
geom_density_ridges()	用于创建峰峦图的主要几何对象。可以绘制多条密度曲线	geom_density_ridges()
geom_density_ridges_gradient()	类似于geom_density_ridges()，但允许使用渐变填充颜色	geom_density_ridges_gradient()
geom_ridgeline()	绘制单条峰峦线，适用于单一变量的密度曲线	geom_ridgeline()
stat_density_ridges()	统计变换函数，计算密度值。通常不直接使用，而是通过geom_density_ridges()间接调用	stat_density_ridges()
position_points_jitter()	用于抖动点图的位置调整，常与geom_point_ridges()一起使用	position_points_jitter()

（续表）

函　数	说　明	示　例
scale_fill_ridges()	用于调整填充颜色比例的尺度函数，通常与geom_density_ridges_gradient()一起使用	scale_fill_ridges()
theme_ridges()	专门为峰峦图设计的主题函数，用于设置整体图表样式	theme_ridges()

【例 11-2】绘制峰峦图示例。

在代码编辑器中输入以下代码，然后单击 ➡ Run 按钮运行。

```r
library(ggplot2)
library(ggridges)
library(viridis)
library(patchwork)

# 生成示例数据
set.seed(123)
data <- data.frame(y=rep(1:5,each=200),
  x=c(rnorm(200,mean=0),rnorm(200,mean=1),
       rnorm(200,mean=2),rnorm(200,mean=3),
       rnorm(200,mean=4)))

# 基础峰峦图
p1 <- ggplot(data,aes(x=x,y=factor(y))) +
  geom_density_ridges() +
    labs(title="Basic Ridge Plot",x="Value",y="Group")

# 带渐变填充的峰峦图
p2 <- ggplot(data,aes(x=x,y=factor(y),fill=..x..)) +
  geom_density_ridges_gradient() +
    scale_fill_viridis_c() +                        # 使用 viridis 包提供的颜色渐变
    labs(title="Ridge Plot with Gradient Fill",x="Value",y="Group")

# 带分面的峰峦图
p3 <- ggplot(data,aes(x=x,y=factor(y),fill=factor(y))) +
  geom_density_ridges() +
    facet_wrap(~y) +
    labs(title="Faceted Ridge Plot",x="Value",y="Group")

# 带统计转换的峰峦图
p4 <- ggplot(data,aes(x=x,y=factor(y))) +
  stat_density_ridges(quantile_lines=TRUE,quantiles=4) +
    labs(title="Ridge Plot with Quantiles",x="Value",y="Group")

# 结合其他 ggplot2 元素
```

```
p5 <- ggplot(data,aes(x=x,y=factor(y),fill=..x..)) +
  geom_density_ridges_gradient() +
  scale_fill_viridis_c() +  # 使用 viridis 包提供的颜色渐变
  theme_minimal() +
  labs(title="Ridge Plot with Additional ggplot2 Elements",
      x="Value",y="Group")

(p1 | p2) / (p3 | p4) / p5
```

输出结果如图 11-2 所示。

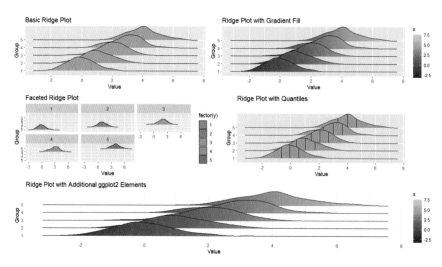

图 11-2 峰峦图

11.3 水平条形图（ggHoriPlot）

ggHoriPlot 包是一个用于创建水平条形图（horizon plot）的 R 包。水平条形图是一种数据可视化工具，用于显示大规模时间序列数据，特别适用于显示多个变量的相对变化的情况。该包中的常用函数如表 11-3 所示。

表11-3 ggHoriPlot包中的常用函数

函　　数	说　　明	示　　例
geom_horizon()	创建水平条形图，适用于大规模时间序列数据的可视化	geom_horizon(origin="min", horizonscale=2)
geom_horizonr()	创建水平条形图的旋转版本，适用于水平方向的数据可视化	geom_horizonr(origin="min",horizonscale=2)

（续表）

函　数	说　明	示　例
scale_fill_hcl()	设置水平条形图的颜色填充，基于 HCL 颜色空间	scale_fill_hcl(palette="RdBu", reverse=TRUE)

【例 11-3】绘制水平条形图示例。

在代码编辑器中输入以下代码，然后单击 ➡️ Run 按钮运行。

```r
library(tidyverse)
library(ggthemes)
library(ggHoriPlot)

utils::data(sports_time)                              # 加载示例数据：sports_time

# 绘制体育时间图表
sports_time %>% ggplot() +
  # 使用 geom_horizon 函数绘制水平条形图
  geom_horizon(aes(time/60,p),origin='min',horizonscale=4) +
  # 使用 facet_wrap 函数按活动进行分面
  facet_wrap(~activity,ncol=1,strip.position='right') +
  scale_fill_hcl(palette='Peach',reverse=T) +         # 设置填充颜色
  theme_few() +                                       # 使用 theme_few 主题
  theme(panel.spacing.y=unit(0,"lines"),              # 设置面板间距
        strip.text.y=element_text(angle=0),           # 设置条带文本
        legend.position='none',                       # 隐藏图例
        axis.text.y=element_blank(),                   # 隐藏 y 轴文本
        axis.title.y=element_blank(),                  # 隐藏 y 轴标题
        axis.ticks.y=element_blank(),                  # 隐藏 y 轴刻度
        panel.border=element_blank()                   # 隐藏面板边框
  ) +
  scale_x_continuous(
    name='Time',                                       # 设置 x 轴名称
    breaks=seq(from=3,to=27,by=3),                     # 设置 x 轴刻度
    labels=function(x) {sprintf("%02d:00",as.integer(x %% 24))}
                                                       # 设置 x 轴标签格式
  ) +
  ggtitle('Peak time of day for sports and leisure')   # 设置图标题
```

输出结果如图 11-3 所示。

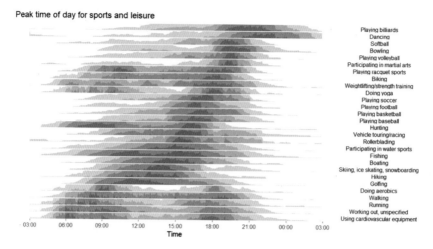

图 11-3　水平条形图：体育时间图

继续输入以下代码并运行：

```
utils::data(COVID)                                          # 加载示例数据：COVID
# 绘制 COVID 图
COVID %>%
  ggplot() +
  # 使用 geom_horizon 函数绘制水平条形图
  geom_horizon(aes(date_mine,y),origin='min',horizonscale=4) +
  scale_fill_hcl(palette='BluGrn',reverse=T) +             # 设置填充颜色
  # 使用 facet_grid 函数按国家和地区分面
  facet_grid(countriesAndTerritories ~ .) +
  theme_few() +                                             # 使用 theme_few 主题
  theme(
    panel.spacing.y=unit(0,"lines"),                       # 设置面板间距
    # 设置条带文本
    strip.text.y=element_text(size=7,angle=0,hjust=0),
    legend.position='none',                                # 隐藏图例
    axis.text.y=element_blank(),                           # 隐藏 y 轴文本
    axis.title.y=element_blank(),                          # 隐藏 y 轴标题
    axis.ticks.y=element_blank(),                          # 隐藏 y 轴刻度
    panel.border=element_blank()                           # 隐藏面板边框
  ) +
  # 设置 x 轴日期格式
  scale_x_date(expand=c(0,0),date_breaks="1 month",date_labels="%b") +
  # 设置图表标题
  ggtitle('Cumulative number for 14 days of COVID-19 cases per 100,000',
          'in Asia,2020') +
  xlab('Date')                                             # 设置 x 轴标题
```

输出结果如图 11-4 所示。

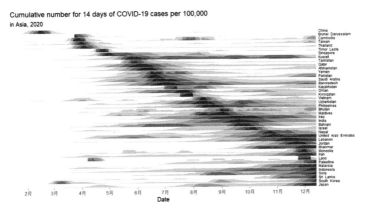

图 11-4　水平条形图：COVID 图

继续输入以下代码并运行：

```
utils::data(rmsk)                              # 加载示例数据：rmsk

# 计算 rmsk 数据的 cutpoint
cutpoint_tab <- rmsk %>%
  ungroup() %>%
  mutate(outlier=between( p_repeat,
      quantile(p_repeat,0.25,na.rm=T) - 1.5 * IQR(p_repeat,na.rm=T),
      quantile(p_repeat,0.75,na.rm=T) + 1.5 * IQR(p_repeat,na.rm=T)
    )) %>%
  filter(outlier)

# 设置 origin 和 scale
ori <- sum(range(cutpoint_tab$p_repeat,na.rm=T)) / 2
sca <- seq(range(cutpoint_tab$p_repeat)[1],
          range(cutpoint_tab$p_repeat)[2],length.out=6)

# 绘制 rmsk 图
rmsk %>%
  ggplot() +
  # 使用 geom_horizon 函数绘制水平条形图
  geom_horizon(aes(x=bin,xend=bin_2,y=p_repeat,fill=..Cutpoints..),
              origin=ori,horizonscale=sca) +
  facet_grid(genoName ~ .,switch='y') +          # 按基因组名称分面
  theme_few() +                                  # 使用 theme_few 主题
  theme(
    panel.spacing.y=unit(0,"lines"),             # 设置面板间距
```

```
    strip.text.y.left=element_text(size=7,angle=0,hjust=1),    # 设置条带文本
    legend.position=c(0.85,0.4),                               # 设置图例位置
    axis.text.y=element_blank(),                               # 隐藏 y 轴文本
    axis.title.y=element_blank(),                              # 隐藏 y 轴标题
    axis.ticks.y=element_blank(),                              # 隐藏 y 轴刻度
    panel.border=element_blank()                               # 隐藏面板边框
) +
scale_x_continuous(expand=c(0,0)) +                            # 设置 x 轴格式
scale_fill_hcl() +                                             # 设置填充颜色
ggtitle('Simple repeat content along the human genome',       # 设置图表标题
        'in 100 kb windows') +
xlab('Position') +                                             # 设置 x 轴标题
guides(fill=guide_legend(title="% of repeats"))               # 设置图例标题
```

输出结果如图 11-5 所示。

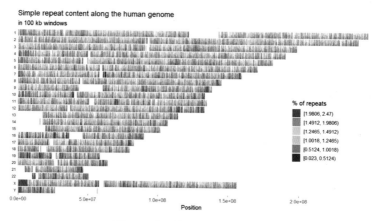

图 11-5 水平条形图：rmsk 图

继续输入以下代码并运行：

```
utils::data(climate_CPH)                    # 加载示例数据：climate_CPH

# 计算 climate_CPH 数据的 cutpoints
cutpoints <- climate_CPH %>%
  mutate(
    outlier=between(
      AvgTemperature,
      quantile(AvgTemperature,0.25,na.rm=T) -
        1.5 * IQR(AvgTemperature,na.rm=T),
      quantile(AvgTemperature,0.75,na.rm=T) +
        1.5 * IQR(AvgTemperature,na.rm=T)
    )
```

```
  ) %>%
    filter(outlier)

# 设置 origin 和 scale
ori <- sum(range(cutpoints$AvgTemperature)) / 2
sca <- seq(range(cutpoints$AvgTemperature)[1],
           range(cutpoints$AvgTemperature)[2],length.out=7)[-4]

# 绘制 climate_CPH 图
climate_CPH %>% ggplot() +
  geom_horizon(aes(date_mine,AvgTemperature,fill=..Cutpoints..),
               origin=ori,horizonscale=sca) +    # 绘制水平条形图
  scale_fill_hcl(palette='RdBu',reverse=T) +      # 设置填充颜色
  facet_grid(Year ~ .) +                          # 使用 facet_grid 函数按年份分面
  theme_few() +                                   # 使用 theme_few 主题
  theme(
    panel.spacing.y=unit(0,"lines"),              # 设置面板间距
    strip.text.y=element_text(size=7,angle=0,hjust=0),  # 设置条带文本
    axis.text.y=element_blank(),                  # 隐藏 y 轴文本
    axis.title.y=element_blank(),                 # 隐藏 y 轴标题
    axis.ticks.y=element_blank(),                 # 隐藏 y 轴刻度
    panel.border=element_blank()                  # 隐藏面板边框
  ) +
  scale_x_date(expand=c(0,0),date_breaks="1 month",
               date_labels="%b") +                # 设置 x 轴日期格式
  xlab('Date') +                                  # 设置 x 轴标题
  ggtitle('Average daily temperature in Copenhagen',  # 设置图表标题
          'from 1995 to 2019')
```

输出结果如图 11-6 所示。

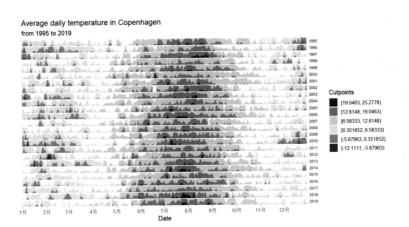

图 11-6 水平条形图：climate_CPH 图

11.4 相关矩阵图（ggcorrplot）

ggcorrplot 包是一个基于 ggplot2，用于可视化相关矩阵（相关矩阵图）的 R 包，它提供了一种直观的方式来展示变量之间的相关关系。该包中的常用函数如表 11-4 所示。

表11-4 ggcorrplot包中的常用函数

函　数	说　明	示　例
ggcorrplot()	用于可视化相关矩阵，提供多种布局和颜色选项	ggcorrplot(corr)
cor_pmat()	计算相关矩阵的 p 值，用于确定相关系数的显著性	p.mat <- cor_pmat(mtcars)

【例 11-4】绘制相关矩阵图示例。

在代码编辑器中输入以下代码，然后单击 ➡Run 按钮运行。

```
library(ggcorrplot)
library(patchwork)

data(mtcars)                                        # 加载数据
corr <- round(cor(mtcars),1)
head(corr[,1:6])                                    # 输出略

p.mat <- cor_pmat(mtcars)                           # 计算相关 p 值矩阵
head(p.mat[,1:4])                                   # 输出略

# 相关矩阵可视化
p1 <- ggcorrplot(corr)                  # 使用默认的正方形方法 method="square"
p2 <- ggcorrplot(corr,method="circle")              # 使用圆形方法
# 使用层次聚类重新排序相关矩阵
p3 <- ggcorrplot(corr,hc.order=TRUE,outline.col="white")
# 获取下三角矩阵
p4 <- ggcorrplot(corr,hc.order=TRUE,type="lower",outline.col="white")
# 获取上三角矩阵
p5 <- ggcorrplot(corr,hc.order=TRUE,type="upper",outline.col="white")

(p1 + p2) / (p3 + p4 + p5)
```

输出结果如图 11-7 所示。

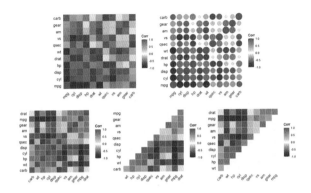

图 11-7　相关矩阵图 1

继续输入以下代码并运行：

```
# 更改颜色和主题
p6 <- ggcorrplot(corr,hc.order=TRUE,type="lower",outline.col="white",
                 ggtheme=ggplot2::theme_gray,
                 colors=c("#6D9EC1","white","#E46726"))
# 添加相关系数
p7 <- ggcorrplot(corr,hc.order=TRUE,type="lower",lab=TRUE)
# 添加相关显著性水平
p8 <- ggcorrplot(corr,hc.order=TRUE,type="lower",p.mat=p.mat)
# 在没有显著性系数处留空
p9 <- ggcorrplot(corr,p.mat=p.mat,hc.order=TRUE,
                 type="lower",insig="blank")

(p6 + p7) / (p8 + p9)
```

输出结果如图 11-8 所示。

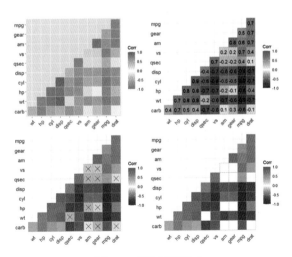

图 11-8　相关矩阵图 2

11.5 添加统计注释（ggstatsplot）

ggstatsplot 包是一个功能强大的 R 包，用于创建具有统计注释的图形。它基于 ggplot2，并扩展了 ggplot2 的功能，允许用户轻松地将统计测试结果直接添加到图形中。该包中的常用函数如表 11-5 所示。

表11-5 ggstatsplot包中的常用函数

函　　数	说　　明	示　　例
ggbetweenstats()	创建分组间的比较图，并添加统计测试结果	ggbetweenstats(data=iris, x=Species,y=Sepal.Length)
ggwithinstats()	创建组内比较图，并添加统计测试结果	ggwithinstats(data=iris, x=Species, y=Sepal.Length)
ggscatterstats()	创建带有回归线和统计测试结果的散点图	ggscatterstats(data=iris, x=Sepal.Length, y=Petal.Length)
ggpiestats()	创建饼图，并添加统计测试结果	ggpiestats(data=mtcars,x=cyl)
ggbarstats()	创建条形图，并添加统计测试结果	ggbarstats(data=mtcars,x=cyl)
ggcorrmat()	创建相关矩阵图，并添加统计测试结果	ggcorrmat(data=mtcars)
grouped_ggbetweenstats()	创建分组间的比较图（按组分面），并添加统计测试结果	grouped_ggbetweenstats(data=iris, x=Species,y=Sepal.Length, group=Species)
grouped_ggwithinstats()	创建组内比较图（按组分面），并添加统计测试结果	grouped_ggwithinstats(data=iris, x=Species,y=Sepal.Length, group=Species)
grouped_ggscatterstats()	创建带有回归线和统计测试结果的散点图（按组分面）	grouped_ggscatterstats(data=iris, x=Sepal.Length,y=Petal.Length, group=Species)
grouped_ggpiestats()	创建饼图（按组分面），并添加统计测试结果	grouped_ggpiestats(data=mtcars, x=cyl,group=gear)
grouped_ggbarstats()	创建条形图（按组分面），并添加统计测试结果	grouped_ggbarstats(data=mtcars, x=cyl,group=gear)
grouped_ggcorrmat()	创建相关矩阵图（按组分面），并添加统计测试结果	grouped_ggcorrmat(data=mtcars, group=gear)

【例 11-5】在图表上添加统计注释示例。

在代码编辑器中输入以下代码，然后单击 ➡ Run 按钮运行。

```
library(ggplot2)
library(ggstatsplot)              # 用于统计图形
library(patchwork)                # 用于组合多个图形
library(WRS2)                     # 用于统计分析
library(afex)                     # 用于运行 ANOVA

set.seed(123)                     # 设置随机种子，以确保结果可重复

# 绘制一幅分组间比较图，显示鸢尾花不同物种的萼片长度分布
ggbetweenstats(
  data=iris,                      # 数据集
  x=Species,                      # 分组变量
  y=Sepal.Length,                 # 反应变量
  title="Distribution of sepal length across Iris species"   # 图形标题
)
```

输出结果如图 11-9 所示。

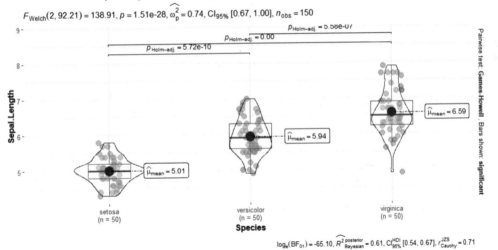

图 11-9　添加统计注释 1

继续输入以下代码并运行：

```
# 绘制一幅分组间比较图，按电影类型（动作片和喜剧片）对 MPAA 评级下的电影长度进行比较
grouped_ggbetweenstats(
  # 筛选数据，仅保留动作片和喜剧片
```

```
data=dplyr::filter(movies_long,genre %in% c("Action","Comedy")),
x=mpaa,                                          # 分组变量
y=length,                                        # 反应变量
grouping.var=genre,                              # 分组变量，用于分面显示
ggsignif.args=list(textsize=4,tip_length=0.01),
                                # 设置显著性标记的文本大小和末端长度
p.adjust.method="bonferroni",                    # 使用 Bonferroni 方法调整 p 值
palette="default_jama",                          # 设置调色板
package="ggsci",                                 # 使用 ggsci 包中的调色板
plotgrid.args=list(nrow=1),                      # 设置图形排列参数，每行显示一幅图
annotation.args=list(title="Differences in movie length
            by mpaa ratings for different genres")    # 设置注释参数
)
```

输出结果如图 11-10 所示。

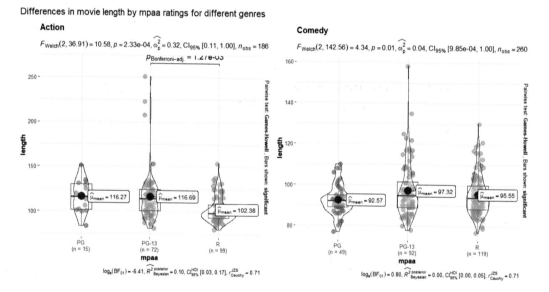

图 11-10 添加统计注释 2

继续输入以下代码并运行：

```
# 绘制一幅组内比较图，显示品酒数据中不同葡萄酒的口味评分
ggwithinstats(data=WineTasting,                 # 数据集
              x=Wine,                           # 分组变量
              y=Taste,                          # 反应变量
              title="Wine tasting")             # 图形标题
```

输出结果如图 11-11 所示。

Wine tasting

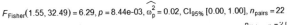

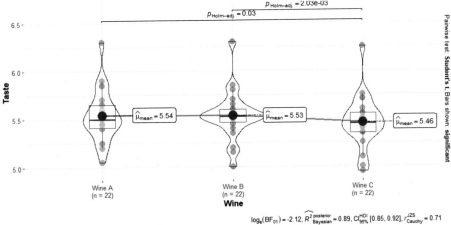

图 11-11 添加统计注释 3

继续输入以下代码并运行:

```
# 绘制一幅组内比较图,按地区(欧洲和北美)比较不同条件(LDLF 和 LDHF)下的杀虫欲望评分
grouped_ggwithinstats(
   data=dplyr::filter(bugs_long,region %in% c("Europe","North America"),
              condition %in% c("LDLF","LDHF")),     # 筛选数据
   x=condition,                                      # 分组变量
   y=desire,                                         # 反应变量
   type="np",                                        # 非参数检验
   xlab="Condition",                                 # x 轴标签
   ylab="Desire to kill an arthropod",               # y 轴标签
   grouping.var=region                               # 分组变量,用于分面显示
)
```

输出结果如图 11-12 所示。

继续输入以下代码并运行:

```
# 绘制一幅分组直方图,显示动作片和喜剧片的电影预算分布,并进行非参数检验
grouped_gghistostats(
   data=dplyr::filter(movies_long,
              genre %in% c("Action","Comedy")),      # 筛选数据
   x=budget,                                          # 直方图变量
   test.value=50,                                     # 检验值
   type="nonparametric",                              # 非参数检验
   xlab="Movies budget (in million US$)",             # x 轴标签
   grouping.var=genre,                                # 分组变量,用于分面显示
```

```
 , ggtheme=ggthemes::theme_tufte(),                  # 使用 tufte 主题
   plotgrid.args=list(nrow=1),                        # 设置图形排列参数，每行显示一幅图
   annotation.args=list(title="Movies budgets for different genres")
                                                      # 设置注释参数
 )
```

输出结果如图 11-13 所示。

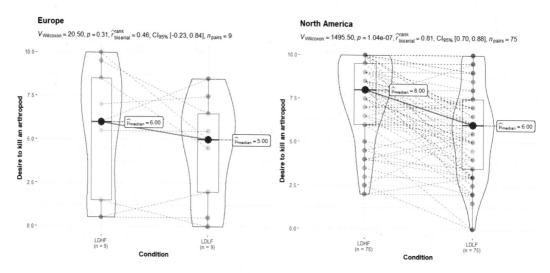

图 11-12 添加统计注释 4

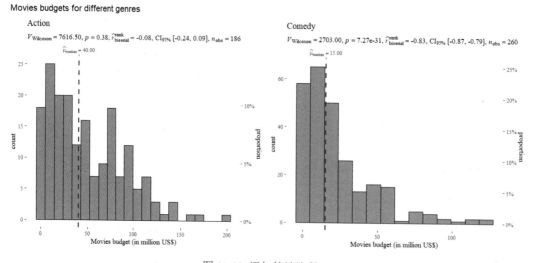

图 11-13 添加统计注释 5

继续输入以下代码并运行：

```
# 绘制一幅散点图，显示哺乳动物 REM 睡眠和清醒时间之间的关系
ggscatterstats(
    data=ggplot2::msleep,                           # 数据集
    x=sleep_rem,                                     # x 轴变量（REM 睡眠时间）
    y=awake,                                         # y 轴变量（清醒时间）
    xlab="REM sleep (in hours)",                    # x 轴标签
    ylab="Amount of time spent awake (in hours)",   # y 轴标签
    title="Understanding mammalian sleep"           # 图形标题
)
```

输出结果如图 11-14 所示。

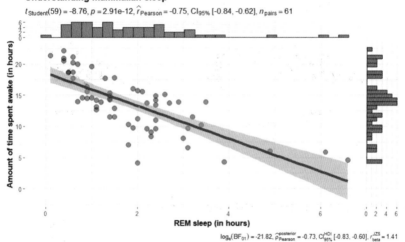

图 11-14　添加统计注释 6

继续输入以下代码并运行：

```
# 绘制一幅分组散点图，按电影类型（动作片和喜剧片）显示 IMDB 评分和电影长度之间的关系
grouped_ggscatterstats(
    data=dplyr::filter(movies_long,genre %in% c("Action","Comedy")),
                                                    # 筛选数据
    x=rating,                                       # x 轴变量（IMDB 评分）
    y=length,                                       # y 轴变量（电影长度）
    grouping.var=genre,                             # 分组变量，用于分面显示
    label.var=title,                                # 标注变量（电影标题）
    label.expression=length > 200,                  # 标注条件（电影长度大于 200）
    xlab="IMDB rating",                             # x 轴标签
    ggtheme=ggplot2::theme_grey(),                  # 使用灰色主题
```

```
ggplot.component=list(ggplot2::scale_x_continuous(
    breaks=seq(2,9,1),limits=(c(2,9)))),      # 设置 x 轴刻度
plotgrid.args=list(nrow=1),                    # 设置图形排列参数，每行显示一幅图
annotation.args=list(title=
    "Relationship between movie length and IMDB ratings")   # 设置注释参数
)
```

输出结果如图 11-15 所示。

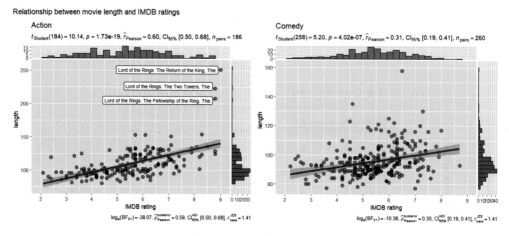

图 11-15　添加统计注释 7

继续输入以下代码并运行：

```
# 绘制一幅条形图，显示不同电影类型的 MPAA 评级分布
ggbarstats(data=movies_long,                       # 数据集
           x=mpaa,                                 # x 轴变量（MPAA 评级）
           y=genre,                                # y 轴变量（电影类型）
           title="MPAA Ratings by Genre",          # 图形标题
           xlab="movie genre",                     # x 轴标签
           legend.title="MPAA rating",             # 图例标题
    ggplot.component=list(ggplot2::scale_x_discrete(
        guide=ggplot2::guide_axis(n.dodge=2))),     # 设置 x 轴标签排列方式
    palette="Set2"                                  # 设置调色板
)
```

输出结果如图 11-16 所示。

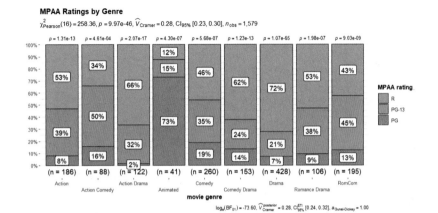

图 11-16　添加统计注释 8

11.6　生存分析（ggsurvfit）

ggsurvfit 是一个基于 ggplot2 的专门用于生存分析图形的可视化包，该包提供了一系列函数来创建和定制生存曲线、风险表和其他生存分析相关的图形。该包中的常用函数如表 11-6 所示。

表11-6　ggsurvfit包中的常用函数

函　数	说　明	示　例
ggsurvfit()	绘制生存曲线	ggsurvfit(survfit_object)
geom_risktable()	添加风险表到生存曲线图中	geom_risktable()
add_confidence()	添加置信区间到生存曲线中	add_confidence()
facet_wrap()	将生存曲线按分组变量进行分面显示	facet_wrap(~group_var)
theme_survfit()	应用默认的生存分析图主题	theme_survfit()

> **注意**　程序包 ggsurvfit 是基于 R 4.4.1 版本来实现的，因此使用时需要将 R 语言更新为该版本或高于该版本。
>
> ```
> > update.packages(checkBuilt=TRUE,ask=FALSE)
> ```

【例 11-6】生存分析图表示例。

在代码编辑器中输入以下代码，然后单击 ➡ Run 按钮运行。

```
library(ggplot2)
library(ggsurvfit)                                    # 用于绘制生存曲线
library(patchwork)

# 绘制第一幅图：默认样式的生存曲线图
gg_default <-
    # 使用 survfit2() 函数计算生存曲线，分组变量为 surg
    survfit2(Surv(time,status) ~ surg,data=df_colon) %>%
    ggsurvfit() +                                     # 用 ggsurvfit() 函数绘制生存曲线
    add_confidence_interval() +                       # 添加置信区间
    scale_ggsurvfit() +                               # 应用默认的 ggsurvfit 主题
    labs(title="Default")                             # 添加图形标题

# 绘制第二幅图：修改后的生存曲线图
gg_styled <-
    gg_default +                                      # 基于默认的生存曲线图
    coord_cartesian(xlim=c(0,8)) +                    # 设置 x 轴范围
    scale_color_manual(values=c('#54738E','#82AC7C')) +   # 手动设置线条颜色
    scale_fill_manual(values=c('#54738E','#82AC7C')) +    # 手动设置填充颜色
    theme_minimal() +                                 # 使用 minimal 主题
    theme(legend.position="bottom") +                 # 设置图例位置
    guides(color=guide_legend(ncol=1)) +              # 设置图例列数
    labs(title="Modified",                            # 修改图形标题
         y="Percentage Survival")                     # 修改 y 轴标签

gg_default + gg_styled
```

输出结果如图 11-17 所示。

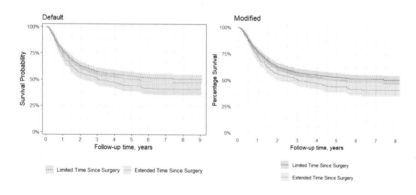

图 11-17 生存分析图表 1

继续输入以下代码并运行：

```
# 绘制生存曲线图并添加置信区间和风险表
survfit2(Surv(time,status) ~ surg,data=df_colon) %>%
```

```
ggsurvfit() +
add_confidence_interval() +                    # 添加置信区间
add_risktable() +                              # 添加风险表
scale_ggsurvfit()                              # 应用默认的 ggsurvfit 主题
```

输出结果如图 11-18 所示。

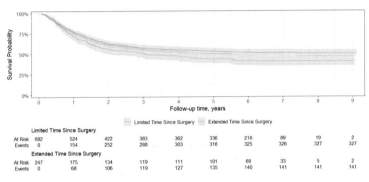

图 11-18　生存分析图表 2

继续输入以下代码并运行：

```
# 绘制包含特定统计信息的风险表的生存曲线图
ggrisktable <-
  survfit2(Surv(time,status) ~ surg,data=df_colon) %>%
  ggsurvfit() +
  add_confidence_interval() +                  # 添加置信区间
  # 添加包含特定统计信息的风险表
  add_risktable(risktable_group="risktable_stats") +
  scale_ggsurvfit()                            # 应用默认的 ggsurvfit 主题
ggrisktable
```

输出结果如图 11-19 所示。

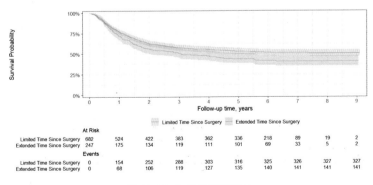

图 11-19　生存分析图表 3

继续输入以下代码并运行：

```
# 在生存曲线图上添加带符号的风险表
ggrisktable +
    # 添加带符号的风险表
    add_risktable_strata_symbol(symbol="\U25CF",size=10)
```

输出结果如图 11-20 所示。

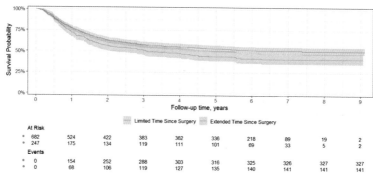

图 11-20 生存分析图表 4

继续输入以下代码并运行：

```
# 绘制肺癌数据的生存曲线图，并添加包含特定统计信息的风险表
survfit2(Surv(time,status) ~ sex,data=df_lung) %>%
    ggsurvfit() +
    # 添加包含特定统计信息的风险表
    add_risktable(risktable_stats="{n.risk} ({cum.event})") +
    scale_ggsurvfit()                    # 应用默认的 ggsurvfit 主题
```

输出结果如图 11-21 所示。

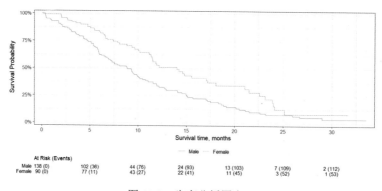

图 11-21 生存分析图表 5

11.7　蜂群图（ggbeeswarm）

ggbeeswarm 包是一个基于 ggplot2 的扩展包，它提供了一种替代传统散点图的绘图方法，即蜂群图。该方法可以更好地显示点的分布，尤其在数据密集的情况下。该包中的常用函数如表 11-7 所示。

表11-7　ggbeeswarm包中的常用函数

函　数	说　明	示　例
geom_beeswarm()	创建蜂群图，将数据点排列成蜂群状以减少点的重叠	geom_beeswarm()
position_beeswarm()	控制点的排列方式和间距，用于创建蜂群图的布局位置	position_beeswarm()
geom_quasirandom()	使用准随机方法排列点，以更好地展示数据的分布	geom_quasirandom()

【例 11-7】绘制蜂群图示例。

在代码编辑器中输入以下代码，然后单击 ➡Run 按钮运行。

```
library(ggplot2)
library(ggbeeswarm)                              # 用于创建蜂群图
library(patchwork)

set.seed(12345)
# 比较 geom_jitter 和 geom_quasirandom
# 使用 geom_jitter() 绘制图形
p1 <- ggplot(iris,aes(Species,Sepal.Length,color=Species)) +
  geom_jitter()

# 使用 geom_quasirandom() 绘制图形
p2 <- ggplot(iris,aes(Species,Sepal.Length,color=Species)) +
  geom_quasirandom()

# 使用 geom_quasirandom() 绘制默认图形
p3 <- ggplot(mpg,aes(class,hwy,color=class)) +
  geom_quasirandom()

# 使用 varwidth 调整宽度，处理少量点的组
p4 <- ggplot(mpg,aes(class,hwy,color=factor(cyl))) +
  geom_quasirandom(varwidth=TRUE)

(p1 + p2) / (p3 + p4 )
```

输出结果如图 11-22 所示。

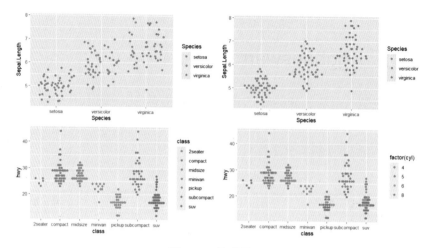

图 11-22 蜂群图 1

继续输入以下代码并运行：

```
# 使用 geom_beeswarm() 绘制蜂群图
p5 <- ggplot(iris,aes(Species,Sepal.Length,color=Species)) +
  geom_beeswarm() +
    theme(legend.position="none")                    # 隐藏图例

# 使用 geom_beeswarm() 绘制带有侧边的蜂群图
p6 <- ggplot(iris,aes(Species,Sepal.Length,color=Species)) +
  geom_beeswarm(side=1L) +
    theme(legend.position="none")                    # 隐藏图例

# 使用 geom_beeswarm() 绘制蜂群图并防止点溢出
p7 <- ggplot(mpg,aes(hwy,class,color=factor(cyl))) +
  geom_beeswarm(size=.5) +
    scale_y_discrete(expand=expansion(add=c(0.5,1))) +
      theme(legend.position="none")                  # 隐藏图例

# 创建数据框
set.seed(123)
df <- data.frame(
  y=rnorm(1000),                                     # 生成 1000 个正态分布随机数
  id=sample(c("G1","G2","G3"),size=1000,replace=TRUE)  # 随机生成 1000 个组别
)
p <- ggplot(df,aes(x=id,y=y,colour=id))              # 绘制基础图形

# 使用 corral.width 控制蜂群宽度
p8 <- p + geom_beeswarm(cex=2.5,corral="none",corral.width=0.9) +
  ggtitle('corral="none" (default)')                 # 默认不限制点的分布宽度

p9 <- p + geom_beeswarm(cex=2.5,corral="omit",corral.width=0.9) +
```

```
    ggtitle('corral="omit"')                    # 使用 "omit" 限制点的分布宽度
   (p5 + p6 + p7) / (p8 + p9)
```

输出结果如图 11-23 所示。

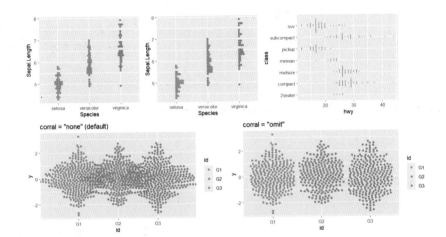

图 11-23 蜂群图 2

11.8　跟踪点 / 线（ggtrace）

当数据集出现过度绘制的问题时，利用 ggtrace 包可以对数据点 / 线的分组进行轮廓绘制或高亮显示，这对于处理密集数据集非常有用。ggtrace 包中常用函数如表 11-8 所示。

表11-8　ggtrace包中的常用函数

函　数	说　明	示　例
geom_point_trace()	创建动态散点图，允许用户在图形上交互式地跟踪点的变化	geom_point_trace(color="blue", size=3,interactive=TRUE)
geom_line_trace()	创建动态折线图，允许用户在图形上交互式地跟踪线条的变化	geom_line_trace(color="red", size=1,interactive=TRUE)

【例 11-8】跟踪线示例。

在代码编辑器中输入以下代码，然后单击 ➡ Run 按钮运行。

```
library(ggplot2)
library(patchwork)
```

```
library(ggtrace)

# 创建基础绘图对象 p1, 并添加动态折线图
p1 <- ggplot(stocks,aes(day,value,fill=name)) +
  geom_line_trace(color="black",size=1,stroke=0.5,linetype=1,alpha=1)

# 创建基础绘图对象 p2, 并添加动态折线图
p2 <- ggplot(stocks,aes(day,value,color=name)) +   # 按 name 映射线条颜色
  geom_line_trace(stroke=1)                          # 设置线条边框宽度为 1

# 自定义颜色
clrs <- c(CAC="#E69F00",DAX="#0072B2",FTSE="#009E73",SMI="#56B4E9")

# 创建基础绘图对象 p3, 并添加动态折线图和自定义颜色
p3 <- ggplot(stocks,aes(day,value,color=name)) +
  geom_line_trace(stroke=1) +
  scale_color_manual(values=clrs)                    # 手动设置颜色

# 创建基础绘图对象 p4, 并设置追踪条件
p4 <- ggplot(stocks,aes(day,value,color=name)) +
  geom_line_trace(
    trace_position=day > 1500,                       # 设置追踪条件为 day > 1500
    stroke=1                                          # 设置线条边框宽度为 1
  )

# 创建基础绘图对象 p5, 并设置复杂追踪条件和背景参数
p5 <- ggplot(stocks,aes(day,value,color=name)) +
  geom_line_trace(
    trace_position=day < 500 | value > 4000,# 设置追踪条件为 day<500 或 value>4000
    stroke=1,                                         # 设置线条边框宽度为 1
    background_params=list(color=NA,fill="grey75")    # 设置背景参数
  ) +
  theme(legend.position="none")                       # 隐藏图例

# 创建基础绘图对象 p6, 并设置追踪条件和背景参数
p6 <- ggplot(stocks,aes(day,value,color=name)) +
  geom_line_trace(
    # 设置追踪条件为 name, 以大写字母开头并且包含 "A"
    trace_position=grepl("^[A-Z]A",name),
    stroke=1,                                         # 设置线条边框宽度为 1
    background_params=list(color=NA,linetype=2)       # 设置背景参数
  ) +
  theme(legend.position="none")                       # 隐藏图例

# 创建基础绘图对象 p7, 并设置填充颜色和背景参数
p7 <- ggplot(stocks,aes(day,value,fill=name)) +
  geom_line_trace(
    # 设置追踪条件为 name, 以大写字母开头并且包含 "A"
    trace_position=grepl("^[A-Z]A",name),
```

```
        color=NA,                                    # 线条颜色为 NA（透明）
        background_params=list(fill="grey75")        # 设置背景参数：填充为灰色
    ) +
    theme(legend.position="none")                    # 隐藏图例

(p1 + p2) / (p3 + p4) / (p5 + p6 + p7)
```

输出结果如图 11-24 所示。

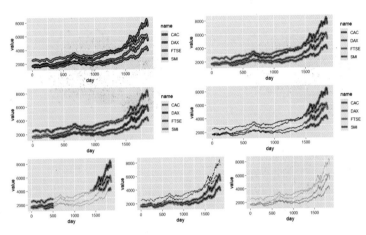

图 11-24　跟踪线

【例 11-9】跟踪点示例。

在代码编辑器中输入以下代码，然后单击 ➡ Run 按钮运行。

```
library(ggplot2)
library(patchwork)
library(ggtrace)

# 创建基础绘图对象 p1，并添加动态散点图
p1 <- ggplot(clusters,aes(UMAP_1,UMAP_2,fill=cluster)) +
    geom_point_trace(color="black",size=1,linetype=1,alpha=1  )

# 创建基础绘图对象 p2，并添加动态散点图
p2 <- ggplot(clusters,aes(UMAP_1,UMAP_2,color=cluster)) +
    geom_point_trace( fill="black",stroke=2) +
    theme_minimal()                                          # 使用简约主题

# 创建基础绘图对象 p3，并添加动态散点图和颜色渐变
p3 <- ggplot(clusters,aes(UMAP_1,UMAP_2,fill=signal,group=cluster)) +
                                      # 按 signal 填充颜色，并按 cluster 分组
    geom_point_trace(stroke=0.5) +                   # 设置点的边框宽度为 0.5
    scale_fill_gradient(low="white",high="red")      # 使用颜色渐变，从白色到红色
```

355

```
# 创建基础绘图对象 p4，并添加动态散点图和自定义颜色
p4 <- ggplot(clusters,aes(UMAP_1,UMAP_2,color=sample)) +     # 映射点的颜色
    geom_point_trace(fill="white") +                          # 点的填充颜色为白色
    scale_color_manual(values=c("red","#0072B2"))             # 手动设置颜色：红色和蓝色

(p1 + p2) / (p3 + p4)
```

输出结果如图 11-25 所示。

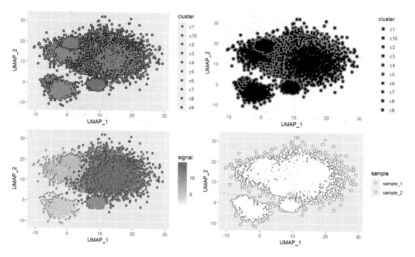

图 11-25 跟踪点 1

继续输入以下代码并运行：

```
# 创建基础绘图对象 p5，并设置追踪条件
p5 <- ggplot(clusters,aes(UMAP_1,UMAP_2,fill=cluster)) +
    geom_point_trace(trace_position="bottom")            # 设置追踪条件为 "bottom"

# 创建基础绘图对象 p6，并设置追踪条件
p6 <- ggplot(clusters,aes(UMAP_1,UMAP_2,fill=cluster)) +
    geom_point_trace(trace_position=signal < 0)   # 设置追踪条件为 signal < 0

# 创建基础绘图对象 p7，并设置追踪条件和背景参数
p7 <- ggplot(clusters,aes(UMAP_1,UMAP_2,fill=cluster)) +
    geom_point_trace(
        trace_position=signal < 0,                        # 设置追踪条件为 signal < 0
        background_params=list(color=NA,fill="grey85")    # 设置背景参数
    )

# 创建基础绘图对象 p8，并设置追踪条件和背景参数
p8 <- ggplot(clusters,aes(UMAP_1,UMAP_2,fill=cluster)) +
    geom_point_trace(
```

```
    trace_position=signal < 0,                    # 设置追踪条件为 signal < 0
    color=NA,                                     # 点的边框颜色为 NA（透明）
    background_params=list(color=NA,fill="grey85")      # 设置背景参数
  )

 (p5 + p6) / (p7 + p8)
```

输出结果如图 11-26 所示。

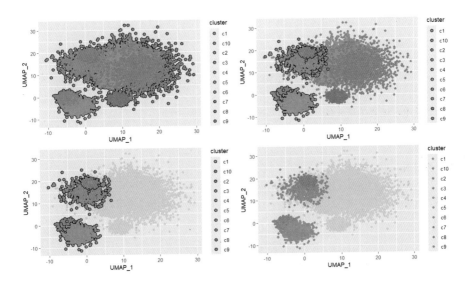

图 11-26 跟踪点 2

11.9 马赛克图（ggmosaic）

ggmosaic 包是一个基于 ggplot2 的 R 包，用于创建马赛克图。马赛克图是一种可视化多变量分类数据的工具，通过不同面积的矩形来表示各类别的比例和关系。ggmosaic 通过扩展 ggplot2 的功能，使用户能够轻松创建复杂的马赛克图，以直观的方式展示分类数据之间的相互关系。该包中的常用函数如表 11-9 所示。

表11-9 ggmosaic包中的常用函数

函　　数	说　　明	示　　例
geom_mosaic()	创建马赛克图的主要函数，用于添加到ggplot对象	geom_mosaic(aes(weight=Freq, x=product(Class),fill=Survived))
product()	定义马赛克图中变量之间的产品关系	aes(x=product(Class,Sex))

（续表）

函　　数	说　　明	示　　例
labeling_border()	在马赛克图中添加边界标签	labeling_border()
labeling_cells()	在马赛克图中添加单元格标签	labeling_cells()

【例 11-10】绘制马赛克图示例。

在代码编辑器中输入以下代码，然后单击 ➡️ Run 按钮运行。

```
library(ggplot2)
library(patchwork)
library(ggmosaic)                         # 用于绘制马赛克图
library(dplyr)                            # 用于数据操作

# 数据预处理，过滤掉缺失值
flights <- fly %>%
  filter(!is.na(do_you_recline),!is.na(rude_to_recline))

# 绘制条形图
p1 <- ggplot(data=flights) +
  geom_mosaic(aes(x=product(do_you_recline),fill=do_you_recline),
          divider="vbar") +
  theme(axis.text.x=element_blank(),
      axis.ticks.x=element_blank()) +
  labs(y="Do you recline?",x="",title="Bar Chart")

# 绘制脊柱图
p2 <- ggplot(data=flights) +
  geom_mosaic(aes(x=product(do_you_recline),fill=do_you_recline),
          divider="vspine") +
  theme(axis.text.x=element_blank(),
      axis.ticks.x=element_blank()) +
  labs(y="Do you recline?",x="",title="Spine Plot")

p1 + p2
```

输出结果如图 11-27 所示。

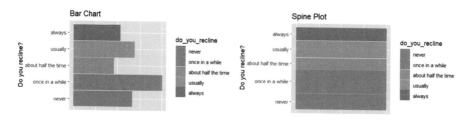

图 11-27 马赛克图 1（条形图和脊柱图）

继续输入以下代码并运行：

```
# 绘制堆叠条形图
p3 <- ggplot(data=flights) +
   geom_mosaic(aes(x=product(do_you_recline,rude_to_recline),
                   fill=do_you_recline),
             divider=c("vspine","hbar")) +
   labs(x="Is it rude to recline?",y="Do you recline?",
       title="Stacked Bar Chart")

# 绘制二维变量的马赛克图
p4 <- ggplot(data=flights) +
   geom_mosaic(aes(x=product(do_you_recline,rude_to_recline),
                   fill=do_you_recline)) +
   labs(y="Do you recline?",x="Is it rude to recline?",
       title="Mosaic Plot (2 variables)")

p3 + p4
```

输出结果如图 11-28 所示。

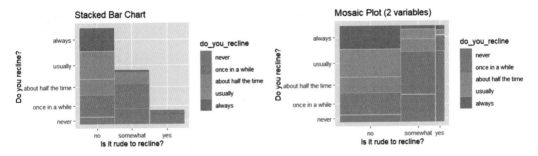

图 11-28 马赛克图 2（堆叠条形图和二维变量的马赛克图）

继续输入以下代码并运行：

```
# 绘制三维变量的马赛克图
p5 <- ggplot(data=flights) +
   geom_mosaic(aes(x=product(eliminate_reclining,do_you_recline,
                   rude_to_recline),fill=do_you_recline,
                   alpha=eliminate_reclining)) +
   scale_alpha_manual(values =c(.7,.9)) +
   theme(axis.text.x=element_text(angle=90,hjust=1,vjust=.5)) +
   labs(y="Do you recline?",x="Eliminate reclining?:Is it rude to recline?",
       title="Mosaic Plot (3 variables)")

# 绘制双层马赛克图
```

```
p6 <- ggplot(data=flights) +
  geom_mosaic(aes(x=product(do_you_recline,eliminate_reclining,
                  rude_to_recline),fill=do_you_recline,
                  alpha=eliminate_reclining),divider=ddecker()) +
  scale_alpha_manual(values =c(.7,.9)) +
  theme(axis.text.x=element_text(angle=90,hjust=1,vjust=.5)) +
  labs(y="Do you recline?",
      x="Eliminate reclining?: Is it rude to recline?",
      title="Double Decker Plot")

p5 + p6
```

输出结果如图 11-29 所示。

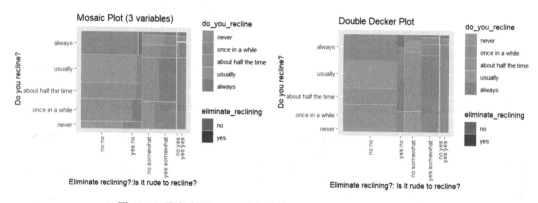

图 11-29 马赛克图 3（三维变量的马赛克图和双层马赛克图）

11.10 本章小结

本章介绍了多个扩展 ggplot2 功能的包，每个包都有其独特的用途和优势。通过使用这些拓展包，读者不仅能够绘制更丰富多样的图形，还能提高数据可视化的表达力和美观度。掌握这些工具，将使数据分析和展示更加直观、高效。希望本章内容能够为读者在实际数据分析工作中提供有价值的帮助和启发。ggplot2 拓展包远不止本章所介绍的包，读者可根据需要学习和选用。